EUROPAVERLAG

Andreas Neuenkirchen

CODENAME: SEMPO

Wie ein japanischer Diplomat
Tausenden Juden das Leben rettete

EUROPAVERLAG

FSC
www.fsc.org
MIX
Papier aus verantwortungsvollen Quellen
FSC® C014889

Umschlaggestaltung und Motiv:
Hauptmann & Kompanie Werbeagentur, Zürich,
unter Verwendung eines Motivs von © picture alliance / Kyodo / MAXPPP
Redaktion: Franz Leipold
Layout & Satz: Robert Gigler, München
Druck und Bindung: Pustet, Regensburg
ISBN 978-3-95890-490-3

www.europa-verlag.com

INHALT

PROLOG
Wer war Herr Sugihara? 10

KAPITEL 1
Zwischen den Kriegen, zwischen den Jahrhunderten 13

KAPITEL 2
Neue Zeiten, andere Sitten 21

KAPITEL 3
Ein guter Schüler mit eigenem Kopf 33

KAPITEL 4
In der Schule der Spione 41

KAPITEL 5
Baseball-Diplomatie und die Essstäbchen-Allianz 51

KAPITEL 6
Unter Nordlichtern 79

KAPITEL 7
Die Schweiz des Ostblocks, das Casablanca Europas 93

KAPITEL 8
Eine Verschwörung der Gerechten 113

KAPITEL 9
Nazis & Partisanen 137

KAPITEL 10
In Gefangenschaften 163

KAPITEL 11
Der Hafen der Hoffnung 171

KAPITEL 12
Held, Verräter, Handlungsreisender 191

KAPITEL 13
Ein Gerechter unter den Völkern 203

KAPITEL 14
Der Schindler Japans oder der allerletzte Samurai? 209

ANMERKUNGEN & DANKSAGUNGEN 227

HANDELNDE PERSONEN

DIE FAMILIE

Chiune Sugihara:
ein Diplomat, Spion, Soldat, Übersetzer und Kaufmann
Yukiko Sugihara:
seine Ehefrau
Hiroki, Chiaki, Haruki und Nobuki:
die Söhne der Sugiharas
Setsuko Kikuchi:
Yukiko Sugiharas Schwester und Kindermädchen der Familie in Europa
Yatsu Sugihara:
Chiunes Mutter
Yoshimizu Sugihara:
Chiunes Vater, ein Steuereintreiber und späterer Gastwirt
Toyoaki Sugihara:
Chiunes älterer Bruder
Ryuko Sugihara:
Chiunes jüngere Schwester

IN HARBIN

Klaudia Semionova Apollonova:
Chiune Sugiharas erste Ehefrau
Semion Apollonov:
ihr Vater, ein Wachposten der Transmandschurischen Eisenbahn

Konstantin Ivanovich Nakamura:
ein Friseur und Schwerverbrecher
Chu'ichi Ōhashi:
Sugiharas Vorgesetzter in verschiedenen Positionen
Giichi Shimura:
ein Freund und Kollege Sugiharas
Tadakazu Kasai:
Freund Sugiharas, später Botschafter Mandschukuos in Deutschland
Shinpei Gotō:
Gründer der Harbin Gakuin, später u. a. Bürgermeister von Tokio und Präsident des japanischen Pfadfinderverbandes
Kenji Doihara:
ein japanischer Spion und General mit dem Beinamen »Lawrence von Mandschurien«
Kiichirō Higuchi:
ein Generalleutnant der Kaiserlich Japanischen Armee
Yōsuke Matsuoka:
Präsident der Südmandschurischen Eisenbahn, später japanischer Außenminister
Shigenori Tōgō:
ein Kollege Sugiharas im Umfeld der Transmandschurischen Eisenbahn, später u. a. japanischer Botschafter in Deutschland

IN KAUNAS

Borislav:
Assistent Chiune Sugiharas
Wolfgang Gudze:
ein deutscher Angestellter im japanischen Konsulat
Jadvyga Ulvydaite:
eine Nachbarin der Sugiharas

Solly Ganor:
ein junger Filmfreund
Anushka:
seine Tante
Serach Wahrhaftig, Joshua Nishri, Samuel Graudenz, Zvi Klementynovsky und Joseph Ogur:
Sprecher der jüdischen Flüchtlinge vor dem japanischen Konsulat
Moshe Zupnik:
ein Rabbinerschüler
Shōjirō Ōtaka:
japanischer Konsul in Litauen, nominell Sugiharas Vorgesetzter
Jan Zwartendijk:
Elektronikhändler und holländischer Konsul
Wladimir Georgijewitsch Dekanosow:
stellvertretender Volkskommissar für Auswärtige Beziehungen im russischen Konsulat

IN BERLIN

Hiroshi Ōshima und Saburo Kurusu:
japanische Botschafter
Joachim von Ribbentrop:
deutscher Reichsminister des Auswärtigen
Adolf Hitler:
Diktator des Deutschen Reiches

PROLOG

WER WAR HERR SUGIHARA?

Großer Medienrummel kommt über einen kleinen Ort.
Ein Geheimnis wird gelüftet.
Eine Frage bleibt.

Kamakura war einmal die einwohnerreichste Stadt Japans und fungierte sogar als dessen Hauptstadt. Eine ganze Epoche der Landesgeschichte ist nach ihr benannt. Die ist nun allerdings schon seit über 700 Jahren vorbei. Die Geschicke des Landes werden inzwischen etwa 50 Kilometer östlich in Tokio gelenkt, und Kamakura hat sich zu einem recht beschaulichen Küstenort moderater Größe gesundgeschrumpft, der mit religiösen Sehenswürdigkeiten, bunten Volksfesten, Surf- und Badevergnügen einen stetigen Fluss stadtmüder Wochenendausflügler anlockt. Die große Buddhastatue ist wahrscheinlich eine der meistfotografierten der Welt, an den Stränden geht es in den drückend heißen Sommern schon mal hoch her.

Trubel und ein gewisses Maß an Medieninteresse sind die Einwohnerinnen und Einwohner Kamakuras also durchaus gewohnt. Doch was da im August 1986 über die ruhige Nachbarschaft hereinbrach, in der im Monat zuvor der unauffällige Herr Sugihara im Alter von 86 Jahren gestorben war, war für seine Nachbarn doch ungewohnt. Zur Beisetzung kamen Hunderte von Berichterstattern und Gästen aus aller Welt. Bei den meisten handelte es sich um Juden. Selbst Yacoov Cohen, der israelische Botschafter in Japan, ließ es sich nicht nehmen, dem Ereignis beizuwohnen. Etliche russische Geschäftsleute wollten Herrn Sugihara ebenfalls die letzte Ehre erweisen.

Nun fragten sich diejenigen, die den Verstorbenen in den letzten Jahren seines Lebens zu kennen geglaubt hatten: Wer war dieser Herr Sugihara eigentlich wirklich gewesen? Er hatte als Händler in Japan und im Ausland gearbeitet, so viel wusste man, sich dann zur Ruhe gesetzt, wie man es in einem gewissen Alter nun mal tut, und mit seiner Frau Yukiko ein zurückgezogenes Leben an einem Ort geführt, der aus unterschiedlichen Gründen vor allem recht junge und etwas ältere Menschen anzieht. Seit längerer Zeit war er schwer krank gewesen und hatte nur noch selten das Haus verlassen. Das, was jetzt über ihn berichtet wurde, passte so gar nicht zu dem Bild des gebrechlichen, pensionierten Handelsreisenden. Ein international tätiger Spion soll er gewesen sein, der fließend mehrere Sprachen sprach. Schließlich ein Rebell gegen das System, das ihn hervorgebracht hatte, und ein tragischer Held des Holocausts, der als Konsul in Litauen gegen die Anordnung der japanischen Regierung Tausenden von Juden das Leben gerettet hatte und dabei kaum mit dem eigenen davongekommen war. Ein Verräter oder ein Heiliger, je nachdem, wen man fragte. Als Mensch ein Mysterium, als Figur ein Mythos.

Und so blieb trotz aller frisch gewonnener Erkenntnisse über die Verdienste des kranken alten Herrn die Frage: Wer genau war dieser Chiune Sugihara?

KAPITEL 1

ZWISCHEN DEN KRIEGEN, ZWISCHEN DEN JAHRHUNDERTEN

Herr Iwai zieht in den Krieg, Herr Sugihara kehrt zurück.
Frau Iwai heiratet unter ihrem Stand.
Chiune lernt früh zu schwimmen, im Fluss und in der Gesellschaft.

Um ein Haar wäre der Vater des Diplomaten, Spions, Soldaten und Kaufmanns Chiune Sugihara gestorben, bevor er einen Sohn hätte zeugen können. Sogar bevor er selbst ein Sugihara werden konnte.

Im August 1894 brach zwischen Japan und China Krieg um die Vorherrschaft in Korea aus. Im folgenden Jahr wurde Yoshimizu Sugihara an die Front gerufen. Nur hieß er da noch nicht Yoshimizu Sugihara. Sein Name lautete Mitsugoro Iwai. Iwai war ein häufiger Familienname in seiner Heimatpräfektur Gifu. Doch nicht alle Iwais waren eine große Familie, und nicht alle Iwais waren gleichermaßen angesehen. Yoshimizu gehörte zu den niederen Iwais. Seine Familienlinie lässt sich kaum zurückverfolgen, und während des Krieges schien es ziemlich wahrscheinlich, dass sie bei ihm enden würde.

Dass er beinahe als Kriegstoter auf den Schlachtfeldern in China oder der Mandschurei geendet wäre, war derweil nicht den Schwertern, Speeren, Pfeilen, Spießen und Hellebarden der kaum organisierten chinesischen Heere geschuldet, die gegen die Feuerkraft der Repetierbüchsen und Krupp-Kanonen der Kaiserlich Japanischen Armee wenig ausrichten konnten. Es war die Tuberkulose, die ihn niederstreckte. Doch ein freundlicher Offizier namens Kosui Sugihara nahm sich seiner an. Er pflegte Iwai wieder gesund. Aus Dankbarkeit ließ sich Iwai von Offizier Sugihara adoptieren, woraufhin er den Familiennamen seines neuen Vaters übernahm. Das war im Japan jener Zeit keine ungewöhnliche Praxis. Und noch heute gefällt es manchen, sich im Erwachsenenalter einen neuen Vornamen zu wählen, der besser zum Selbstbild passt. Dabei wird diese Namensänderung nicht immer offiziell vorgenommen, sondern lediglich informell im Alltag praktiziert. Laut einigen Quellen soll der ehemalige Iwai von seinem Wohltäter auch den Vornamen Kosui übernommen haben, meistens jedoch wird er als Yoshimizu oder Yoshimi gelistet.

Die Namensänderung ist verbürgt, die Beweggründe sind Legende. Einer anderen Theorie zufolge wollte der ehemalige Iwai lediglich eine größere Trefferquote bei der Zustellung seiner Post bewirken. Es gab einfach zu viele Iwais vor Ort.

Obwohl er über so viel Weitsicht nicht verfügt haben wird, führte die Namensänderung auch zu weniger Verwirrung, als er nach seiner vollständigen Genesung auf Freiersfüßen durch die Straßen Gifus wandelte. Bald fand er eine Dame, der er den Hof machen wollte, und sie war ebenfalls eine Iwai. Nicht nur irgendeine. Heute würde man sagen: Sie spielte außerhalb seiner Liga. Yatsu Iwai war nicht nur als die Stadtschönheit bekannt, sie war außerdem von edler Abstammung. Eine von den besseren Iwais. Sie entstammte einem Samuraigeschlecht mit langer Tradition und einigen Vermögenswerten. Dennoch beschied sie sein Werben positiv. Aus den beiden Iwais wurde eine Familie, und zu zweit blieben sie auch nicht lange. Nicht mal zu dritt. Nach dem kleinen Toyoaki wurde ihnen am 1. Januar 1900 in der Stadt Kōzuchi ihr zweiter Sohn Chiune Sugihara geboren. So steht es im Geburtenregister jenes Ortes (heute die Stadt Mino), und so wird es mittlerweile gemeinhin akzeptiert. Bis vor wenigen Jahren hatte auch die Kleinstadt Yaotsu, ebenfalls in der Präfektur Gifu, für sich beansprucht, Sugiharas Geburtsort zu sein, basierend auf zwei handgeschriebenen Dokumenten, die dem späteren Diplomaten zugeordnet wurden und für die man sogar die Aufnahme ins Weltdokumentenerbe der UNESCO beantragt hatte. Sein letzter lebender Sohn Nobuki bezweifelte allerdings die Authentizität der Schriftstücke, und tatsächlich wurden sie schließlich als Fälschungen entlarvt. Trotzdem hielt Yaotsu seinem vermeintlichen Sohn der Stadt die Treue, zumal er später mit seiner Familie tatsächlich dort lebte. Heute erinnern in jenem Ort ein Museum und ein Monument an den Mann, der knapp nicht dort geboren worden war.

Chiune Sugihara hatte nie großes Aufheben um sein nach westlicher Rechnung bemerkenswertes Geburtsdatum gemacht. Das Jahr 1900 war nach japanischem Kalender das Jahr 33 der Meiji-Zeit, benannt nach dem posthumen Namen ihres Kaisers Mutsuhito. Auch wenn der Krieg mit China vorüber war, sollte 1900 kein friedliches Jahr für Japan und China werden. Die japanische Armee unterstützte die britische dabei, den Boxeraufstand niederzuschlagen, bei dem selbst erklärte chinesische Freiheitskämpfer gegen ausländische Institutionen und chinesische Christen vorgingen. Es dauerte außerdem nicht mehr lange, bis die Kaiserliche Armee in ihren nächsten großen eigenen Krieg zog. Im Februar 1904 wurden bei einem Angriff auf russische Schiffe vor der chinesischen Küstenstadt Dalian die ersten Schüsse des Russisch-Japanischen Krieges abgefeuert. Der Konflikt, ausgelöst von Rivalitäten über Gebietsansprüche in der Mandschurei und in Korea, endete mit dem ersten Sieg einer asiatischen über eine europäische Großmacht in der Moderne.

Yoshimizu Sugihara, ehemals Mitsuguru Iwai, mischte diesmal nicht mit. Zumindest nicht an der Front. Er fand, dass er in seiner neuen Position seinem Land bereits ausreichend diente: Er arbeitete in seiner Region als Steuereintreiber des Kaisers.

Obwohl der Titel einen respektablen Stand suggerierte, war die Bezahlung eher solide als großzügig, und das Ansehen des kaiserlichen Steuereintreibers bei der gemeinen Bevölkerung war kaum besser als das irgendeines anderen Steuereintreibers. Sugihara sen. war den traditionsbewussteren Bürgerinnen und Bürgern zudem schon äußerlich suspekt. Obwohl er ein Amt ausfüllte, das in einer gewissen patriotischen Tradition stand, trug er westliche Kleidung wie Jacken und Hosen. Er legte bei Tanzveranstaltungen zu westlicher Musik eine heiße Sohle aufs Parkett und war Stammgast in den zu dieser Zeit neu eröffnenden Lichtspielhäusern der Gegend. Dieser Mann, der adrett zwischen Tanzpalast und Kino flanierte, mochte seinem Sohn Chiune in dessen späteren Jahren alles andere als unähnlich gewesen sein, auch wenn ihr Verhältnis da längst zerrüttet war. Yoshimizus kulturelle Neugier, die keine geografischen und ideologischen Grenzen kannte, war anscheinend vererbt.

Ob in Jacke und Hose oder Herren-Kimono, er machte seine Arbeit sehr gewissenhaft. Es kam nicht von ungefähr, dass Pfandhäuser in den aktiven Jahren des Steuereintreibers Sugihara die am schnellsten wachsenden Unternehmen in seinem Wirkungsgebiet waren. Der siegreiche Krieg gegen Russland kam seinem Wirken zugute. In Kriegszeiten beziehungsweise nach gewonnenen Kriegen ließen sich die Bürgerinnen und Bürger leichter in patriotische Wallungen bringen, und sie waren viel eher bereit, den Geldbeutel für den Staat zu öffnen. Für die Familie Sugihara fiel zusehends mehr ab. Zunächst lebte sie in einem Tempel, daraufhin zog sie um in eine Personalwohnung im Finanzamt von Nagoya. Schließlich konnte man sich ein kleines Eigenheim leisten.

Jenes Holzhaus befand sich nah am Fluss Kiso, der durch die Stadt Yaotsu floss. Ein vortrefflicher Platz zum Angeln, wovon der junge Chiune und sein zweieinhalb Jahre älterer Bruder Toyoaki reichlich Gebrauch machten, wenn sie nicht gerade in den Läden des Ortes ihr bescheidenes Taschengeld für Süßkartoffeln, Süßspeisen oder Reisgebäck ausgaben. Im Sommer konnte es in den Ebenen der Region unerträglich heiß werden, deshalb verbrachten die Jungen nicht nur einen großen Teil ihrer Freizeit im Fluss selbst, sondern vor allem im Haus ihrer Großmutter mütterlicherseits, das ein paar Kilometer entfernt in einem schattigen Bambushain auf einem Hügel lag.

Obwohl die Sugiharas nicht in Saus und Braus lebten, so hatten sie durch die Reserven der Mutter und das geregelte Einkommen des Vaters doch ein komfortableres Leben als die meisten Familien im Ort, die auf den Feldern schufteten; eine harte Arbeit, um die auch die jüngeren Familienmitglieder nicht herumkamen. Da die Sugihara-Familie nicht landwirtschaftlich tätig war und man von den Kindern kaum erwarten konnte, dass sie dem Vater beim Eintreiben der Steuern und bei der Buchführung halfen, hatten sie mehr Zeit für Spiel und Müßiggang als ihre Altersgenossen aus der Nachbarschaft. Bereits mit fünf Jahren war Chiune Sugihara ortsbekannt als ein exzellenter Schwimmer mit breiten Schultern. Er verfügte schon über den stechenden Blick, der später so viele Menschen, denen er beruflich oder privat begegnete, tief beeindrucken sollte. Der Fluss war sein Revier. Er und sein Bruder bauten sich Angelruten aus den Bambushalmen, die sie am Haus ihrer Großmutter schnitten. Die Schnüre fertigten sie aus Pferdeschwanzhaaren, die sie eigenhändig ausrupften. Wurmköder für ihre Fänge fanden sie mit Leichtigkeit am schlammigen Flussufer. Ihre Konkurrenten waren die Kormorane, die über dem Wasser ihre Runden zogen und blitzschnell hinabschossen, wenn sie unter der Oberfläche einen appetitanregenden Schwarm ausmachten.

Bisweilen waren die Vögel dabei nicht ganz so frei, wie man es gemeinhin mit ihrer Art assoziiert. Die beruflichen Fischer der Region nutzten sie für ihren eigenen Fang. Schnüre um den Hals verhinderten dabei, dass die Fische verschluckt wurden. Diese Kormoranfischerei wird noch heute in einigen Teilen Asiens praktiziert, ist allerdings inzwischen mehr Brauchtumspflege als ein Mittel, den Lebensunterhalt zu verdienen. Lediglich für Hindus und Buddhisten, die sich vorwiegend vegetarisch ernähren, hat die Methode nach wie vor praktischen Nutzen. Sie können dank ihr den einen oder anderen Fischtag einlegen, weil sie die Tiere nicht selbst töten, sondern diese Arbeit den Meeresvögeln überlassen.

Ausgehungert vom vorangegangenen Schwimmen, machten die Kinder nicht selten gleich am Angelplatz ein Feuer, brieten ihren Fang und verspeisten ihn vor Ort. Die Forellen des Flusses Kiso genießen einen hervorragenden Ruf. Das Kaiserhaus soll schon über tausend Jahre zuvor voll des Lobes gewesen sein, und später warb der Ort damit, dass Charlie Chaplin von der lokalen Methode des Kormoran-Fischens sehr angetan war. Chaplin war ohnehin begeistert von Japan und somit häufiger und gern gesehener Gast des Landes. Einige Hotels und andere Einrichtungen von touristischem Interesse werben damit, den berühmten Schauspieler und Regisseur einst als Gast gehabt zu haben.

Yaotsu wurde schnell vom Dorf zu einer boomenden Kleinstadt. Trotz seiner bäuerlichen Tradition zog der Ort viele Siedler an, die des Landlebens überdrüssig waren, obgleich die Verlockungen der Großstädte Tokio (damals bereits zwei Millionen Einwohner) und Osaka (knapp 900 000) sie finanziell oder mental überforderten. Verständlich: Die Tokioter selbst waren recht unzufrieden in Tokio. Demonstrationen gegen den Verfall des Lebensstandards arteten regelmäßig in Gewalt aus. Nicht jeder war glücklich über die militärischen Erfolge des Landes. Diejenigen, die nun randalierend durch die Straßen der Hauptstadt zogen und Straßenbahnen anzündeten, fanden, dass man ruhig mehr Geld für die Bevölkerung im Land als für das Töten ihrer angeblichen Feinde im Ausland ausgeben sollte und dass geschickte Diplomatie möglicherweise auf mannigfaltige Art mehr erreichen könnte als militärische Aggression.

In Yaotsu war man von solchen Debatten, und vor allem von solchen Ausschreitungen, weit entfernt. Zwischen 1890 und 1920 verdoppelte sich die Einwohnerzahl des Ortes auf knapp über 3500.

Das mag noch nicht nach urbanem Flair klingen (dafür reicht es mit knapp 12 000 Einwohnern, weniger als Ende des letzten Jahrhunderts, auch heute nicht). Dennoch brachte der Zuwachs an neuen Bürgerinnen und Bürgern entscheidende Veränderungen mit sich. Die Straßen wurden zahlreicher und breiter, und nicht mehr jedes vierrädrige Fahrzeug, das darauf unterwegs war, wurde von Vierbeinern gezogen. Um die alten und neuen Bewohner zu bewirten, machten stetig mehr Teehäuser auf. Manche von ihnen waren fragwürdigen Rufes; die Bedienungen schenkten dort nicht nur Tee aus. Mutter Sugihara soll nicht unglücklich darüber gewesen sein, dass ihre Jungs einen Großteil ihrer Zeit bei den Fischern am Flussufer und bei der Großmutter auf dem Bambushügel verbrachten. Von einem allzu ausufernden Nachtleben war Yaotsu dennoch in den frühen Jahren dieser Expansion weit entfernt. Elektrizität und Telefone sollten noch Jahre auf sich warten lassen. Auch die erste Bücherei wurde deutlich nach dem ersten Bordell eröffnet, aber derlei Prioritäten stellen sich wohl an anderen Orten in anderen Teilen der Welt nicht anders dar.

Trotz des Wachstums war das gesellschaftliche Leben lange vom Gutdünken einiger weniger Großfamilien bestimmt. Die Familie Sugihara nahm da eine wackelige Sonderstellung ein. Der Vater, ein mittelloser Kriegsveteran, gleichwohl mit einem Beruf, der direkt dem Kaiserhaus unterstand. Die Mutter eine Hochwohlgeborene, trotzdem halt bloß eine Frau, die nach alten Gepflogenheiten mit ihrer Hochzeit Teil der Familie ihres Mannes geworden war, und nicht etwa umgekehrt. Dennoch drückten die feineren Familien des Ortes in dieser Angelegenheit gern ein Auge zu, wenn es um gesellschaftliche Anlässe ging. Dabei wurde allerdings nie ein Zweifel daran gelassen, dass es ohne dieses zugedrückte Auge nicht ging. Diese Umstände werden dem jungen Chiune nicht entgangen sein, machten ihn womöglich frühzeitig empfänglich für die Feinheiten gesellschaftlicher Hackordnungen und mitfühlend denen gegenüber, die sich am unteren Ende befanden.

KAPITEL 2

NEUE ZEITEN, ANDERE SITTEN

Ein Samurai spielt nicht Baseball.
Patrioten bekämpfen den Westen – mit Rindfleisch, aber ohne Taschenuhren.
Die Polen kommen (zwei zumindest).

Wenn der junge Chiune Sugihara nicht gerade schwamm oder angelte, glänzte er auf dem Baseballfeld. Oder auf irgendeiner freien Fläche, die als Baseballfeld herhalten musste. Der Sport mag einem so amerikanisch wie Coca-Cola erscheinen, doch heute ist er Volkssport Nummer eins in Japan, noch vor Sumo. Sein Siegeszug begann Ende des 19. Jahrhunderts, als das Spiel von einem amerikanischen Professor, der möglicherweise unter freizeitgestalterischen Entzugserscheinungen litt, nach Japan importiert wurde. Heute werden die Weltranglisten internationaler Spieler meist von Japanern angeführt. Dabei war das Spiel, das in Japan *yakyu* (Feldball) genannt wird, nicht immer unumstritten. Dr. Inazō Nitobe (1862–1933), seinerzeit einer der prägendsten Intellektuellen des Landes, nannte es einen »Sport für Taschendiebe«. Schließlich ginge es darum, bei der Umrundung des Spielfelds die Laufmale *(bases)* zu »stehlen«, wie es im Jargon heißt. Das konnte nicht gut sein für die Moral des Landes; wie vieles, was aus dem Westen kam.

Nitobe war eine Schlüsselfigur in der Zeit, in der Sugihara aufwuchs. Und obwohl sie die Einstellung zum Baseball nicht einte, hatten die beiden doch eine gewisse kosmopolitische Ader gemein. Obgleich Nitobe den Einfluss des Westens auf Japan kaum mit Begeisterung sah, war ihm am internationalen Austausch sehr gelegen. Sein Hauptwerk, *Bushidō: Die Seele Japans*, das bereits 1901 auf Deutsch erschien, schrieb er in Kalifornien, und zwar auf Englisch. Seinen Lebensabend verbrachte er in Kanada. Obwohl *Bushidō* in erster Linie dem Rest der Welt das japanische Wesen näherbringen sollte, wurde es schließlich auch in Japan ein großer Erfolg. Was Leser in Ost und West dabei manchmal übersahen (und heute noch übersehen), ist die Tatsache, dass es sich bei diesem Buch nicht um eine wissenschaftliche Chronik japanischer Denkweisen und Traditionen, sondern um eine Ausformulierung der Wunschvorstellungen des guten Doktors handelt. Den Bushidō (Weg des Kriegers) als in Stein gemeißelten (oder in Tinte kalligrafierten) Ehrenkodex der Samurai gab es nicht. Mit der Ehre hatte es der gemeine historische Samurai nicht mehr als der gemeine Kreuzritter. Dennoch ist das Buch lesenswert als eine oft rührende Dokumentation japanischer Idealvorstellungen. Bedenken muss man nur, dass sich hüben wie drüben zwischen Ideal und Alltag oft eine beträchtliche Kluft auftut. Dass Nitobes Visionen eines edlen, ritterlichen Japans umgehend von rechtsaußen missbraucht wurden, war in den kriegerischen Zeiten von Chiune Sugiharas Kindheit und Jugend abzusehen. Trotz einiger in der Tat unglücklicher Zitate anderer Denker im Text ist das jedoch nicht die Schuld des Buches und entspricht nicht dem Ansinnen des Autors, der stets zwischen den Welten vermitteln wollte.

Wenngleich die sieben Tugenden der Samurai, die Nitobe formuliert, eher seine eigenen Ideen als ein althergebrachtes Regelwerk wiedergeben, so lohnt es sich doch, einen Blick auf sie zu werfen, denn auch Sugihara musste mit diesen Vorstellungen vom korrekten Mannsbild aufwachsen. Als da wären:

Rechtschaffenheit und Gerechtigkeit: Nitobe zitiert zur Veranschaulichung einen bekannten Krieger: »Rechtschaffenheit ist die Kraft, sich für eine Verhaltensweise je nach Anlass zu entscheiden; zu sterben, wenn der Tod angebracht ist, und zuzuschlagen, wenn es erforderlich ist.«

Wagemut und Duldsamkeit: Der Autor kommt mit Konfuzius: »Das Richtige wahrzunehmen und es nicht zu tun, ist ein Mangel an Mut.« In eigenen Worten formuliert er es positiv: »Mut ist, wenn man das tut, was richtig ist.«

Mitmenschlichkeit, das Gefühl für Leid: Gemeint sind »Liebe, Großmut, Zuneigung zu anderen, Sympathie und Mitleid«. Hier führt der Autor wieder Konfuzius an, wenn er das Ideal eines Herrschers im Sinne des Bushidō beschreibt: »Der Herrscher kultiviert zuerst seine Tugend; wenn er tugendhaft ist, kommen die Menschen von selbst zu ihm. Mit den Menschen kommt das Land zu ihm und mit dem Land der Wohlstand, den er zu nutzen weiß. Tugend ist die Wurzel und Wohlstand eine Folge davon.« Der Umkehrschluss ist für die weitere Lebensgeschichte Sugiharas interessant: Verhält sich ein Herrscher untugendhaft, dann wäre es auch nicht tugendhaft, sich seinem Willen zu beugen. Nitobe und Konfuzius plädieren für eine »väterliche Regierung« im Gegensatz zu einer despotischen.

Höflichkeit: Die gemeinte Höflichkeit solle nicht »nur von der Angst, den guten Geschmack zu verletzen, angetrieben« werden. »In ihrer höchsten Ausprägung kommt Höflichkeit der Liebe nah«, so Nitobe.

Wahrhaftigkeit und Aufrichtigkeit: Schriftliche Verträge waren zur Zeit der Samurai unüblich. Es galt das *Bushi-no-ichigon,* das »Ritterwort«. Nitobe: »Lügen oder Ausflüchte galten gleichermaßen als Feigheit.« Und Feigheit widersprach selbstverständlich der Anforderung des Wagemuts.

Ehre: Die Ehre ist ein zweischneidiges Schwert, um im kriegerischen Bild zu bleiben. Das löbliche »[wache] Bewusstsein der persönlichen Würde und des Wertes« kann eine starke Fokussierung auf den eigenen Ruf zur Folge haben: »Ein guter Name [...]

ist das Wichtigste für einen Menschen, alles andere steht auf der Stufe der Tiere.« Nitobe sah die Schattenseiten: »Im Namen der Ehre wurden Taten begangen, die im Kodex von Bushidō keine Berechtigung finden. Der heißblütige Angeber nahm die geringste, ja sogar eingebildete Beleidigung übel, und viele unschuldige Leben wurden geopfert.«

Loyalität: Wie Aristoteles setzt der Bushidō den Staat vor den Bürger: Es »muss das Individuum für den Staat leben und sterben oder für dessen Inhaber der legitimen Autorität«. Allerdings setzte dies, wie gehabt, einen tugendhaften, väterlichen Herrscher voraus. Denn weiter heißt es: »Ein Mann, der sein eigenes Gewissen dem unberechenbaren Willen oder den Launen und Grillen eines Herrschers opferte, wurde nach den Regeln von Bushidō als niedrig angesehen.«

Chiune Sugihara war ein exzellenter Baseballspieler. Konnte er gleichzeitig ein exzellenter Samurai nach Nitobe sein, der dieses Spiel doch so verachtete? Es wird an anderer Stelle noch einmal auf die Samurai-Anforderungen zurückzukommen sein.

Zum Unterhaltungsangebot wachsender Städte wie Yaotsu gehörten zur Zeit des jungen Sugihara zunehmend propagandistische Straßenspektakel, bei denen Regierungsgesandte dem Volk mit Vorführungen und Reden Werte beibiegen sollten, die dem Land zugutekämen und den Zeiten angemessen wären. Oft sprachen sich die verschiedenen Ensembles nicht ab. So wurden die Bürgerinnen und Bürger mal vor westlichen Marotten wie dem Tragen von Uhren gewarnt, am nächsten Tag wurden sie über die Tugend der Pünktlichkeit belehrt. Die Abgesandten des Landwirtschaftsministeriums ermahnten die Landbevölkerung, auf den Äckern und Feldern zu bleiben und gewissenhaft zu tun, was dort zu tun war. Vertreter des

Handelsministeriums versuchten, Bauern in die neuen Fabriken zu locken, um die Wirtschaft anzukurbeln. Kritische Bauern merkten an, dass sie weder Zeit für das eine noch für das andere hätten, wenn sie ständig diesen Veranstaltungen beiwohnen müssten.

Deren Akteure waren oft Männer in Lehrpositionen, die selbst zu alt waren, um bei Bedarf noch mal in den Krieg zu ziehen, was sie sehr bedauerten. Sie waren Ultranationalisten, die den Japanisch-Chinesischen Krieg als eine einzige glorreiche Siegesgeschichte erzählten und ihrem Publikum *shobu shobu* nahebringen wollten, eine während des besagten Konflikts in Mode gekommene, besonders aggressive Art von Patriotismus, verquickt mit Glorifizierung von Kampfgeist und Militarismus, befeuert von harten Worten, zackigen Kriegsliedern und militärischen Übungen. Die Landesregierung in Tokio sah das ambivalent. Patriotisch überdrehte Heerscharen hatten sich in den letzten Kriegen als schwer kontrollierbar erwiesen. Dennoch hatten sie gerade erste Siege gegen westliche Mächte errungen (Russland gehört aus Japans Sicht geografisch selbstverständlich zu diesen). Das Verhältnis zu westlichen Einflüssen wurde durch diese Siege nur noch ambivalenter. Vor allem aus einem zunehmenden Gefühl der Überlegenheit heraus erwuchs die Theorie, dass man sich diesen Einflüssen in Einzelfällen durchaus hingeben dürfe, denn ihre Gefahr für die reine, starke japanische Seele hielt sich in engeren Grenzen, als zunächst befürchtet. Außerdem ist ja genau das eine altbewährte Taktik: Kenne deinen Feind. So kamen die scheinbar oft widersprüchlichen Botschaften der Propagandaveranstaltungen zustande. Obwohl meistens Ablehnung eingebläut wurde, ging der Weg zum Ziel oft über Aneignung des Abzulehnenden. Die Frauen sollten sich die Haare nach der westlichen Mode frisieren und die Männer mehr Rindfleisch essen, um körperlich mit ihren westlichen Pendants konkurrieren zu können. (Tatsächlich waren die jungen Damen, die sich an der Mode und Ästhetik Europas orientierten, in jenen Jahren als »Haarschnittmädchen« bekannt. Für einige waren sie Feindbild, für andere erotische Projektionsfläche, für nicht wenige wahrscheinlich beides zugleich. Ambivalente Zeiten erzeugen ambivalente Gefühle.)

Die ersten Schritte zum Patriotismus neuer Schule konnten bei diesen Anlässen bereits gegangen werden: Es gab stets reichlich zu essen, auch verwestlichendes Rindfleisch. Wahrscheinlich lag darin der Grund für den großen Zuspruch, den die Veranstaltungen trotz ihrer verwirrenden Botschaften und gemischten Signale erhielten. Essen war wichtig, doch solle nicht mehr so gegessen werden, wie man es gewohnt war: Das Volk wurde bei einigen Veranstaltungen ermahnt, sich das laute Schlürfen der Nudelsuppe abzugewöhnen, weil dies im Westen wortwörtlich nicht zum guten Ton gehörte.

Das Schlürfen konnte den Japanern mehrheitlich nicht abgewöhnt werden, doch die Debatte ist geblieben. Zuletzt wurde im Vorfeld der Olympischen Spiele 2020 (faktisch 2021) darüber diskutiert, ob man es nicht unterlassen könne, um die vielen erwarteten Gäste aus dem Ausland nicht zu vergraulen (was sich dann freilich angesichts der ganz besonderen Umstände jenes Wettbewerbs eh erledigt hatte). Im Zuge dieser Diskussion wurde der Begriff *nuhara* geprägt, analog zu *sekuhara*, der japanisierten und abgekürzten Version von *sexual harassment,* also sexueller Belästigung. *Nuhara* beschreibt demnach ein Phänomen namens Nudelbelästigung.

Bei all diesen unterschiedlichen Botschaften, die der Staat am Anfang des 20. Jahrhunderts seiner Bevölkerung nahebringen wollte, schien eines eindeutig: Die Zeiten änderten sich. Die Sitten änderten sich. Loyalitäten verschoben sich, wenn auch nicht ganz klar war, wohin. Und mittendrin ein Heranwachsender wie Chiune Sugihara, geboren zwischen zwei Kriegen, der die Welt seiner Eltern schwinden sah und seine eigene kommende zunächst nur schemenhaft ausmachen konnte.

Dabei wirkten die internationalen Kräfte, die sein Leben prägen sollten, bereits während seiner Kindheit und in seinem Heimatland. Damals trommelten nicht nur Japaner in Japan leidenschaftlich für ihre politischen Anliegen. 1904 war der polnische Politiker und Aktivist Józef Piłsudski in den Fernen Osten gereist. Der Führer des militanten Flügels der Polnischen Sozialistischen Partei und langjährige Redakteur des Parteiblatts *Robotnik* (Arbeiter) wollte in Japan um Unterstützung für den Aufstand seiner Mitstreiter gegen die russische Fremdherrschaft werben. Geboren wurde Piłsudski 1867 nicht weit von Kaunas, der Stadt, die zu Sugiharas Schicksal werden sollte. In den 1920er-Jahren brachte er es in Polen vom verfolgten Untergrundkämpfer zum autoritären Staatsoberhaupt. Die jüdische Bevölkerung des Landes hegte damals große Sympathien für ihn, da er antisemitische Gesetze abschaffte und die Loyalität zum Staat über die ethnische Abstammung stellte.

Piłsudski war nicht der einzige Pole, der in jenen Tagen versuchte, Japan für polnische Belange zu interessieren. Kaum hatte er die Reise angetreten, schickten seine politischen Gegenspieler den strammen Nationalisten und Antisemiten Roman Dmowski hinterher, der die Japaner davon überzeugen sollte, dass dieser andere Pole Unsinn redete und man ihm rein gar nichts zugestehen solle. Erfolg hatte er damit nicht so recht. Piłsudski gelang es in Japan tatsächlich, Waffen und finanzielle Mittel gegen den gemeinsamen Feind Russland herauszuschlagen. Erst nach dem Angriff auf Pearl Harbor 1941 standen Japan und Polen offiziell auf unterschiedlichen Seiten eines Krieges, obwohl man unter der Hand weiterhin diplomatische Beziehungen und militärische Kooperationen über Spionageringe aufrechterhielt. Bei der Etablierung Letzterer sollte Chiune Sugihara eine entscheidende Rolle zukommen, als er ein paar Jahrzehnte später nicht weit von Józef Piłsudskis Geburtsort eine neue Dienststelle antrat.

Die Themen, die den erwachsenen Sugihara umtreiben sollten, lagen also bereits während seiner Kindheit in der Luft, die er atmete. Gleichwohl ist es unwahrscheinlich, dass Piłsudski oder Dmowski es bis Yaotsu geschafft haben. Falls Chiune in jenen Jahren überhaupt irgendein Bild vom jüdischen Volk vermittelt worden war, dann allenfalls ein unvorteilhaftes aus Schullektüren wie dem *Kaufmann von Venedig.*

Russische Juden hingegen hatten in und nach der Zeit des Russisch-Japanischen Krieges ein durchaus positives Bild von Japanern, obwohl sie offiziell auf unterschiedlichen Seiten kämpften. Das russische Militär setzte Juden als Kanonenfutter ein. Als jüdischer Mann hatte man nahezu keine Chance, der Einberufung zu entgehen. Ungefähr 30 000 jüdische Soldaten wurden von der russischen Armee in Marsch gesetzt. Nicht wenige von ihnen zogen Selbstverstümmelung oder Flucht ins Ausland dem Dienst an der Front vor. Und sollte sich das nicht bewerkstelligen lassen, war offenbar sogar die japanische Kriegsgefangenschaft vorzuziehen. Ein russisch-jüdischer Rekrut, der zuerst durch eine japanische Mörsergranate einen Arm verloren hatte und dann dem Feind in die Hände gefallen war, schrieb 1905 an seine Eltern: »Die mit zwei Armen können mich beneiden. Die Japaner behandeln uns so gut, wie man es sich nur vorstellen kann.« Andere sprachen ähnliche Erfahrungen aus: Es ging ihnen als Soldaten in japanischer Kriegsgefangenschaft besser denn als Juden im zivilen Russland (Gefangene und Beherrschte anderer Kriege und anderer Völker machten dagegen wesentlich unangenehmere Erfahrungen mit japanischen Soldaten). Sie entdeckten außerdem gewisse Ähnlichkeiten zwischen jüdischer und japanischer Mentalität – etwa einen Widerwillen, sich äußeren Kräften, darunter nicht zuletzt westlichen Einflüssen, zu beugen und allen gesellschaftlichen Entwicklungen zum Trotz an althergebrachten Traditionen festzuhalten.

Das Bild vom ritterlichen japanischen Soldaten wurde in jenen Tagen von kaum einem besser projiziert als von General Maresuke

Nogi (1849–1912). Der Sohn eines Samurai, der europäische Kriegsstrategien in Deutschland studiert hatte, war von der japanischen Regierung als Held des Russisch-Japanischen Krieges aufgebaut worden. Ein bekanntes Poster, das auch in Yaotsu an mancher Hauswand hing, zeigte ihn Seite an Seite mit seinem just besiegten russischen Gegenspieler General Anatolij Michailowitsch Stößel. Beide imposante Männer mit Bart, beide aufrecht und in voller, ordenbewehrter Montur. Nogi wurde nicht nur dafür geschätzt, dass er seinem Feind in dessen Niederlage die Würde ließ, sondern auch dafür, dass er bereits während der Entscheidungsschlacht der Gegenseite 50 Hühner und 100 frische Eier zum Verzehr zukommen ließ. Und das, obwohl in jener Schlacht seine eigenen Söhne gefallen waren.

Die Geschichte vom ehrenhaften General Nogi wurde damals jedem japanischen Schulkind eingetrichtert. Ob sie nun ganz und gar der Wahrheit entspricht, ist strittig. Eines jedoch steht fest: Sie diente in erster Linie der Gesichtswahrung des japanischen Militärs. Nogi hatte sich im Konflikt alles andere als mit Ruhm bekleckert. Seine theoretischen militärischen Studien hatten ihm in der Praxis nicht viel geholfen; zu viele Soldaten schickte er in zu viele unnötige Scharmützel – und somit in noch unnötigere Tode, als es in Kriegen ohnehin der Regelfall ist.

Ob Legende oder nicht, die Botschaft kam beim jungen Chiune Sugihara und seinen Altersgenossen an: Sogar im Angesicht des Feindes darf man sein Mitgefühl nicht verlieren. Wie es mit moralischen Geschichten so ist, hatten sicherlich einige Schulkinder die Lektion auf dem Weg ins Erwachsenenleben wieder verlernt. Sugihara nicht.

Ob der Staat überhaupt wollte, dass Chiune Sugihara in der Schule allzu gut aufpasste, ist dabei nicht unbedingt gesagt. Das Bildungswesen war eine weitere Institution, die unterschiedliche Signale sendete. Einerseits wurde zu Anfang des 20. Jahrhunderts die Schulpflicht um zwei Jahre verlängert, andererseits kritisierte das Innenministerium die Regionalregierungen dafür, zu viel Geld in den Ausbau von Schulen zu stecken. Budgetkürzungen hatten daraufhin zufolge, dass Lehrergehälter von einem komfortablen Mittelklasseniveau unter die Armutsgrenze fielen. Überhaupt war zu viel Bildung vielen suspekt – sogar dem Bildungsministerium. Dort war zu hören, dass das Streben zu vieler nach höherer Bildung »von Übel« sei: »Die Doktoren vermehren sich wie der Bambus nach dem Regen.« In einem populären Ulkschlager jener Tage heißt es sinngemäß: »Ich werde ein Doktor der Rechte, du einer der Literatur / Lass uns ins Freudenhaus gehen, unsere Eltern graben daheim nach Süßkartoffeln.«

Chiune sollte durchaus ein Doktor werden, nämlich einer der Medizin. Das war die Art von nützlichem Doktor, auf die man sich allseits einigen konnte. Dieses Berufsziel schwebte zumindest dem Vater für den Sohn vor; er selbst war ja ebenfalls kein Süßkartoffelbauer. Welche gesellschaftlichen, kulturellen und technologischen Umwälzungen auf seine Generation auch warten mochten, eines war klar: Krank wurden die Menschen immer. Außerdem hatte es unter den Vorfahren des Vaters einen Arzt gegeben, und dem war es wohl nicht allzu schlecht gegangen. Und wo wäre Yoshimizu selbst ohne medizinische Hilfe geblieben, als ihn im Krieg beinahe die Tuberkulose dahingerafft hatte?

Zunächst allerdings musste Chiune die gemeine Schulbildung hinter sich bringen. 1907 lebte die Familie in der heutigen Stadt Kuwana in der Präfektur Mie, die an die Präfektur Gifu grenzt. Im selben Jahr noch wurde in die Stadt Gifu umgezogen, wo Chiune die Nakatsu Grundschule besuchen würde. Er war ein guter Schüler, doch er lernte nicht nur allein in der Schule. In Gifu sah er im Kino einen Film, der ihn tief beeindrucken sollte. Es war eine von vielen Nacherzählungen der Legende der 47 Rōnin, einer in Grundzügen auf historischen Begebenheiten basierenden Geschichte, die in Japan so bekannt ist wie im Westen die von Robin Hood und seinen fröhlichen Gefährten (sie ist allerdings weniger fröhlich). International erlangte sie in jüngerer Vergangenheit eine gewisse Bekanntheit als Inspiration für den britisch-amerikanischen Actionfilm *Ronin* und den amerikanischen Fantasyfilm *47 Ronin,* der unter anderem gerne für die Freiheiten kritisiert wird, die er sich gegenüber dem Originalstoff herausnähme. Dabei ist es auch in japanischen Nacherzählungen der Legende gang und gäbe, die Geschichte auszuschmücken und mit übernatürlichen Elementen anzureichern. Die künstlerischen Freiheiten beginnen schon damit, dass die realen 47 Rōnin wahrscheinlich über 50 waren.

Die Rōnin im mittleren zweistelligen Bereich jedenfalls waren herrenlose Samurai. Das waren sie, weil ihr Herr nach einem Handgemenge mit einem intriganten Hofbeamten zum rituellen Selbstmord gezwungen worden war. Seine Gefolgsleute wollten seinen Tod rächen, doch der Hofbeamte roch den Braten und verschanzte sich hinter Heerscharen von Wachen. Die Rōnin allerdings hatten Geduld. Sie zerstreuten sich in alle Himmelsrichtungen, verdingten sich als gemeine Handwerker oder frönten zur Verschleierung ihrer wirklichen Absichten einem öffentlichen Lotterleben. Ihr Anführer trieb das so weit, dass am strategischen Lotterleben sogar seine Ehe scheiterte.

Nach Jahren wähnte sich der Hofbeamte in Sicherheit und reduzierte die Bewachung. Nun schlugen die Rōnin zu und ihrem Widersacher den Kopf ab. Bei ihrer groß angelegten Attacke hatten sie die Unterstützung der ansässigen Zivilbevölkerung; der Hofbeamte war nämlich nicht nur bei den Rōnin unbeliebt. Obwohl den einfachen Bürgerinnen und Bürgern versichert worden war, dass es lediglich dem verhassten Hofbeamten an den Kragen gehen würde, kostete jene schicksalhafte Nacht viele unschuldigen Leben. Anschließend begingen die Rōnin kollektiven Selbstmord, um der Todesstrafe zu entgehen, die gesetzlich auf Blutrache stand.

Man könnte darin eine Geschichte von verkrachten Lebensläufen und ganz besonders sinnlosem Blutvergießen sehen. In Japan wird es zumeist anders interpretiert, nämlich als eine Erzählung von ritterlichen Idealen im Sinne des Bushidō. Chiune Sugihara, so darf man rückblickend vermuten, nahm aus der Geschichte mit, dass neben einem langen Atem und taktischem Geschick Verschleierung und effektives Netzwerken zielführend sind.

KAPITEL 3

EIN GUTER SCHÜLER MIT EIGENEM KOPF

Der Tod eines Kaisers, das Ende einer Ära.
Der alte Herr Sugihara geht nach Korea.
Der junge Herr Sugihara verweigert eine Prüfung und absolviert zwei weitere.

In Gifu blieb die Familie nur für zwei Jahre, dann zog sie nach Nagoya, und Chiune besuchte dort fortan die Huruwatari Schule. Die japanische Grundschule umfasst sechs Klassen; 1912 hatte Chiune Sugihara sie beendet. In seinem Abschlusszeugnis fanden sich ausschließlich Höchstnoten. In den sechs Jahren wurden nur zwei Fehltage vermerkt.

Ein Ereignis schlug das Land 1912 umfassender in seinen Bann als das Grundschulzeugnis des jungen Sugihara: In der Nacht des 29. Juli verstarb, bereits schwer krank, der Kaiser (obwohl in offiziellen Dokumenten der Todeszeitpunkt fälschlicherweise als nach Mitternacht angegeben wird und so der 30. Juli nach wie vor als der offizielle Todestag gilt). Posthum war er unter dem Namen seiner Regierungsdevise bekannt: Meiji (aufgeklärte Herrschaft). So ging mit seiner Regierungszeit die Meiji-Ära zu Ende. Es war eine ereignisreiche Zeit in der Landesgeschichte. Der Herrschaftsanspruch des Kaiserhauses wurde wiederhergestellt, nachdem in einem politisch zersplitterten Japan lange Zeit rivalisierende Shogune das Sagen hatten. Das Land öffnete sich dem Westen, expandierte diplomatisch wie militärisch. Die Schulpflicht wurde eingeführt, erste Schritte zur Demokratisierung wurden unternommen. Das gefiel vielen, aber nicht allen. Kurz vor dem natürlichen Tod des Kaisers wurde eine Gruppe von Anarchisten hingerichtet, die sein Ableben hatten beschleunigen wollen.

Einer, der Mutsuhito, wie der Kaiser zu Lebzeiten hieß, sehr zugetan war, war der vorgebliche Kriegsheld Maresuke Nogi, zu dem auch Chiune aufsah. Letzteres im symbolischen wie im konkreten Sinne angesichts der Poster, die aus den Straßen der Städte kaum wegzudenken waren. Nogi und seine Frau nahmen nach des Kaisers Tod vor einem seiner Porträts Platz und begingen gemeinsam *seppuku,* den rituellen Selbstmord ehrenhalber, der seit 250 Jahren offiziell verboten war. Als Nogis Bataillon einmal in einem Gefecht seine Standarte verloren hatte, forderten mehrere Militärs angesichts dieser Schande seinen Kopf. Der Kaiser jedoch hatte ihm Gnade gewährt. Nun wähnte er es nur rechtens, dem Herrscher, der ihm einst das Leben geschenkt hatte, in den Tod zu folgen.

1917 schloss Chiune die Mittelstufe der Oberschule in der Präfektur Aichi ab. Sein Vater bekam das nur aus der Ferne mit. Nachdem Japan 1910 Korea annektiert hatte, ließ sich Yoshimizu Sugihara ebendort hin versetzen. Das mag für die Familie eine finanzielle Verbesserung bedeutet haben, doch es trennte sie auch für den größten Teil von Chiunes Jugend. Der Vater kam nur noch selten in sein Heimatland. Selbst nach seiner Pensionierung blieb er in Korea und machte dort in Immobilien. Ein lukratives Geschäft für Japaner, insbesondere durch Zwangsenteignungen der Einheimischen. Yoshimizu selbst sicherte sich ein Grundstück auf dem Land und eröffnete darauf einen *ryokan,* ein Gasthaus japanischer Art. Damit es ihm dort auch in der Nebensaison nicht zu einsam wurde, nahm er sich eine Konkubine. In jener Zeit war das weder in Japan noch in

Korea allzu ungewöhnlich für Herren eines gewissen Standes (selbst der amtierende Kaiser war der Sohn einer Konkubine, genau wie der Kaiser vor ihm und der Kaiser nach ihm), dennoch teilte er es der Familie zunächst nicht mit. Das übernahm brühwarm Chiunes älterer Bruder Toyoaki nach einem Besuch beim Vater. Mutter Sugihara machte sich unverzüglich auf den Weg nach Korea. Was aus der Konkubine wurde, ist nicht überliefert. Yatsu jedenfalls gebar bald darauf Chiunes und Toyoakis Schwesterchen Ryuko. Später richtete sie sich ebenfalls permanent in Korea ein und half ihrem Mann, das Gasthaus zu führen.

Seinen Erziehungsauftrag erfüllte der Vater in erster Linie per Post. Er schrieb dem Sohn immer wieder, er möge die Talente, die seine exzellenten Schulnoten nahelegten, für ein Studium der Medizin nutzen. Das allerdings interessierte den Jungen nicht. Seine Interessen lagen im sprachlichen Bereich. Er spielte mit dem Gedanken, Englisch zu studieren. Womöglich wollte er auch lieber reisen als operieren. Sein Vater war schließlich in ein anderes Land gegangen, und das war offenbar nicht zu seinem finanziellen Nachteil gewesen. Darüber hinaus war Chiune äußerst kommunikativ und wollte vermutlich über mehr als nur Krankheiten und Gebrechen sprechen. Er teilte seinem Vater mit, dass er beabsichtigte, Lehrer zu werden.

Davon war Sugihara sen. gar nicht angetan. Lehrer hatten noch nie viel verdient und verdienten zusehends weniger. Darüber hinaus schwand auch ihre Reputation in einem Land, dem das Intellektuelle zunehmend suspekt wurde und in dem viele meinten, Bauern sollten lieber bei ihren Süßkartoffeln bleiben.

Chiune tat seinem Vater den Gefallen und erschien brav zum Termin der schriftlichen Aufnahmeprüfung für das Studium, das der alte Herr für ihn vorgesehen hatte. Er erhielt die Fragebogen und fing an zu schreiben. Bald hörte er auf. Als es Zeit war, die Formulare abzugeben, hatte er lediglich seinen Namen eingetragen. Aus stolzem Trotz, sicherlich nicht aus Unvermögen.

Die Gründe waren dem Vater herzlich egal. Finanziell saß er am längeren Hebel, und so stellte er sofort jede Zahlung von Taschengeld ein, nachdem er vom negativen Bescheid erfahren und bei der Hochschule nachgehakt hatte, wie das passieren konnte. Eine Reise Chiunes nach Korea konnte das Verhältnis zum Vater nicht kitten. Alles, was er mit zurück nach Hause nahm, war Verachtung für die unmenschliche Art, wie die japanischen Besatzer mit der koreanischen Bevölkerung umsprangen.

Zurück in der Heimat, zog es Chiune in die große Stadt. In die Hauptstadt, Tokio, ein Zentrum der Bildung und des Vergnügens. Zumindest wenn man über das nötige Budget verfügte, was Sugihara nicht tat. Dennoch führte sein Weg direkt zum Campus der renommierten Waseda-Universität. 1882 vom ehemaligen Samurai und späteren Premierminister Shigenobu Ōkuma gegründet, war sie neben der Keio-Universität die erste private Bildungsanstalt ihrer Art in Japan und ist noch heute eine der prestigeträchtigsten. Dort nahm er an einer weiteren Aufnahmeprüfung teil. Diesmal schrieb er mehr als nur seinen Namen auf die Papiere, und so wurde er am 1. April 1918 zum Studium der englischen Literatur zugelassen.

Das war für seinen Vater der Tropfen, der das Fass zum Überlaufen brachte. Er verbannte Chiune aus der Familie. Nun war der junge Chiune Sugihara mittel- und heimatloser Student einer Sprache, die er wahrscheinlich zu jenem Zeitpunkt nur unzureichend beherrschte. Der Sprachunterricht an heutigen japanischen Oberschulen ist kaum geeignet, um ein versiertes Verständnis fremder Sprachen zu fördern. Das wird zu Chiune Sugiharas Schulzeiten nicht besser gewesen sein, also brauchte er weitere Förderung. Er verfeinerte seine Sprachkenntnisse in einer christlichen Studentenverbindung, doch angesichts seiner prekären Lage konnte er kaum seine gesamte Zeit darauf verwenden. Um sich sein Studium zu finanzieren, gab er Nachhilfeunterricht, trug Zeitungen aus und verdingte sich als Hafenarbeiter beim Be- und Entladen von Containerschiffen.

Es half alles nichts. Das Geld reichte vorn und hinten nicht, und in den elitären Strukturen der Universität war trotz seiner adäquaten akademischen Leistungen kein Platz für ihn vorgesehen. Im Sommer 1919 musste er sich nach anderen Möglichkeiten umsehen.

Knallt uns das Leben eine Tür ins Gesicht, sagen wir gerne trotzig: »Ist auch besser so. Diese Universität/Firma/Geliebte hat mich eh nicht verdient. Jetzt steht mir die ganze Welt offen!« Wir wissen nicht, ob Sugihara sich diesen Trotz geleistet hat. Doch falls dem so gewesen sein sollte, dann wird er einer der wenigen Trotzköpfe gewesen sein, die in dieser Angelegenheit recht behielten. Im Mai 1919 hatte er in einer Zeitung (nicht unwahrscheinlich, dass es eine von denen war, die er selbst austrug) eine Bekanntmachung des Außenministeriums gelesen und die Zeitung aufbewahrt. 14 Studenten sollte ein Sprachstudium im Ausland finanziert werden. Nun holte er die alte Zeitung wieder hervor. Er wollte Englisch in einem richtigen englischsprachigen Land studieren. Viel Zeit zur Vorbereitung blieb ihm allerdings nicht: Der langwierige Prüfungsprozess sollte bereits am 3. Juli beginnen. Um dabei überhaupt den Hauch einer Chance zu haben, erarbeitete er einen rigiden Studienplan, den er später in einem Leitfaden für angehende Studenten mit ebensolchen teilte:

Montag: vormittags Wirtschaft, nachmittags Geschichte
Dienstag: vormittags internationales Recht, nachmittags Wirtschaft
Mittwoch: vormittags Rechtswissenschaften, nachmittags Geschichte
Donnerstag: vormittags internationales Recht, nachmittags Rechtswissenschaften
Freitag: vormittags Geschichte, nachmittags internationales Recht
Samstag: vormittags Wirtschaft, nachmittags Rechtswissenschaften
Sonntag: vormittags Englisch, nachmittags frei

An der Gewichtung ist zu erkennen, dass er sich offenbar im Englischen für firm genug hielt, um die Prüfungen zu bestehen. Stattdessen kaprizierte er sich auf Themenbereiche, die bei einer möglichen Arbeit für das Außenministerium, auf die dieses Studium sicherlich ausgerichtet war, von Vorteil sein würden.

Die gute Nachricht: Die erste Prüfung am 3. Juli bestand er mit fliegenden Fahnen. Es handelte sich um eine ärztliche Untersuchung, und er war schließlich ein gesunder, sportlicher Bursche. Die schlechte Nachricht: Alle anderen der 39 Mitbewerber bestanden ebenfalls.

Die nächsten Prüfungen am 5. und 7. Juli beinhalteten Aufsätze in Japanisch und Englisch sowie Verständnistests, Diktate und mündliche Prüfungen in Englisch und Deutsch. Sugihara hatte erwartet, das Prozedere würde kein Zuckerschlecken werden, doch dass er so hart würde schlucken müssen, hatte er nicht vorhergesehen. Dennoch war auch diesmal sein Name auf der Liste der erfolgreichen Absolventen, die am 8. Juli ausgehängt wurde. Diesmal war die Liste schon kürzer. Einen Tag später wurden die Themen internationales Recht und Rechtswissenschaften abgearbeitet, am nächsten Morgen ging es mit Wirtschaft und Weltgeschichte weiter. Danach blieb Sugihara nichts anderes übrig als abzuwarten. Nach zehn Tagen sollten die erfolgreichen Absolventen informiert werden.

Er erhielt bereits nach wenigen Tagen eine schriftliche Nachricht. Er möge sich bitte am 17. Juli um zwei Uhr im Außenministerium einfinden.

Kein Wort zum Ergebnis seiner Prüfung. Das war ungewöhnlich. Nach einer guten Nachricht klang das nicht. War er disqualifiziert worden? Hatte sein Vater irgendwelche Strippen gezogen? So viel Einfluss dürfte er nicht gehabt haben. Doch wer wusste schon, welche Kontakte der ehemalige kaiserliche Steuereintreiber in hohen Amtsstuben hatte?

Als Chiune Sugihara nervös das ihm genannte Büro erreicht hatte, teilte ihm ein Beamter mit: »Wir nehmen in diesem Jahr keine

Englischstudenten mehr an.« Es gäbe im Ministerium schon zu viele Spezialisten für diese Sprache und zu wenige für andere. Doch Sugihara hatte in den Prüfungen geglänzt, deshalb wollte man ihm eine zweite Chance mit einer anderen Sprache geben. Der Beamte sagte: »Ich würde Ihnen raten, es mit Russisch zu versuchen.«

Also versuchte er es mit Spanisch. Eine Wahl, die seltsam erscheint. Unter den europäischen Sprachen wurde in Japan Deutsch am meisten geschätzt, danach Englisch und Französisch. Vielleicht rechnete er bei der Spanischprüfung mit weniger Konkurrenz. Da allerdings hatte er sich verrechnet. Chiune musste sich gegen Mitstreiter beweisen, die höchstwahrscheinlich bessere Voraussetzungen mitbrachten als er. So ging das Spanischstipendium an einen anderen.

Drei Plätze waren noch für Russisch frei. Einer ging an Sugihara.

Das Russlandbild Japans war in jenen Jahren kein klares. Russland gehörte geografisch eindeutig zum Westen, wurde kulturell allerdings nicht immer ganz so eindeutig dort verortet. Auf irgendeine Weise, aus irgendeinem Grund und an irgendeinem Ort war man eigentlich immer mit Russland im Krieg. Gleichwohl hatten viele japanische Intellektuelle Interesse an der russischen Literatur, an den philosophischen Strömungen und ideologischen Bewegungen wie Marxismus und Anarchismus. Dieses Interesse mag Chiune Sugihara geteilt haben, ohne notwendigerweise ein Ideologe entsprechender Ausrichtung gewesen zu sein. Vielleicht war auch hier seine Wahl schlichtweg taktisch, oder es war ihm gar keine andere mehr geblieben. Das Interesse an Spanisch und Russisch ließ den Sugihara-Experten Hillel Levine mutmaßen, Chiune fühlte sich bereits in jungen Jahren zu Kulturen hingezogen, deren Akteure als gesellig und warmherzig galten. Auch wenn das ein wenig nach Überinterpretation klingen mag (und das Russischstudium für ihn nur dritte Wahl war), ist kaum von der Hand zu weisen, dass sein weiterer Lebenslauf tatsächlich zeigt, wie sehr Sugihara in der Gesellschaft von Menschen aufblühte, denen japanische Zurückhaltung fremd war.

KAPITEL 4

IN DER SCHULE DER SPIONE

Das Paris des Ostens lockt.
Tokio liegt in Trümmern.
Ein Todesfall in der Familie.

Sein frisch erworbenes Russischstipendium verschlug den jungen Chiune Sugihara in die Mandschurei. Zuvor ein Teil Chinas, heute in Teilen zu China, Russland und der Mongolei gehörend, war die Region zu jener Zeit ein Spielball unklarer Machtverhältnisse. Sowohl Russland als auch Japan versuchten, ihre territorialen Ansprüche und wirtschaftlichen Interessen geltend zu machen. Russland hatte im 19. Jahrhundert einen Teil des Gebiets besetzt und fühlte sich nach wie vor als der rechtmäßige Herr im Haus. Die japanische Armee hatte die Besatzer im Russisch-Japanischen Krieg in ihre Schranken verwiesen und hegte nun ähnliche Ansprüche. Beide Mächte zeigten vor Ort starke Präsenz. Eine entscheidende Rolle spielte dabei die junge Stadt Harbin; sie war unlängst von den russischen Besatzern als zentrale Haltestelle der Transmandschurischen Eisenbahn gegründet worden, die die russischen Städte Tschita und Wladiwostok durch die Innere Mongolei und die Mandschurei verband.

Harbin stand im lokalen Dialekt für einen »Ort zum Trocknen von Netzen«, war allerdings im Westen deutlich verheißungsvoller als das »Paris des Ostens« bekannt. Hier begegneten sich inmitten eleganter russischer Bauten mehrere Kulturen, zunächst recht friedlich und bisweilen ausschweifend feierlich. Hier traf Sugihara auch auf den Mann, der seinen weiteren Lebensweg wie kein Zweiter bestimmen sollte: Shinpei Gotō. Geboren 1857, war Gotō einer der einflussreichsten japanischen Staatsmänner des frühen 20. Jahrhunderts, wobei der Begriff »Staatsmann« ihm kaum gänzlich gerecht wird. Einige nannten ihn den »japanischen Teddy Roosevelt« in Anspielung auf den 26. Präsidenten der USA, der diplomatisch maßgeblich zur Beendigung des Russisch-Japanischen Krieges beigetragen hatte und als erster Amerikaner mit dem Friedensnobelpreis ausgezeichnet wurde. Ein redensartlicher Begriff, mit dem seine Landsleute Gotō beschrieben, scheint besser zu passen: *oo buroshiki* – der mit dem großen Wickeltuch. So nannte man diejenigen, die so viele Ideen hatten, dass sie kaum unter einen Hut (oder in ein Wickeltuch von allzu geringen Ausmaßen) zu bekommen waren. Als Bürgermeister von Tokio und Innenminister war er für den Ausbau von Straßen und für die Einrichtung der U-Bahn verantwortlich (beides fanden die Tokioter zunächst übertrieben). Außerdem war er erster Präsident der Radiogesellschaft, aus der die noch heute tonangebende halbstaatliche Sendeanstalt NHK hervorging, sowie erster Präsident des japanischen Pfadfinderverbandes. Für jenen erwärmte er sich im fortgeschrittenen Alter und warb für ihn bis kurz vor seinem Tod, oft in entsprechender Uniform mit Hut und kurzer Hose.

Der Begriff *oo buroshiki* legt auch nahe, dass einige der Ideen im Wickeltuch ausgepackt weniger verheißungsvoll scheinen. Als Mediziner war Gotō angetan von jener Rassenlehre deutscher Schule, die zum Fundament der Naziideologie gehörte. Er übersetzte sogar einige der betreffenden Werke ins Japanische. 1919 gründete er die japanisch-russische Hochschule Nichiro Kyōkai Gakkō (später Harbin Gakuin). Also genau in dem Jahr, in dem Chiune Sugihara sein Stipendium für das Studium der russischen Sprache erhielt.

Am 2. September jenes Jahres wurde Chiune Sugihara nach Harbin zum Studium an ebenjener Hochschule beordert, gefördert mit

1600 Yen pro Jahr. Er reiste am 6. Oktober an, was ihm vor dem Semesterbeginn am 1. November genügend Zeit ließ, sich mit der Schule, der Schuluniform, dem Studentenwohnheim und der Stadt drum herum vertraut zu machen. Er war (gerade) noch ein Teenager, und die neue Umgebung muss ihm jede Menge neuer Freiheiten und Möglichkeiten verheißen haben. Er war zwar bereits weiter in der Welt herumgekommen, als das von einem japanischen Landjungen zu erwarten war. Doch seine Aufenthalte in Tokio und Korea waren geprägt von Ärger und Ängsten, nicht zuletzt finanzieller Natur. In der Mandschurei würde er ebenfalls nicht in Saus und Braus leben können, aber zumindest plagte ihn hier nicht länger die nackte Existenzangst. Und wenn ihm schon ausschweifende Festivitäten zunächst verwehrt blieben, so konnte er immerhin einer seiner großen Leidenschaften frönen: der Bildung. Hatten die Eliten an der Waseda-Universität ihn vom Lehrstoff ferngehalten, so wurde von ihm hier ausdrücklich erwartet, dass er fleißig lernte – was ganz in seinem Sinne lag.

Im Studentenwohnheim hielt es ihn nicht lange. Er lachte sich eine russische Gastfamilie an, um sich der neuen Sprache noch schneller und gründlicher zu bemächtigen. Außerdem fand er einen privaten Tutor, der ihm dabei half, die Grammatik besser zu verstehen. Unter seinen Kommilitonen hatte er bald den Ruf eines liebenswerten Exzentrikers. Jeden Morgen band er einen Füllfederhalter und ein Tintenfass an eine Schnur und wickelte diese um sein Ohr, bevor er das Haus verließ. Einige lachten darüber, doch er entgegnete: »Mit diesem Stift und dieser Tinte kann ich Notizen machen, wo immer ich gehe oder stehe.«

Machte er allerdings nicht. Chiune verfügte über ein phänomenales Gedächtnis und sah sogar in den Vorlesungen von Notizen ab. Vermutlich gefiel ihm einfach der Look mit Stift und Tinte unterm Ohr. Ansonsten wäre ein junger Mann seines Intellekts bestimmt auf die Idee gekommen, die Schreibutensilien einfach in einer Tasche mit sich zu führen.

Als Lektüre trug er in den ersten Tagen an der neuen Schule stets ein Russischwörterbuch bei sich. Er las es von vorn bis hinten, wobei er jede gelesene Seite herausriss und wegwarf. Ähnlich schnell und zielstrebig eignete er sich weitere Sprachen an. 20 Jahre später sollte er in Russisch, Englisch, Chinesisch, Deutsch und Französisch geschäftsfähig sein.

Trotz seines enormen akademischen Fleißes konnte man nicht behaupten, dass er sein Leben ausschließlich mit der Nase zwischen Buchdeckeln verbrachte. Die Nichiro Kyōkai Gakkō unterhielt ein Baseballteam, das auf den Namen Aurora (Morgenröte) getauft war, also nach dem japanischen Nationalsymbol der aufgehenden Sonne. Die in Weiß gekleideten Auroras standen im Ruf, die beste Baseballmannschaft in der Mandschurei zu sein. Kaum lässt sich heute noch verifizieren, welches Gewicht man diesem sehr spezifischen Superlativ beimessen sollte und wie groß die Konkurrenz war. Überliefert ist, dass die Spielsaison in der kalten Region recht kurz war und Chiune sie in seinem ersten Jahr wegen seiner Ankunft im Herbst sehr zu seinem Bedauern verpasst hatte. Also vertrieb er sich die Zeit zunächst mit Eishockey, einem Sport, den er ebenfalls bereits zuvor betrieben hatte, wenngleich unter weniger schweren Bedingungen. Der gefrorene Fluss Songhua eignete sich zwar potenziell fürs Spiel. Doch war es unter den Chinesen in der Region Tradition, große Eisblöcke für Skulpturen aus ihm herauszuhauen, wodurch die Eisoberfläche nicht gerade spiegelglatt blieb.

In der kalten Jahreszeit entdeckte Sugihara auch das japanische Brettspiel Go für sich, das deutlich weniger Gefahren für seine körperliche Unversehrtheit mit sich brachte als das Hantieren mit Puck und Schläger auf dem gefährlichen Eis des Songhua. Oft wird das ursprünglich chinesische Spiel, das in Japan variiert wurde, als die fernöstliche Version von Schach bezeichnete, doch der Vergleich hinkt. Hier geht es weniger darum, die Figuren des Gegners mit eigenen Figuren direkt vom Brett zu fegen, als vielmehr darum, die gegnerischen Figuren mit den eigenen einzukreisen und somit sein

Territorium zu übernehmen. Ein beliebtes Spiel bei Militärs wie Politikern.

Die Belegschaft der Nichiro Kyōkai Gakkō bestand aus 14 Lehrkräften, die meisten von ihnen japanische Gelehrte mit akademischen Titeln. Russisch wurde von Muttersprachlern gelehrt, darunter immerhin eine Frau. Ein Lehrer, Professor Gogvraze, verdingte sich auch an einer anderen Schule im Ort, die vorwiegend von jüdischen Schülern besucht wurde. Es ist also anzunehmen, dass Sugihara bereits in Harbin mit Juden in zumindest oberflächlichen Kontakt kam. Gogvrazes Begeisterung für jene hielt sich allerdings in Grenzen. Wenn ihm das Benehmen der jüdischen Schüler missfiel, rieb er ihnen unter die Nase, wie wohlerzogen seine japanischen Studenten in der Nichiro Kyōkai Gakkō seien.

190 dieser wohlerzogenen Studenten konnte die Schule unterbringen, wobei die Anstalt zumindest in den ersten Jahren nicht unbedingt ausgelastet war. Die erste Abschlussklasse im Jahr 1923 umfasste 46 Studenten, im Jahr darauf immerhin schon 63. Pflichtgemäß mussten 36 Stunden pro Woche mit dem Studium verbracht werden, das zur Hälfte aus Russischunterricht bestand. Es wurde leise und laut gelesen, Grammatik vermittelt und Konversation geübt sowie immer wieder übersetzt, vor allem vom Japanischen ins Russische. Unter diesen Bedingungen machte Chiune schnell sprachliche Fortschritte. In seinem ersten Zeugnis wurde positiv vermerkt, dass er bei einem Vortrag auf Russisch nicht nur diesen gemeistert, sondern als einziger Student auch die wichtigsten Punkte am Ende noch einmal zusammengefasst habe. Seine Vortragsweise sei auf dem Stand eines erfahrenen öffentlichen Redners; seine Einstellung, Intonation und Betonung auf höchstem Niveau. Er habe hervorragende Ideen, und eine Anstellung beim Außenministerium nach Abschluss des dreijährigen Studiums sei so gut wie garantiert.

In einem Sprachtest erreichte er Werte, die sonst nur von Studenten höherer Grade erwartet wurden. Dabei konzentrierte sich der Musterschüler bei seinen Sprachstudien nicht auf Russisch allein. Es wurde gern gesehen, wenn die Studenten eine weitere Fremdsprache wählten. Zur Auswahl standen Chinesisch, Englisch, Deutsch und Französisch. Sugihara entschied sich für Deutsch. Des Weiteren legte die Nichiro Kyōkai Gakkō gesteigerten Wert auf Ethik, klassische chinesische Literatur, Sport, Geografie (vor allem die Russlands und Chinas) und mannigfaltige Facetten der Wirtschaftswissenschaften.

Auch Shinpei Gotō wusste, was Chiune Sugihara verinnerlicht hatte: Man lernt nicht auf der Schulbank allein. Deshalb hatte er seine Schule nicht allein auf weiter Flur errichtet, sondern inmitten einer dynamischen, verhältnismäßig pulsierenden, sehr internationalen Stadt. Zu seiner Devise gehörte es, mit allen Sinnen und nicht nur in dafür vorgesehenen Institutionen zu lernen. Ausflüge in die Straßen der Stadt waren ausdrücklich erwünscht. In Harbin kamen die chinesische, die japanische und die russische Kultur zusammen, und damit auch die landeseigenen Ideologien. Ein Schmelztiegel ebenso wie ein Pulverfass. Es war der perfekte Ort für internationale Informationsbeschaffung. Und so nimmt es kaum Wunder, dass die Nichiro Kyōkai Gakkō nicht zuletzt, vielleicht sogar in erster Linie, eine Trainingsstätte für angehende Spione war. Ob sie von vornherein als solche gegründet wurde oder ursprünglich tatsächlich nur eine einfache Sprachschule sein wollte, ist unklar. Fest steht, dass sie bis 1945 operierte und viele wichtige Mittler und Ermittler zwischen Japan und Russland hervorbrachte. Sicher ist auch, dass Chiune Sugihara einer von ihnen war und bereits ab 1919 unter Gotō und dem Außenministerium mehr als nur Hausaufgaben zu erledigen hatte.

Wo spricht man am freiesten von der Leber weg? Möglicherweise am Kneipentresen, an denen es in Harbin nicht mangelte, doch gleich darauf folgt bestimmt der Friseurstuhl. Das überschaubare japanische Viertel der Stadt, das sich im Wesentlichen auf die Straße Uchastkovaya beschränkte, war überproportional gut ausgestattet mit Barbieren und Friseuren. Nicht wenige von ihnen, vielleicht sogar alle, wurden vom japanischen Geheimdienst eingerichtet, um in entspannter Atmosphäre internationalen Klatsch und Tratsch zu sammeln. Man hoffte, nicht unbedingt zu Unrecht, dass dabei die eine oder andere geheimdienstlich relevante Information abfallen könnte. Wenn man einem Mann nicht trauen kann, der einem mit scharfer Klinge die Kehle umgarnt, wem dann?

Chiune Sugihara war nun nicht die Art von Wahl-Harbiner, der an einem Ort wie diesem stur unter seinesgleichen geblieben wäre. Ihn zog es auch in die Viertel, die von anderen Nationalitäten und Ethnien bewohnt wurden. In Novogrod fand man einen Bevölkerungsmix aus Russen und Chinesen, in Nachalovska lebten die ärmeren Chinesen in Slum-ähnlichen Verhältnissen. Ging er von der Nichiro Kyōkai Gakkō die chinesische Straße Kitayskaya entlang ins zentrale Commilo, kam er zunächst an einer Synagoge vorbei; dann am beeindruckenden, von Russen gegründeten und stets nach frisch gebrautem Kaffee duftenden Kaufhaus Churin, das noch heute das größte der Stadt ist; und schließlich zum japanischen Matsuura-Kaufhaus, in dem sich von Heimweh geplagte Landsleute gern mit Süßigkeiten eindeckten, ganz in der Nähe der Niederlassung der Eskin Brothers, einem jüdisch geführten Textilwarenhaus.

Juden gehörten nicht nur zu den ersten Siedlern in Harbin. Es war auch ein russischer Jude, A. I. Schidlowski, der einst bestimmte, wo die Stadt gebaut werden sollte, um der Transmandschurischen Eisenbahn von größtem Nutzen zu sein. Das war im Jahr 1898 gewesen, nur 21 Jahre bevor Chiune Sugihara mit großen Augen durch ihre Straßen lustwandelte. Harbin war in den ersten Jahren ein Magnet für jüdische Zwangsrekruten der russischen Armee, die nach dem Russisch-Japanischen Krieg hier bessere wirtschaftliche Chancen und ein freieres Leben witterten als daheim in Russland, was sich schon lange nicht mehr wie eine Heimat anfühlte oder aufführte. Nach der Russischen Revolution 1905, bei der ungefähr 3000 Juden in Pogromen ermordet wurden, strömten noch mehr in die neue, rapide wachsende Stadt in der Mandschurei. Dieser Strom riss bis zu den Tagen Sugiharas nicht ab. Die Masse der Geflüchteten und Flüchtenden setzte sich aus allen Gesellschaftsschichten zusammen, von renommierten Akademikern mit finanziellen Rücklagen bis zu verarmten Arbeitern ohne Arbeit. Nicht jeder sah Harbin als das finale Ziel seiner Reise an. Einige wollten hier nur Zwischenstation machen und Visa für die Weiterreise in Drittländer beantragen. Das war allerdings mit Ausgaben verbunden, die sich viele nicht leisten konnten, und so steckten sie in Harbin fest. Es kam zu sozialen Spannungen und bürokratischen Wirren. Chiune Sugihara entging das nicht. Als er in der Stadt ankam, hatte sie 10 000 jüdische Einwohner. Drei Jahre später, als Sugiharas Studium endete und seine diplomatische Karriere begann, waren es 13 000. Dazu kamen ebenso viele Japaner, 120 000 Russen und 339 000 Chinesen.

Chiune Sugihara ließ sich gerne nieder, wo getrunken und gesungen wurde. Als Lernender der deutschen Sprache mag er an jenes geflügelte Wort gedacht haben, nach dem böse Menschen keine Lieder haben. Der Wahrheitsgehalt dieser These darf freilich angezweifelt werden. Auch in Harbin wurden viele Lieder fragwürdigen Inhalts gesungen. Und wenn sie nicht immer aus den Kehlen regelrechter Bösewichte tönten, so mochten sie doch die Macht besitzen, ihre Sänger und deren Publikum auf ungute Gedanken zu bringen, obwohl die Texte oberflächlich recht freundlich klangen. Die Schulhymne und andere Lieder, die regelmäßig an der Nichiro Kyōkai Gakkō geschmettert wurden, waren nicht nur vom patriotischen Geist beseelt, der viele japanische Lieder jener Tage durchwehte, sondern auch vom guten Willen, den Rest der Welt – oder zumindest die asiatischen Nachbarn – davon profitieren zu lassen. Es war der gute Wille, der angeblich immer hinter Kreuzzügen steckt: Man will nicht erobern, sondern den armen anderen Völkern helfen. Und falls man doch mal erobert, ist es bestimmt nur zum Besten der Eroberten.

Trotz dieser finsteren Zwischentöne kann man sich der Sehnsucht nach Abenteuer, dem Beschwören von Kameradschaft und dem Plädoyer für Gerechtigkeit in diesen Liedern in einem gewissen Alter und mit einer gewissen Veranlagung kaum entziehen. Falls man sich auch aus schrecklichen Liedern die Rosinen picken darf, dann ist offensichtlich, an welchen sich der abenteuerlustige, gesellige, mitfühlende und hilfsbereite Chiune Sugihara labte. Der Verhaltenskodex der Schule wird seinem Naturell ebenfalls entgegengekommen sein oder es sogar geprägt haben. Es bestand aus drei Geboten:

Falle anderen nicht zur Last.
Sei anderen eine Hilfe.
Erwarte keine Belohnung für deine Güte.

Gerade die letzten beiden Punkte ziehen sich wie ein roter Faden durch die späteren Schlüsseljahre seines Lebens.

Im Oktober 1920, als gerade sein zweites Studienjahr begonnen hatte, wurde Chiune Sugihara zu einer militärischen Grundausbildung nach Japan abberufen. Er verließ Harbin am 15. November und legte einen kurzen Zwischenaufenthalt in Seoul ein, vermutlich um seine Mutter zu besuchen, zu der das Verhältnis nicht gar so zerrüttet war wie das zu seinem Vater.

Es dauerte danach nicht lange, bis er aus Tokio erneut nach Korea zurückkehrte. Kaum zwei Wochen nach seiner letzten Reise wurde er dort als mehr oder weniger Freiwilliger einer Infanterieeinheit zugeteilt. Eines Tages im August 1921 wurde er am Schießstand bei seinen Übungen von einem Offizier unterbrochen, der ihm mitteilte, dass seine Mutter gestorben sei. Trotz des strengen militärischen Verhaltenskodex der Kaiserlichen Armee konnte Sugihara seine Tränen nicht zurückhalten.

Am 31. März 1922 wurde er nach zwei Beförderungen ehrenhaft aus dem aktiven Dienst entlassen, diente allerdings weiter als Reserveoffizier und stieg in der militärischen Rangordnung auf. Der Militärdienst war ihm Pflichterfüllung, keinesfalls eine Herzensangelegenheit. Er hatte seit Beginn seines Studiums die Fühler nach einer diplomatischen Laufbahn ausgestreckt. In Korea intensivierte sich nur die Überzeugung, dass dies der richtige Weg war. Bereits während seiner Zeit dort bereitete er seine Bewerbung beim Außenministerium vor. In Korea sah er das wahre Gesicht der japanischen Expansion. Die Kolonisierung war barbarisch verlaufen. 1895 wurde die Kaiserin des Landes auf Befehl der Besatzer ermordet. Der Kaiser und der Kronprinz wurden unter Hausarrest gestellt. Nach einer Unabhängigkeitserklärung koreanischer Nationalisten im März 1919 kam es zu antijapanischen Protesten im ganzen Land, die die Besatzer mithilfe der Armee blutig niederschlugen.

Chiune Sugihara begann zu dämmern, welche Art von Japaner er nicht sein wollte und welche Art von Dienst er nicht bereit sein würde, seinem Land zu erweisen.

KAPITEL 5

BASEBALL-DIPLOMATIE UND DIE ESSSTÄBCHEN-ALLIANZ

Eine Liebe überdauert eine Ehe.
Herr Sugihara kauft seinem Land eine Eisenbahn.
Das Paris des Ostens fällt.

Als Chiune Sugihara auf Geheiß des Außenministeriums an die Nichiro Kyōkai Gakkō zurückkehrte, tat er dies nicht länger als Schüler, sondern als Lehrer. Im Schlepptau hatte er seine Schwester Ryuko, ein Kind im Vorschulalter, das bis zu deren Tod bei der Mutter in Seoul gelebt hatte. Chiune hatte während seiner militärischen Ausbildung seine Sprachstudien in Eigeninitiative vorangetrieben und parlierte nun fließend Russisch. Er hatte sich nicht nur die Sprache angeeignet, sondern auch einen Narren an der Kultur gefressen. Er war ein gern und oft gesehener Gast in den russischen Kreisen Harbins, dort nicht nur für seine Redegewandtheit, sondern auch für seine Wodkaleidenschaft bekannt. So ließen sich schnell Kontakte knüpfen. Bald hatte er den Ruf eines Mannes, der nichts stehen und nichts anbrennen ließ. Kein Getränk und keine Damenbekanntschaft.

Er knüpfte außerdem Bande zum japanischen Konsulat, vermutlich um seine eigene Karriere zu fördern. Seine Aktivitäten könnte man als »Baseball-Diplomatie« bezeichnen.

Als im Frühjahr das schartige Eis des Songhua wieder schmolz und die Witterung andere Freiluft-Leibesertüchtigungen als Eishockey erlaubte, stellte er eine Mannschaft zusammen. Da das Konsulat nicht über genügend Mannsbilder verfügte, holte er Mitarbeiter der Südmandschurischen Eisenbahn in sein Team, das er *Ryoman* nannte, eine typisch japanische Abkürzung. *Ryo* stammte vom japanischen Wort für Konsulat, *man* kam von der mandschurischen Eisenbahn. Nicht jeder der Ryoman-Männer hatte eine ganz genaue Vorstellung davon, wobei es sich bei Baseball handelte. Chiune ging ganz in seiner neuen Rolle auf. Er hatte sich im relativ zarten Alter von 22 Jahren seinen Kindheitstraum erfüllt: Er war Lehrer geworden. Nicht nur für die Sprache, die er in kürzester Zeit gelernt hatte, sondern auch für den Sport, der ihn schon immer begeisterte.

War 1922 ein gutes Jahr für Chiune Sugihara, so versprach 1924 ein noch besseres zu werden. Seine Tätigkeit für das Außenministerium wurde nun offiziell gemacht. Am 8. Februar wurde er zum Beamten siebter Klasse erklärt und der Mandschurei zugewiesen. Doch zunächst sollte er zu Ausbildungszwecken nach Tokio zurückkehren.

Er erkannte die Stadt nicht wieder. Das große Kantō-Erdbeben, das am 1. September 1923 die japanische Hauptinsel erschütterte, hatte weite Teile der Stadt in Schutt und Asche gelegt. Über 100 000 Menschen waren unmittelbar durch das Beben gestorben, ungefähr 40 000 weitere durch den dadurch verursachten verheerenden Stadtbrand, begünstigt durch die typische japanische Holzarchitektur. Im Anschluss zog eine Welle fremdenfeindlicher Gewalt durch die Stadt, als haltlose Gerüchte die Runde machten, koreanische Einwanderer machten sich die chaotischen Zustände für Raubzüge zunutze. Dabei starben nach offiziellen Angaben knapp 300 Menschen, inoffizielle Schätzungen gehen in die Zehntausende. Militär und Polizei agierten unvorhersehbar. Manche Soldaten und Polizisten befeuerten die Gerüchte, andere versuchten, sie zu entkräften, und stellten sich schützend vor die Verfolgten. Ein hoher Polizeibeamter trank demonstrativ aus einem Brunnen, der angeblich von Koreanern vergiftet worden war. Diese Art von übler Nachrede hat in Japan eine traurige Tradition, die längst nicht ausgestorben ist. Auch nach dem Tōhoku-Erdbeben im März 2011, das unter anderem die Nuklearkatastrophe von Fukushima auslöste, streuten ultrarechte Gruppen Gerüchte über ausländische Banden, die in der Region aus dem Leid der gebeutelten Japaner Kapital schlügen.

Die Schäden des Kantō-Erdbebens waren so verheerend, dass die Regierung in Erwägung zog, den Regierungssitz zu verlegen und eine andere Stadt zur Hauptstadt zu erklären. Am 12. September allerdings verkündete der Kaiser: »Tokio soll wie bisher Hauptstadt bleiben, deshalb soll es wieder aufgebaut werden. Dabei gilt es, nicht nur Altes wiederherzustellen, sondern eine neue Ordnung zu schaffen, die eine Entwicklung in die Zukunft ermöglicht.« Hauptverantwortlich für den Wiederaufbau sollte ein alter Bekannter Sugiharas sein, wenn ihre tatsächliche persönliche Bekanntschaft auch nur eine flüchtige gewesen sein mag: Shinpei Gotō, Gründer der Nichiro Kyōkai Gakkō und amtierender Innenminister Japans. Er leistete ganze Arbeit; er ließ Parks anlegen und öffentliche Gebäude errichten, um denen, die alles verloren hatten, provisorische Unterkünfte zu schaffen und Ordnung in das Chaos zu bringen. Vermutlich hatte Sugihara kaum Gelegenheit, seinem alten Lehrmeister im zerstörten Tokio zu begegnen, doch sein Werk wird ihm nicht entgangen sein. Die Versammlungen von Obdachlosen in Gotōs Parkanlagen waren nicht unähnlich den Versammlungen von Heimatlosen, die er aus Harbin kannte – und die ihn in einigen Jahren in Litauen erwarten würden.

Gotō sah in der Katastrophe eine Chance. Die Chance, das alte Edo (»Flussmündung«, der ursprüngliche Name der Hauptstadt) endgültig der Geschichte zu überlassen und ein neues, modernes Tokio aufzubauen (Tōkyō: östliche Hauptstadt). Eines mit stabilen Gebäuden, breiten Straßen, Bahnstrecken über und unter der Erde und nicht zuletzt mit einem effektiven Verwaltungsapparat, der das alles langfristig zu organisieren vermochte. Die Pläne waren so kostspielig wie ihre Umsetzung zeitintensiv. Skeptiker gab es viele in der Politik wie in der Zivilbevölkerung. Doch was da entstand, war tatsächlich eine Vorahnung der Metropole, die die japanische Hauptstadt heute ist. Die allerdings verwirklichte sich erst nach einer weiteren Zerstörung im und einem weiteren Wiederaufbau nach dem Zweiten Weltkrieg.

Obwohl Tokio schon deutlich bessere Tage gesehen hatte, ging das Leben weiter. Sogar das Nachtleben. Eines Abends, bei einem weiteren Aufenthalt ein Jahr später, zog es Chiune Sugihara in das Vergnügungsviertel Yoshiwara, das in Hunderten von Einrichtungen Zerstreuungen vom harmlosen Plausch bei einer Tasse Tee bis zu intimeren Begegnungen bot. Vielleicht waren es auch sein Kollege Giichi Shimura oder ihr Vorgesetzter Chu'ichi Ōhashi, der japanische Konsul von Harbin, die ihn an jenem Abend mitzogen, doch Gewalt im Übermaß mussten sie sicherlich nicht anwenden. Bis ins 19. Jahrhundert hinein war Yoshiwara das einzige lizenzierte Bordellviertel in Tokio (damals noch Edo). Unter ausländischen Seeleuten stand der Ortsname ganz allgemein für Bordellbesuche in Japan. Das Viertel war während des Erdbebens ebenfalls in Mitleidenschaft gezogen worden, doch man musste beim Wiederaufbau der Stadt halt Prioritäten setzen. Außerdem hatte man mit Brandkatastrophen in den Holzbauten der Freude langjährige Erfahrung: Überraschend häufig war Yoshiwara in den letzten Jahren ganz oder teilweise abgebrannt. Man munkelte, dass es das eine oder andere Mal um die Erschleichung öffentlicher Hilfsmittel ging.

Laut späteren Erzählungen Shimuras zog es die drei Männer zuerst in eines jener Etablissements, die in Japan damals und bis in die 1980er-Jahre als »türkische Bäder« bekannt waren. Dort konnten Herren sich von Damen gründlich einseifen lassen. Diese Einrichtungen gibt es nach wie vor. Allerdings werden sie inzwischen, nach Protesten eines türkischen Gelehrten, der meinte, dass türkische Bäder eigentlich etwas ganz anderes seien, als »Soaplands« bezeichnet. Diese Bezeichnung ging als Gewinner aus einem offenen Preisausschreiben hervor. (Es ist möglicherweise nur eine Frage der Zeit, bis der deutsche Hersteller von Badezimmerzubehör gleichen Namens Bedenken anmeldet.)

Nach einem geselligen Bad und einer Tasse Tee suchten die drei ein Geisha-Haus namens Tamanoi auf. Bei jeder Erwähnung von Geishas in westlichen Texten ist der Hinweis darauf, dass es sich bei ebenjenen um versierte Unterhaltungskünstlerinnen und nicht zwangsläufig um Prostituierte handelt, so vorhersehbar und verpflichtend wie das Amen in der Kirche. Dieser aufklärerischen Pflicht sei hiermit Genüge getan. Gleichwohl war das Tamanoi wohl eines jener Häuser, in denen das Unterhaltungsangebot über Poetikvorlesungen und Shamisen-Spiel hinausging. Jedenfalls verguckten sich dort alle drei in dieselbe Künstlerin. Sie trug wenig Schminke, dafür einen prächtigen Kimono von besonders edler Seide. Alle drei wollten die Nacht mit ihr verbringen, doch in einer solchen Situation ist unter japanischen Arbeitskollegen klar, wer den Zuschlag bekommt: der Ranghöchste. Ōhashi durfte bleiben, Shimura und Sugihara zogen von dannen.

Doch Shimura konnte die Begegnung nicht vergessen. Nach einer schlaflosen Nacht kehrte er am nächsten Morgen zurück, um sein Glück alleine zu versuchen – nur um Sugihara mit dem gleichen Gedanken bereits vor der Tür des Tamanoi vorzufinden. Shimura gab später zerknirscht zu Protokoll: »Sugihara war einem immer einen Schritt voraus.«

Geholfen hat es ihm an diesem Morgen allerdings nicht, denn ihr Chef war beiden Männern noch ein paar Schritte weiter voraus. Ōhashi war so angetan von seiner Bekanntschaft, dass er sie dem Betrieb abkaufte und mit nach Harbin nahm. Ob als Ehefrau oder Konkubine, ist nicht überliefert.

Wahrscheinlich war Sugihara nach seiner Berufung ins Außenministerium nicht nur für dieses tätig, sondern unter der Hand auch für das Innenministerium und seine berüchtigten Geheimdienste. Es mag einer der Gründe gewesen sein, warum er öfter nach Tokio bestellt wurde. War Shinpei Gotō der Mann mit dem großen Wickeltuch, so war Sugihara ein Mann mit vielen Hüten: Lehrer, Soldat, Diplomat, Spion. Darüber hinaus Frauenheld, Partylöwe, Sportsmann. Mancher fragte sich, welchen dieser Hüte er nur zur Tarnung trug, welchen aus lästiger Pflicht und welchen aus Überzeugung.

Eine Beziehung, die nicht auf diplomatischem Kalkül oder anderweitig beruflichen Hintergedanken basierte, war die zu Klaudia Semionova Apollonova. Laut späteren Aussagen von Sugiharas Freunden war die Weißrussin »schön, schlau und hart im Nehmen«. Sie kleidete sich ebenso gern in die Jazz-Age-Mode der Zeit wie in japanische Kimonos und kannte keine Scheu vor deren Kombination. Die beiden lernten sich Anfang der 1920er-Jahre kennen. Apollonova kam aus besseren russischen Verhältnissen, wurde als junges Mädchen in der privaten Pferdekutsche von Termin zu Termin gefahren. Sie war sich einer Zukunft in den vornehmsten Kreisen der Gesellschaft gewiss. Doch diese Träume musste sie aufgeben, als die Familie vor sowjetischer Aggression in die Mandschurei floh. Jetzt, mit 16, hielt sie sich als Kellnerin über Wasser. Eines Tages kam ein gut aussehender, gut gekleideter Mann mit asiatischen Zügen in ihr Café. Er setzte sich alleine in eine Ecke. Die resolute Apollonova kam zu ihm und fragte mit einer Direktheit, die unter Japanern nicht üblich war: »Warum sitzen Sie hier ganz alleine?«

Daraufhin saßen sie öfter zu zweit in der Ecke oder erkundeten gemeinsam die Stadt. Bei einem Spaziergang beobachteten die beiden voll Entsetzen, wie ein kleiner Hund beim Spielen von einem Balkon im zweiten Stock eines Wohnhauses auf die Straße fiel. Sugihara eilte sofort zu Hilfe und brachte das verletzte Tier zu einem Arzt. Gesten dieser Art waren selten auf dem harten Pflaster Harbins. Da wusste Apollonova, dass sie diesen Mann behalten wollte.

Die Gefühle beruhten auf Gegenseitigkeit. Sugihara hatte nicht nur an ihr einen Narren gefressen, sondern auch ihre Familie ins

Herz geschlossen. Das Russische zog ihn magisch an, und die Armut des Clans weckte seinen Beschützerinstinkt. Apollonovas Vater verdingte sich als Wachposten bei der Transmandschurischen Eisenbahn. Sugihara besuchte ihn öfter auf der Arbeit. Die Männer wurden Freunde.

Semion Apollonov war ein nützlicher Freund. Nicht nur um das Herz seiner Tochter zu erobern, sondern auch nachrichtendienstlich. Es stellte sich heraus, dass er im russischen Bürgerkrieg einen hohen Rang in der Armee des Kosakenführers Grigori Michailowitsch Semjonow bekleidet hatte, der mit der Unterstützung Japans mit eiserner Faust den Osten Sibiriens regierte, bis er von Partisanenverbänden und der Roten Armee vertrieben worden war. Gerüchten zufolge hielt er sich nun in der Mandschurei auf und bewegte mithilfe der Eisenbahn heimlich ungeahnte Reichtümer. An Semjonows Schätze kam Sugihara nicht, aber wohl an nutzbare Informationen aus dem Umfeld der alten Krieger, mit denen Apollonov nach wie vor gut vernetzt war. Er bildete vor Ort russische Spione aus, die in der alten Heimat im Dienste seiner Sache Zwietracht säten.

Der Tochter brachte Sugihara kleine Aufmerksamkeiten und nahm sie zum Tanzen mit ins Fantasia, den angesagtesten Nachtklub der Stadt. Zärtlich nannte er sie »Yukiko«, ein gebräuchlicher japanischer Frauenname, der mit vielen bedeutungsunterschiedlichen Schriftzeichen geschrieben werden kann, doch die häufigsten Varianten dürften die Lesarten »Schneekind« oder »Glückskind« sein. Angesichts der harten Winter in Harbin und der zarten Bande zwischen den beiden könnte Sugihara an beide Bedeutungen gedacht haben.

Apollonova nannte ihn »Sergei Pawelowitsch«.

Das rollt zweifelsohne etwas weniger romantisch von der Zunge als Yukiko. Tatsächlich handelte es sich nicht etwa um einen klassischen russischen Kosenamen, sondern um einen recht gewöhnlichen männlichen Vornamen plus Familiennamen. Sugihara erhielt ihn von einem russischen Priester namens Pavel, der den beiden seinen Segen gab, als sie ihre Heiratsabsichten kundtaten. Apollonova verlangte von ihrem Beau nicht, zu konvertieren. Er tat es dennoch. Er ließ sich taufen und war fortan russisch-orthodoxer Christ. Das kann gleichermaßen als äußerst banal oder überaus bemerkenswert gelesen werden. Einerseits gibt es in den japanischen Religionen kein absolutes Glaubensbekenntnis. Shintoistische Schreine sind so üblich wie buddhistische Tempel; im Alltag bedient man sich aus beiden Religionen, und zu besonderen Anlässen darf es schon mal ein wenig christliches Brimborium sein. Man nimmt sich, was man gerade benötigt.

Andererseits lebte und wirkte der junge Chiune Sugihara in Zeiten, in denen der letzte und der nächste Krieg mit japanischer Beteiligung nie allzu weit entfernt waren. Das Volk war patriotisch aufgepeitscht wie nie zuvor (und wie zum Glück danach nie wieder). Die Shinto-Religion, nach der genau dieses Volk (und sonst keines) direkt von den Göttern abstammt, war dabei ein wichtiges Propagandawerkzeug. Sich dieser zu entziehen oder sie lediglich als einen Stein im persönlichen Religionsbaukasten zu sehen, das dürfte in Sugiharas beruflichem Umfeld mindestens für Verwirrung, wahrscheinlich sogar für Misstrauen gesorgt haben. Hier war einer, der nicht nur mit dem Feind ins Bett ging, sondern auch noch seinen Glauben annahm. Mischte sich da einer zu sehr unters fremde Volk? Ein Vorwurf, der Sugihara auch bei seinem späteren Engagement für die Juden in Litauen gemacht werden sollte.

Auch wenn Sugihara seine Beziehung zu Apollonova weiter trieb, als es seinen Vorgesetzten lieb sein konnte, so waren amouröse Techtelmechtel mit der russischen Bevölkerung unter japanischen Diplomaten und Studenten durchaus üblich und gar nicht mal ungern gesehen. Schließlich war das Sprachstudium für die meisten einer der Gründe, warum sie nach Harbin gekommen waren. Und jeder weiß, dass man Fremdsprachen am besten mit Muttersprachlern von Kopfkissen zu Kopfkissen lernt. Dem Zugewinn an geheimdienstlichen Informationen werden diese Beziehungen darüber hinaus nicht abträglich gewesen sein. Nur das Heiraten war dann doch etwas extrem. Die beiden brauchten die Einwilligung des japanischen Außenministers, um ihren Bund fürs Leben zu schließen. Der ließ sich das zehn Monate durch den Kopf gehen, bevor er positiven Bescheid gab.

Nicht nur die diplomatische Chefetage hatte für die ungewöhnlich intensive Beziehung wenig Verständnis, auch Sugiharas Freunde und Kollegen, die sich selbst gern mal erotisch unters Volk mischten, schüttelten den Kopf. Noch Jahrzehnte später stöhnte einer in einem Interview: »Diese Frauen waren sexuell fordernd!«

Chiune Sugihara war der Herausforderung offenbar gewachsen. Aber warum rief ihn seine russische Yukiko nun zärtlich Sergei Pawelowitsch? Beziehungsweise: Woher nahm der Priester, der ihn getauft hatte, diesen Namen? Der Grund war reiner Pragmatismus: Sergei, so fand der Priester, klänge ein wenig wie Chiune und war für den alten Mann leichter auszusprechen. Als Nachnamen wählte er seinen eigenen. Es sollte nicht der letzte Spitzname sein, den Chiune zur Überwindung sprachlicher Hemmnisse trug.

Chiune Sugiharas Vater mag in seiner Jugend nicht sonderlich präsent gewesen sein. Dafür mangelte es dem Sohn im Erwachsenenalter nicht an späten Vaterfiguren. Zweifelsohne liebte er Apollonova, doch mögen seine Beweggründe für die recht schnelle Eheschließung nicht die Liebe allein gewesen sein. Er heiratete auch in eine Familie ein. Eine, die ihm mehr Wärme und Halt zu geben schien als seine in Japan und Korea verstreute eigene Sippe. Obwohl Klaudia nun seinen Namen trug, zusätzlich zu ihrem Mädchennamen, war eher er ein Apollonov geworden als sie eine Sugihara. In Japan wechselte traditionell die Braut mit der Hochzeit die Familie. Im Falle Sugiharas war es umgekehrt. Das war noch etwas, das er anders machte, als die Tradition seines Landes es von ihm erwartete. Die neue Familie wohnte sogar zusammen. Allerdings zog nicht Sugihara zu den Apollonovs, sondern die ganze Verwandtschaft zog zu ihm ins Konsulat. Angesichts der Tätigkeiten des Schwiegervaters fragten sich einige im Ministerium, wer in dieser Konstellation wen ausspionierte. Vielleicht nicht zu Unrecht. Es ist gut möglich, dass Sugihara nicht der Einzige der beiden war, der aus ihrer privaten Beziehung beruflichen Nutzen zog. Ein Freund sagte später: »Er hat sie geliebt. Aber er wollte auch Konsul werden. Ich habe ihm gesagt, dass er lieber nicht derart enge Beziehungen zu den Russen pflegen solle, wenn es ihm mit der Beförderung ernst ist.«

Trotzdem erledigte Sugihara seine Aufgaben stets zur vollsten Zufriedenheit seiner Vorgesetzten. Zwischen 1925 und 1927 sammelte er politische Informationen über Russland; sperrte die Ohren auf, wenn er sich unter Kommunisten und Journalisten tummelte, und überprüfte Lebensläufe und Lebenswandel von Sowjetbürgern, die Einreise nach Japan begehrten. Einer seiner Berichte über die sowjetische Wirtschaftslage wurde vom Außenministerium als besonders wertvoll eingestuft. Er wurde gedruckt und gebunden an alle Mitarbeiter verteilt, die es betreffen mochte.

Durch seine Arbeit kam Sugihara viel herum, über die Grenzen Harbins hinaus. In Peking übersetzte er Dokumente über die Umtriebe des Kriegsfürsten und Banditenführers Zhang Zuolin, die bei einer Durchsuchung der dortigen russischen Botschaft sichergestellt worden waren. Bei der Entwendung eines Codeschlüssels aus der russischen Botschaft in Harbin war er zumindest in die Planung involviert. Der russische Beamte, der Zugang zum Safe hatte, in dem der Code aufbewahrt wurde, und der den Japanern Verhandlungsbereitschaft signalisiert hatte, hatte sich zweimal heimlich mit Sugihara getroffen.

Im japanisch-russischen Haushalt ging es hoch her, wenn man Chiunes kleiner Schwester Ryuko glauben mag, die das Ganze mit staunenden Kinderaugen verfolgte. Sie hatte ein enges Verhältnis zu

Klaudia, sah in ihrer Schwägerin wohl so etwas wie eine Mischung aus einer großen Schwester und einer Ersatzmutter. Ryuko, die später eine Karaokebar auf der Tokioter Prachtmeile Ginza betrieb und in den 1990er-Jahren verstarb, berichtete von ausufernden Feierlichkeiten in der geräumigen Wohnung, die über drei große Salons verfügte, von denen einer allein Frauen vorbehalten war. Ihr Bruder würde in den beiden anderen zehn Mah-Jongg-Tische aufstellen, an denen 50 bis 60 teils hochrangige Angestellte von Militär und Geheimdienst Platz nahmen. Höchstwahrscheinlich wurde an diesen Abenden allerdings nicht das beliebte chinesische Gesellschaftsspiel gespielt. Die Möbel waren wohl nur praktisch und in der chinesisch geprägten Mandschurei in großen Stückzahlen verfügbar.

Klaudia hatte sich nicht nur in einen Japaner verliebt, sie hatte sich auch in Japan verliebt. Im Sommer bereiste sie gern Kamakura, jenen Strandort nicht weit von Tokio, an dem Sugihara seinen Lebensabend verbringen sollte. Sie reiste auch, wenn die Arbeit ihrem Mann keine Gelegenheit bot, sie zu begleiten. Bei den Vorkehrungen, die sie traf, bevor sie sich auf ihre Soloausflüge machte, legte sie eine eigenwillige Mischung aus Fürsorglichkeit und Kontrolle an den Tag: Sie wählte eine Prostituierte aus, die ihrem Mann erotisch die Zeit vertreiben sollte, bis seine Ehefrau zurückkehrte. Als dieser Fall eintrat, ließ Frau Apollonova Sugihara sich vom Familienchauffeur zum Haus der Dame fahren und überreichte ihr eine Zehndollarnote für ihre Dienste. Die Frau reagierte damals stets so eifersüchtig auf die legitime Partnerin dieses Prachtexemplars von einem Mann, dass sie ihr bei der Transaktion vor rasender Eifersucht kaum in die Augen sehen konnte. Schmollend nahm sie das Geld trotzdem. So jedenfalls schilderte Frau Apollonova Sugihara später die Situation.

Chiune Sugihara war nicht der einzige Japaner in Harbin, der dem Russischen gewogen war, die Sprache beherrschte, religiös konvertiert und mit einer Russin verheiratet war. Ein anderer war ein Friseur, der unter dem russisch-japanischen Mischnamen Konstantin Ivanovich Nakamura bekannt war. Wie bereits erwähnt, war ein japanischer Friseur in Harbin selten nur ein Friseur. Nakamura war bekannt als Drogenhändler und Zuhälter, es gab auch Vorwürfe des organisierten Kindesmissbrauchs. Insbesondere die chinesischen Bewohner Harbins fragten sich, warum die japanischen Autoritäten seinem stadtbekannten Treiben keinen Riegel vorschoben. Offensichtlich stand er unter besonderem Schutz, weil das, was er wusste beziehungsweise in Erfahrung bringen konnte, gewissen Kreisen zu wichtig war, um seinen Opfern Gerechtigkeit widerfahren zu lassen. Dieser Schutz war keine Einbahnstraße, wie die Stadt bald erfahren sollte.

In der Nacht des 18. Septembers 1931 verübten nahe der Stadt Mukden, etwa 560 Kilometer von Harbin entfernt, zwei Offiziere der japanischen Kwantung-Armee (benannt nach dem von Japan gepachteten chinesischen Gebiet, in dem sie stationiert war) einen Sprengstoffanschlag auf die Südmandschurische Eisenbahn. Als die Meldung über diesen sogenannten Mukden-Zwischenfall am nächsten Tag Harbin erreichte, hatte sie bereits die Wendung erhalten, die die japanischen Militärs im Sinn hatten: Schuld waren die chinesischen Soldaten in der Region. Um auf Nummer sicher zu gehen, wurden Leichen, die japanische Soldaten in chinesische Uniformen gekleidet hatten, nahe des Tatorts platziert. Erbitterte Feuergefechte zwischen beiden Seiten waren die Folge. Schließlich nahm die Kwantung-Armee die chinesische Stadt ein.

Kaum jemand kaufte den Japanern die Geschichte ab. Sugihara wurde veranlasst, auf Französisch einen schriftlichen Widerspruch zu einem kritischen Bericht einer internationalen Ermittlungskommission zu verfassen. Dabei stand er selbst dem Vorfall äußerst kritisch gegenüber. Er tat zwar wie geheißen, doch übte er unterschwellig Kritik an der japanischen Seite, indem er ihre Methoden als »einschüchternd« bezeichnete.

Dass den Chinesen in und um Harbin das Theater nicht gefallen würde, war abzusehen. Nakamura trommelte in seinem Friseursalon einen kräftigen Trupp weißrussischer Kontakte zusammen, stattete die Männer mit Revolvern, Gewehren und Handgranaten aus (was halt jeder Friseur stets zur Hand haben sollte) und spitzte sie an, ihr eigenes Hab und Gut und vor allem auch das der Japaner mit Gewalt zu verteidigen, denn die Chinesen kämen, und hinter ihnen gleich die Sowjets. Es liege nun an der Kwantung-Armee, und damit ebenso an ihnen als Unterstützern, die Völker der Mandschurei vom Joch des Kommunismus zu befreien, und Mütterchen Russland sofort im Anschluss. Er gab sich nun als »ministerialer Übersetzer« der *Kempeitai,* der japanischen Militärpolizei, zu erkennen. Vielleicht erklärte er sich auch nur unwidersprochen dazu. Die *Kempeitai* wird rückblickend oft als »japanische Gestapo« tituliert. Sie verbreitete in jenen Tagen dort, wo sie wirkte, ähnlich Angst und Schrecken wie die Geheime Staatspolizei der Nazis. In Harbin waren ihre Mitarbeiter, die *Kempei,* dafür bekannt, wie unauffällig sie unerwünschte Elemente verschwinden ließen und wie effizient sie sich durch Drogenhandel, Erpressung und den Einzug von Bestechungsgeldern persönlich bereicherten.

Der Zwischenfall hatte zur Folge, dass vor allem auf der japanischen Seite die Masken fielen. Verdeckte Ermittler wie Konstantin Ivanovich Nakamura mussten nicht länger verdeckt arbeiten. Vermutlich schnitt er fortan weniger Haare. Die Soldaten der Kaiserlich Japanischen Armee, die sich laut vorherigem Abkommen lediglich als Wachtruppe der Eisenbahn verdingten, sahen sich endlich als richtige Krieger und agierten entsprechend. Rechtsextremistische Vereinigungen bekamen Zulauf.

Parallel zur *Kempeitai* agierte die ähnlich befugte *Tokumu Kikan,* zu der Chiune Sugihara enge Kontakte pflegte und die in der Mandschurei in erster Linie im russischen Umfeld aktiv war. Ihr General, der Spion Kenji Doihara, wurde wegen seiner großspurigen Ideen in Anlehnung an den britischen Geheimagenten T. E. Lawrence auch »Lawrence von China« oder »Lawrence von Mandschurien« genannt. Sein erklärtes Ziel war es, die Mandschurei komplett unter japanische Herrschaft zu stellen. Das war ganz im Sinne seiner Regierung, ansonsten hätte man eine militärische Spitzenkraft wie ihn nicht an diesen Ort versetzt, an dem bisher eher Karteileichen Dienst nach Vorschrift verrichteten oder sich junge Talente wie Sugihara ausprobieren durften.

Am 5. Februar 1932 eroberte der »Lawrence von Mandschurien« Harbin. Die Sugihara-Apollonova-Familie beobachtete durch die Fenster ihrer abgedunkelten großen Wohnung mit fasziniertem Schaudern das Lichterspiel der Feuergefechte zwischen den japanischen Invasoren, den russischen Besatzern und den einheimischen Chinesen. Chiunes kleine Schwester Ryuko ließ sich von einem Mitglied des Personals in ein höheres Stockwerk begleiten, um einen besseren Überblick zu haben. Ihr Bruder musste auf seinen beruflichen Wegen mitunter Mörserfeuer ausweichen. Dabei war ihm klar, dass die konkrete Gefahr für Leib und Leben noch der trivialere Aspekt dieser Invasion war. Sein Land hatte hier nicht nur im geografischen Sinne eine Grenze überschritten. In der Heimat wurde der Krieg in der Mandschurei gutgeheißen, war die Region doch reich an Rohstoffen, die Japan dringend benötigte. Der Westen hingegen sah die kriegerischen Handlungen als das, was sie waren: unprovozierte Akte der Gewalt. Im Vordergrund der Berichterstattung standen die Kriegsgräuel, die an der Zivilbevölkerung verübt wurden. Das Bild von Japan, das seinen weniger entwickelten Nachbarn durch ein bisschen Kolonisierung gütig an seinen Errungenschaften teilhaben ließ, war endgültig nicht mehr aufrechtzuerhalten.

Die Besatzung Harbins war der erste Schritt zur Einrichtung des japanischen Marionettenstaats Mandschukuo, dessen Gründung wenige Wochen später, am 1. März 1932, erklärt wurde. Als Herrscher wurde der Chinese Puyi eingesetzt, der als Kleinkind von

1908 bis 1912 der letzte Kaiser von China gewesen war. In Mandschukuo trug er zunächst den Titel des Präsidenten. Zwei Jahre später wurde das Gebiet von den tatsächlichen japanischen Machthabern zum Kaiserreich erklärt und Puyi zum Kaiser. Er mag sich das als ersten Schritt erträumt haben, mit womöglich japanischer Militärhilfe mittel- oder langfristig wieder Kaiser von China zu werden, was sein Herzenswunsch war. Doch dort hatte er ebenso wenig zu sagen wie in seinem jetzigen Reich. Mandschukuo blieb ein Marionettenstaat und er eine Marionette.

Welche Staatsform Japan auch immer Mandschukuo andichtete, die internationale Gemeinde zeigte sich unbeeindruckt. Zunächst erkannten lediglich El Salvador, Vatikanstadt und die Dominikanische Republik die Unabhängigkeit an. Später kamen immerhin drei Länder dazu, die auf internationalem Terrain wichtigere Partner darstellen mochte: Deutschland, mit dem Japan schließlich ein antikommunistisches Bündnis einging; Polen, mit dem seit jeher ein reger geheimdienstlicher Austausch stattfand; und Ungarn, wo der Faschismus auf dem Vormarsch war. Als das Projekt 1945 wieder beendet wurde, waren es insgesamt nur 23 Länder, die offizielle diplomatische Beziehungen zu Mandschukuo unterhielten.

Chiune Sugihara selbst mag den Entwicklungen kritisch gegenübergestanden haben, doch die Gründung des Möchtegern-Kaiserreichs bedeutete für ihn von Anfang an mehr Arbeit und eine schnellere Entwicklung seiner Karriere. Am 31. März 1932 brach er zu Dienstreisen nach Korea und Tokio auf. Ab dem 5. April arbeitete er im Auftrag des Außenministeriums von Mandschukuo, wobei nicht bekannt ist, worin genau seine Tätigkeit bestand. Am 18. Mai wurde er zum Zweiten Botschaftsdolmetscher ernannt. Ein Titel, der kaum nach Tatendrang und Entscheidungsgewalt klingt, aber dennoch eine Beförderung darstellte und vermutlich seine wahren Aufgaben verschleierte. Obwohl er nun offiziell dem Innenministerium unterstand, wurde er erst einmal fortgeschickt: zum Dienst in der Sowjetunion. Auch hier ist nicht klar, welchen Dienst er dort genau verrichtete. Klar ist nur, wie es endete – mit einem nüchternen Akteneintrag: »Er verließ die Position aus persönlich Gründen. Er erhält eine vorläufige Rente vom 930 Yen.«

Es wurde spekuliert, dass Sugihara seiner weißrussischen Frau ein Leben in der Sowjetunion nicht zumuten mochte. Möglich ist allerdings ebenso, dass er lediglich eine einzige Mission zu erfüllen hatte und diese nun abgeschlossen war. Nicht undenkbar, dass er im Dienste seiner neuen Herren die Fühler ausstreckte, wie man den Russen am besten die Transmandschurische Eisenbahn abknöpfen könnte.

Diese neuen Herren waren so neu nicht. Chu'ichi Ōhashi, der als Harbins ehemaliger Generalkonsul schon einmal Sugiharas Vorgesetzter gewesen und mit ihm einst durch die Freudenviertel des erdbebenzerstörten Tokio lustgewandelt war, war inzwischen Mandschukuos Vize-Außenminister. Der Umstand, dass er und Sugihara aus derselben Region Japans stammten, spielte eine nicht zu unterschätzende Rolle im Verhältnis der beiden Männer. Biografische Gemeinsamkeiten formen schnell emotionale Bande. Gerade Japaner entwickeln oft besonders innige Bindungen an die genauen Orte, an denen sie aufgewachsen sind, und somit auch an die Menschen, mit denen sie dieses Schicksal teilen. Sugiharas und Ōhashis fruchtbare berufliche Beziehung wäre nicht die erste und nicht die letzte in den Herrennetzwerken der japanischen Politik und Geschäftswelt, die auf heimatliebender Sentimentalität beruhte. Jedenfalls ernannte Ōhashi Sugihara zum Direktor des Außenministeriums von Mandschukuo. Ein großer Titel für eine wohl in erster Linie symbolische Rolle in einem kleinen Land, das kaum von anderen als ein solches anerkannt wurde.

Das hieß nun nicht, dass Sugihara auf seinem neuen Posten unter seinem nur sieben Jahre älteren, ihm freundschaftlich gesonnenen Vorgesetzten eine ruhige Kugel schob. Ōhashi hatte im Ministerium den Ruf eines Draufgängers, und oft nahm er Sugihara mit, wenn seine Natur ihn antrieb. Mitunter ging es dabei recht gefährlich zu. Einmal fanden sie sich in Wladiwostok im sogenannten Interclub wieder. Offiziell handelte es sich dabei um einen Versammlungsort für Seeleute, tatsächlich war es ein Treffpunkt der Kommunistischen Partei Japans, die damals verboten war. Wären Sugihara und Ōhashi aufgeflogen, was unter den misstrauischen Blicken und Fragen der versammelten Mitglieder beinahe geschehen wäre, wäre es ihnen mit Sicherheit an den Kragen gegangen. Laut Sugihara war ihre Anwesenheit im Club ein Versehen. Per Gesetz war es ein Vergehen. Da es trotzdem zu keinerlei Repressalien kam, darf man vermuten, dass der Besuch des Interclubs in Wahrheit weder ein Versehen zweier vergnügungssüchtiger Flaneure noch ihren Vorgesetzten unbekannt war, sondern dass dort in zumindest halboffiziellem Auftrag verdeckt ermittelt wurde.

1935 kaufte Japan nach 21 Monaten zäher Verhandlungen Russland und China die Transmandschurische Eisenbahn (heute Ostchinesische Eisenbahn) ab. Chiune Sugihara war ein unverzichtbarer Partner bei den Verhandlungen. Nachdem er jahrelang mit Russen getrunken und sie ausspioniert hatte, verfügte er nicht nur über wichtige Kontakte in ihren Politikerkreisen genauso wie in russischen Spionagenetzwerken in Sibirien, Transbaikalien und der Mongolei, sondern er war auch ein exzellenter Kenner der russischen Mentalität und der Art von Verhandlungstaktiken, die bei diesem Menschenschlag erfolgversprechend waren. Außerdem war er auf der chinesischen Seite der Verhandlungen wohlgelitten, da er der chinesischen Bevölkerung empathischer gegenüberstand als der gemeine japanische Beamte. Dieses Wohlwollen war ihm schon bei seiner Spionagetätigkeit oft zugutegekommen.

Sugihara fungierte bei den Verhandlungen als Assistent Chu'ichi Ōhashis. Seine offizielle Aufgabe war es, eine Bestandsaufnahme der Bahn samt allen zugehörigen Posten zu machen und den Preis zu schätzen. Bei seiner Arbeit halfen ihm einige Chinesen und Koreaner aus anliegenden Dörfern. Bei ihnen hatte er einen Stein im Brett, seit er ihnen nach einer Flutkatastrophe geholfen hatte. Anstatt seine Arbeit ausschließlich vom Schreibtisch aus und streng nach Protokoll zu verrichten, war er in seine Gummistiefel geschlüpft, um sich vor Ort ein eigenes Bild vom Ausmaß der Zerstörung zu machen. Er hörte nicht nur den Opfern aufmerksam zu und sprach ihnen Mut zu, was für einen Mann in seiner Position schon ungewöhnlich genug war, sondern ging von Dorf zu Dorf, um den Schaden genau zu beziffern und Hilfe in die Wege zu leiten. Dieser Gefallen wurde nun zurückgezahlt.

Dennoch musste Sugihara auf seinen Wegen an den Schienen entlang russische Banditen ebenso beschwichtigen wie chinesische Anteilseigner, denen nichts ferner lag, als ihre Anteile ausgerechnet an Japan zu verkaufen. Wo er schon mal unterwegs war, nutzte er die Ausflüge auch, um von seinen Kontakten in der Region geheimdienstliche Informationen einzusammeln und ein genaues Augenmerk darauf zu haben, wer und was momentan mit der Eisenbahn wohin transportiert wurde.

Seine Bestandaufnahme half seinem Vorgesetzten, die übertriebenen Preisforderungen der Russen auszuhebeln. Dabei waren die Verhandlungen nicht ausschließlich von derart friedlichen Taktiken geprägt. Die Kwantung-Armee schüchterte russische Angestellte der Bahn ein und versuchte, den Wert zu mindern, indem sie die Anzahl russischer Waggons begrenzte, die Mandschukuo passieren durften. Als das nichts brachte, wurden Schienen demoliert und Züge zum Entgleisen gebracht. Schließlich entführten japanische Soldaten sogar mehrere russische Eisenbahnmitarbeiter. Die Verhandlungen drohten daraufhin zu scheitern, was genau das Ziel jener Militärs war, die sich die Bahn lieber mit Gewalt aneignen wollten, anstatt sie für einen fairen Preis zu kaufen. Dennoch wurden die Gefangenen schließlich entlassen, und die Russen kehrten an den Verhandlungstisch zurück. Ein Durchbruch konnte allerdings erst erzielt werden, nachdem offiziell Japan die Verhandlungen von Mandschukuo übernahm, sodass die Russen nicht gezwungen waren, den Marionettenstaat anzuerkennen. Vertragseinig wurde man sich am 23. März 1935, wenige Tage nachdem Hitler damit begonnen hatte, den Friedensvertrag von Versailles zu missachten und Deutschland wiederzubewaffnen. Japan bezahlte 140 Millionen Yen für die Schienen, Züge und alles, was zur Eisenbahn dazugehörte. Das war weniger als die Hälfte dessen, was Russland ursprünglich gefordert hatte, aber immer noch 50 Millionen mehr, als Japan zunächst angeboten hatte.

Die Japaner wussten genau, wozu ihnen die Eisenbahn dienen würde: nicht um Güter und Passagiere durch unwegsames Gelände und Einöde von A nach B zu transportieren, sondern um die Mandschurei weiter zu kolonisieren. Über einen Zeitraum von zehn Jahren sollte die Eisenbahn es 500 000 japanischen Siedlern erlauben, sich entlang ihres Schienenstrangs niederzulassen. Wer die Bahn kontrollierte, kontrollierte das Land.

Nach der Ausarbeitung der Verträge wurde von japanischer Seite flugs die Südmandschurische Eisenbahn-Aktiengesellschaft ins Leben gerufen. Da nur Japaner und Chinesen in sie investieren durften, wurde sie auch als »Essstäbchen-Allianz« bezeichnet. Mit einer Effizienz und Geschwindigkeit, die nach wie vor japanischen Bauprojekten zu eigen ist, wurde das gesamte Schienennetz in Windeseile auf ein schmaleres Format umgespurt, das in China üblicher war als das russische, das man ursprünglich verwendet hatte.

Die Bahn erwies sich nicht nur zur schnelleren Verteilung japanischer Siedler als nützlich, sondern ließ sich auch vortrefflich zu Spionagezwecken einsetzen. In den 1930er-Jahren wurden japanische Botschaften zunehmend mit Militärattachés besetzt. Vordergründig organisierten diese Handelsmessen und kulturvermittelnde Festivitäten, tatsächlich kundschafteten sie Militärgeheimnisse aus. Sie beobachteten Truppenbewegungen, Waffenlager und Luftstützpunkte und knackten Codes, die russische Militärs für sensible

Kommunikation benutzten. Das dafür notwendige Personal wurde mit der Transmandschurischen Eisenbahn transportiert. Chiune Sugihara war vermutlich darunter. Seine späteren Aufgabengebiete sollten ganz ähnlich aussehen.

Dienst im Umfeld der Eisenbahngesellschaft wurde schnell zu einem Karrieresprungbrett für Militärs und Diplomaten. Zwei scheinen im Bezug auf Sugiharas späteres Wirken besonders interessant: Yōsuke Matsuoka und Shigenori Tōgō. Matsuoka, selbstbekennender Christ und kurzzeitiger Präsident der Südmandschurischen Eisenbahn, war ein flammender Verfechter der Ansprüche, die Japan in der Mandschurei stellte, und verkündete schließlich dramatisch den Austritt seines Landes aus dem Völkerbund, der nach dem Ersten Weltkrieg gegründet worden war, um Konflikte zukünftig diplomatisch anstatt militärisch zu lösen. Als andere Mitglieder des Bundes das gewaltsame Vorgehen Japans in der Mandschurei kritisiert hatten, verließ er mit der japanischen Delegation den Sitzungssaal. Sugihara muss in ihm genau die Art von Autorität gesehen haben, die er nicht respektieren konnte. Nicht viel später wurde Matsuoka Außenminister im Kabinett von Premierminister Fumimaro Konoe. Als solcher stand er erneut mit Sugihara in Kontakt in dessen Zeit in Litauen.

Shigenori Tōgō, der später mehrere Ministerposten innehatte und dem in Harbin ebenfalls eine Schlüsselrolle bei den Eisenbahnverhandlungen zukam, dürfte eher ein Mann nach Sugiharas Geschmack gewesen sein. Ein studierter Germanist und mit einer Deutschen verheiratet, war er doch alles andere als empfänglich für die politischen Strömungen im Deutschland jener Zeit. Von 1937 bis 1938 war er als japanischer Botschafter in Berlin stationiert und entwickelte dort einen regelrechten Hass auf die Nazis und auf alles, wofür sie standen. Er war darüber hinaus nicht der Meinung, dass Japan im Zweiten Weltkrieg irgendetwas zu gewinnen hätte, und setzte sich für eine diplomatische Annäherung an die Großmächte ein. Als er damit keinen Erfolg hatte und Japan in den Krieg gezogen war, gehörte er zu den wenigen Ministern, die schon für eine Kapitulation plädierten, bevor diese nach den Atombombenabwürfen auf Hiroshima und Nagasaki tatsächlich erfolgte. Er war ein Mann von Prinzipien: Obwohl er getan hatte, was in seiner Macht stand, um sein Land aus dem Krieg herauszuhalten beziehungsweise wieder herauszunehmen, sah er sein Anliegen als gescheitert an und erklärte sich bei den Tokioter Prozessen selbst für schuldig, die Kriegserklärung gegenüber den Alliierten nicht verhindert zu haben. Er wurde zu 20 Jahren Haft verurteilt. In dieser Zeit verstarb er an einer Entzündung der Gallenblase.

Wie viel Zeit Sugihara und Tōgō als Eisenbahner miteinander verbracht haben und worüber sie gesprochen haben, ist ungewiss. Doch Sugihara war als äußerst kontaktfreudig bekannt. Es ist anzunehmen, dass er sowohl mit Shigenori Tōgō als auch mit Yōsuke Matsuoka mancher gesellschaftlichen und beruflichen Verpflichtung nachgegangen ist, von beiden Männern auf ganz unterschiedliche Art beeindruckt war und einiges über das erfahren hatte, was in seinem nächsten Karriereabschnitt auf ihn zukommen sollte.

So bereichernd die Arbeit in der Mandschurei auch für japanische Karrieristen gewesen sein mag, für die chinesischen Einwohner sah das anders aus. Sie bekamen am eigenen Leib zu spüren, was Mandschukuo wirklich war: eine Kolonie, bevölkert von Kolonisten und Kolonisierten, Unterdrückern und Unterdrückten. Die Japaner regierten mit eiserner Faust, der Westen war nicht angetan, die Unterdrückten wollten es ihren Unterdrückern nicht danken. Dabei sollten sie es doch, zumindest nach Auffassung der Besatzer. Schließlich hatte man sie vom Joch der UdSSR befreit. Besser noch: Man hatte mit der Einrichtung des Staates ein Exempel statuiert – bis hierhin und nicht weiter. Der russische Kommunismus drohte China, Korea und den Rest Asiens zu befallen wie eine Seuche. Nur Japan stellte sich als heilende Kraft dagegen. Das fand zumindest Japan, und wer nicht dieser Ansicht war, dem wurde es mit Gewalt beigebogen.

Drogen überfluteten die Mandschurei und Harbin. Die japanischen Ordnungshüter ließen sich fürstlich dafür entlohnen, in die andere Richtung zu schauen. Es betraf sie ja nicht, es betraf die Chinesen, die nahezu systematisch in die Morphiumsucht getrieben wurden. So waren sie leichter zu kontrollieren. Farmer wurden von japanischer Seite bedrängt, Mohn anstatt Sojabohnen anzubauen. Nicht nur machte bald die Anzahl der klassischen Opiumhöhlen der Zahl der Friseursalons Konkurrenz; es wurden sogar ganz neue Vertriebswege eingeführt. Für eilige Drogenabhängige gab es Geschäfte, die Drive-by-Restaurants nicht unähnlich waren: Man steckte eine Faust voll Bargeld samt entblößtem Arm durch ein offenes Fenster und zog beides nach der Transaktion wieder heraus: ohne Geld, aber mit Schuss. Vor Schulen wurden »Junior-Portionen« verteilt.

Mit dem Kauf der Transmandschurischen Eisenbahn war 1935 das bis dahin beruflich erfolgreichste Jahr für Sugihara. Doch es war auch das Jahr, in dem er die Zustände vor Ort nicht länger ertragen konnte. Gleichwohl lag es nicht in seiner Macht, sie zu ändern. Der einzige Protest, der ihm blieb, war, seinen Dienst zu quittieren. Genau das tat er zum 1. Juli des Jahres. Zumindest wollen es offizielle Dokumente so. Gerüchten zufolge wurde er aus dem Dienst entlassen, weil er der Militärpolizei ein Dorn im Auge war. Sie verdächtigten ihn, nicht nur Russlands Interessen auszuspionieren, sondern als Doppelagent auch im russischen Auftrag zu arbeiten. Diesen Verdacht äußerte jedenfalls ein Freund und Kollege Sugiharas, der in Harbin ebenfalls zwischen Diplomatie und Spionage vielerlei Hüte trug. Indizien, die diese Theorie untermauern könnten, gibt es derweil keine. Tatsächlich behauptet ein anderer Harbin-Vertrauter Sugiharas, dass der Offizier und zweifache Putschist Kingorō Hashimoto, ein glühender Verfechter faschistischer Ideale, Sugihara ein lukratives Angebot gemacht hatte, für ihn als Militärspion zu arbeiten. Dieses Angebot, das Sugihara zuwider gewesen sein musste, mochte den Entschluss zur Kündigung gefestigt haben.

Jener Freund und Kollege, der hinter Sugiharas eigener Kündigung eine Entlassung vermutete, war Tadakazu Kasai. Er beschrieb Sugihara als großzügig und hilfsbereit. Ein Mann von großer Hingabe zu seiner Arbeit und Loyalität gegenüber seinen Studenten sei er gewesen. Besonders beeindruckt war er allerdings von seinen sprachlichen Fähigkeiten. Einmal meinte Kasai, einem lebhaften Streit zwischen zwei Russen zuzuhören, doch als er sich das genauer ansah, stellte er fest, dass einer von ihnen Sugihara war. Sugiharas zweite Ehefrau (keine Russin) meinte sogar, die russische Verwandlung ihres Ehemannes ging über die Sprache hinaus. Sie sagte: »Wenn er Russisch sprach, wurden seine Augen größer, und sein ganzes Gesicht veränderte sich.«

Kasai war häufig zu Gast bei den Festen, die die japanisch-russische Sugihara-Familie in ihrem Quartier ausrichtete. Mindestens einmal hatte die Militärpolizei bei ihm nachgefragt, worüber auf diesen Festen so geplaudert würde. Nichts Besonderes, gab Kasai zur Antwort. 1938 ging er als Vertreter von Mandschukuo nach Deutschland.

Nach seiner vermutlichen Kündigung hatte Chiune Sugihara keinen Grund, länger in Harbin zu bleiben. Abgesehen vielleicht von der Liebe. Doch er packte seine Koffer und leitete die Scheidung von Klaudia Semionova Apollonova Sugihara in die Wege.

Das klingt nach einem kaltblütigen Akt seinerseits, doch Apollonova übernahm später die Verantwortung für den Entschluss. Diese erste Ehe Sugiharas wird häufig als skurrile Randnotiz in seiner Biografie wahrgenommen, wenn sie denn überhaupt erwähnt wird. Dabei ist es gut möglich, dass Klaudia die Liebe seines Lebens war.

Er war auf jeden Fall die ihre, wie sie es dem Buchautoren Hillel Levine schilderte, als er sie in den 1990er-Jahren in einem Pflegeheim in Australien (inzwischen Klaudia Semionova Apollonova Sugihara Dorf) ausfindig machte. Dennoch erzählte sie Levine: »Ich war eine kalte Frau, aber irgendwie liebten mich die Männer.« Laut ihrer Aussage wollte Sugihara Kinder, sie aber nicht. Sie habe ihm sogar gesagt, sie könne keine bekommen, und heimlich mehrere Abtreibungen von einem befreundeten, verschwiegenen Arzt vornehmen lassen. Sie wusste, dass ihre und Chiunes Vorstellungen von einer gemeinsamen Zukunft sich grundsätzlich unterschieden, und bat ihn um die Scheidung. Sugihara vermutete, sie wolle lieber mit einem ihrer Landsleute liiert sein, und ging von bereits bestehenden Affären aus. Dennoch reagierte er nicht verärgert oder gar aggressiv. Er war nur traurig. Sie sagte ihm, er solle eine Frau heiraten, die Kinder wolle. Sie wäre dafür nicht die richtige.

Für Kinder nicht, für die Liebe vielleicht schon. Laut ihrer Aussage blieben die beiden weiterhin in Kontakt, schrieben sich liebevolle Briefe bis ins hohe Alter. Schon unmittelbar nach der Scheidung hatte sich Sugihara seiner Ehemaligen gegenüber äußerst großzügig gezeigt. Er kaufte ihr ein Haus zum Leben, eines zum Vermieten und eines, um den Sommer zu verbringen. Er bezahlte die kompletten Schulgebühren für ihre jüngeren Geschwister und besorgte den älteren Arbeit.

Das Paket mit dem letzten Geschenk, das Chiune Klaudia geschickt hatte, trug einen Poststempel von 1981, fünf Jahre vor seinem Tod. Darin war ein Kimono.

Nach der Scheidung zog Chiune Sugihara weiter, über Japan einem unsicheren Schicksal in Nord- und Mitteleuropa entgegen. Der jüdische Bevölkerungsanteil Harbins, der in Sugiharas frühen Jahren vor Ort stetig zugenommen hatte, war 1935 auf 5000 gesunken –

weniger als die Hälfte zu der Zeit, in der Sugihara sein Studium begonnen hatte. Der hauptsächliche Grund dafür war die zunehmende Gesetzlosigkeit in der Stadt beziehungsweise die gesetzliche Willkür, gespeist von fortschreitender Kungelei zwischen dem japanischen Militär und weißrussischen Faschisten, denen die Juden als Feindbild dienten. Waren diese zunächst in großer Zahl als Flüchtlinge gekommen, so waren es nun die Weißrussen. Sie sahen es gar nicht gern, dass die Juden ihnen zuvorgekommen waren, und die Japaner sahen es gar nicht ein, dass sie sich nun mit zwei Arten von Russen auseinandersetzen mussten. Die Zustände wurden zunehmend anarchischer. Immer häufiger sah man die Türen der konspirativen Friseurläden in der Uchastkovaya-Straße mit Sandsäcken verrammelt – ein stadtbekanntes Indiz dafür, dass wieder Randale anstanden. Je weniger wirtschaftlicher und politischer Nutzen aus der jüdischen Gemeinde in Harbin zu ziehen war, desto weniger konnte sie sich auf japanischen Schutz verlassen. Zudem gab das japanische Militär die Losung aus, dass das Judentum eine Brutstätte des Kommunismus sei. Viele Juden zog es nun nach China.

Konstantin Ivanovich Nakamura, der Zuhälter und Drogenhändler aus der Allee der Friseure, war immer ganz vorne dabei, wenn es um antisemitische Ausschreitungen ging, stets mit passiver oder sogar aktiver Unterstützung der japanischen Behörden. Auf sein Geheiß wurde der wohlhabende jüdische Apotheker Kofman von weißrussischen Gangstern entführt. Obwohl seine Frau das Lösegeld von 18 000 amerikanischen Dollar zahlte, wurden die Überreste seiner Leiche auf dem Kopfsteinpflaster von Harbins Hauptstraße gefunden. Ähnlich erging es Simon Kaspé, Sohn aus einem der reichsten Häuser des Ortes. Der Konzertpianist hatte in Paris studiert und genoss hohes internationales Ansehen. Trotz Intervention des französischen Konsulats und Protesten aus aller Welt bemühten sich die japanischen Besatzer nicht, dem Fall nachzugehen. Als sich der Vater zunächst weigerte, Lösegeld zu zahlen, wurde ihm ein Ohr seines Sohnes geschickt. 95 Tage später fand man die Leiche des jungen Mannes, der offenbar brutal gefoltert worden war, bevor eine Kugel ihn tötete. Beim Anblick der Leiche verlor der Vater den Verstand.

Als Kaspé zu seiner letzten Ruhestätte auf dem jüdischen Friedhof der Stadt gebracht wurde, folgten Tausende der Prozession und skandierten: »Tod den japanischen Militärs! Tod den Barbaren!« Unter den Protestierenden waren Mitglieder aller Ethnien und Klassen des Ortes vereint. Ein paar Japaner waren ebenfalls darunter.

Die Angesprochenen zeigten sich weiterhin wenig beeindruckt von den Nöten und Wünschen der Bevölkerung oder von Recht und Gerechtigkeit. Sechs Männer, die aktiv an der Tat beteiligt waren, erhielten im Gefängnis Sonderbehandlung in den 15 Monaten, in denen sie auf den Beginn ihres Prozesses warteten. Als chinesische Richter dann Todesstrafen für vier und lebenslange Haft für die anderen beiden verfügten, verhafteten japanische Beamte den vorsitzenden Richter, revidierten die Urteile und ließen die Täter frei mit der Begründung, diese hätten als Patrioten gehandelt. Es wird gemutmaßt, dass den Japanern der Untergang der Familie Kaspé recht gelegen kam, sie womöglich sogar die Entführung Simons selbst in die Wege geleitet hatten, um sich das Hotel Moderne unter den Nagel zu reißen: einen Prachtbau im Herzen der Stadt mit Restaurant, Kino und Theatersaal, der sich im Familienbesitz befand. Für eine Beteiligung von japanischer Seite spricht auch, dass das Oberhaupt der jüdischen Gemeinde von Harbin, Dr. Abraham Kaufman, massiv von der *Kempeitai* eingeschüchtert wurde, nachdem er die Ermordung des jungen Kaspé scharf verurteilt hatte.

Zum Zeitpunkt dieser Ereignisse war Chiune Sugihara noch in Harbin. Er wird sie mit Abscheu betrachtet haben, und sie werden seinen Entschluss bekräftigt, möglicherweise sogar ausgelöst haben, diesem Teil der Welt den Rücken zuzukehren. Er mag sich eingeredet haben, dass ein Mann allein gegen das Unrecht ohnehin nichts ausrichten könne. Vielleicht hatte dieser Entschluss sein Gewissen lange belastet. Vielleicht war er der Grund, dass er sich, erneut im Angesicht monströser Ungerechtigkeit, in Litauen ganz anders entscheiden sollte.

Shinpei Gotō, der Gründer und Vordenker der Nichiro Kyōkai Gakkō, die lange Zeit das intellektuelle und akademische Leben in Harbin entscheidend geprägt hatte, war schon lange vor seinem Schüler in seine Heimat zurückgekehrt, hatte Karriere als Politiker, Medienunternehmer und Pfadfinderförderer gemacht und war 1929 an einer Hirnblutung gestorben. Doch die Dämonen seines an der deutschen Rassenlehre geschulten Faschismus waren damit alles andere als ausgetrieben. Im Zweiten Weltkrieg wurde die berüchtigte Einheit 731 in der Mandschurei stationiert, die dort chemische und biologische Waffen entwickelte und an chinesischen und koreanischen Zivilisten sowie an sowjetischen, britischen und amerikanischen Kriegsgefangenen testete. Frauen wurden vergewaltigt und geschwängert, um die Vererbbarkeit der durch die Waffen ausgelösten Erkrankungen zu untersuchen. Offiziell wird von rund 3000 direkten Todesopfern ausgegangen, ein ehemaliges Mitglied der Einheit sprach allerdings von Zehntausenden. Kein Gefangener und keine Gefangene sollen die Lager der Einheit lebend verlassen haben. Mehr als 20 000 Menschen starben außerdem in China durch die Freilassung von mit Pest infizierten Ratten, als die Produktionsstätten der Einheit nach Kriegsende zerstört wurden, um Beweise zu vernichten.

Während die Einheit 731 in der Mandschurei Tausende ermordete, verkrüppelte und vergewaltigte, versuchte Sugihara in Litauen bereits, Tausenden das Leben zu retten. Doch sein Weg dorthin war kein geradliniger.

KAPITEL 6

UNTER NORDLICHTERN

Fräulein Kikuchi kann Herrn Sugiharas Namen lesen.
Yukiko wird Maria.
Herr Sugihara fährt heimlich Auto.

Am 7. Juli 1935 packte Chiune Sugihara in Harbin seine Koffer und machte sich auf den Weg in sein Heimatland. Eine gute Woche später erreichte er Tokio, sein neues, altes Zuhause. Gleichwohl war es nicht mehr das Tokio, das er kannte. Nicht aus seiner Jugend und nicht von seinen Reisen während des Wiederaufbaus, in der weite Teile der Stadt ein einziges Trümmerfeld waren. Nach dem Großen Kantō-Erdbeben von 1923 hatte Sugiharas alter Lehrmeister Shinpei Gotō ganze Arbeit geleistet. Beziehungsweise er hatte Arbeit leisten lassen; er selbst erlebte den Abschluss der aufwendigen Wiederherstellung der zerstörten Stadt nicht mehr. Doch als Innenminister hatte er die Pläne geschmiedet, die er ab 1924 als Vorsitzender der Wiederaufbaukommission realisieren ließ: stabile Häuser, öffentliche Parkanlagen, breite Straßen und ein ausgeklügeltes öffentliches Verkehrsmittelnetz, um die breiten Straßen noch mehr zu entlasten.

Sugihara blieb derweil nicht viel Zeit, sich die neue Hauptstadt in Ruhe anzusehen. Wenige Tage nach seiner Ankunft wurde er zu seinem nächsten Posten beordert. Sein neuer Wirkungsbereich würde zumindest geografisch im Zentrum der Macht liegen, im Tokioter Stadtteil Kasumigaseki, wo noch heute die Geschicke des Landes gelenkt werden, nicht weit von den undurchdringlichen Mauern und tiefen Gräben des Kaiserpalasts. In der Informationsabteilung des dort ansässigen Außenministeriums wurde offiziell Öffentlichkeitsarbeit für Mandschukuo betrieben, aber praktiziert wurde das genaue Gegenteil: Die Informationsabteilung beschaffte eher Informationen, als dass sie welche zur Verfügung stellte. Und sie beschaffte diese Informationen, man ahnt es, durch Spionage.

Im Gegensatz zu seiner Zeit in Harbin, als er als Agent oft hinaus ins Feld musste, war Sugiharas Tätigkeit in Tokio zunächst eher administrativ. Wie bei den meisten Menschen waren seine Feierabende vermutlich spannender als seine Zeit im Büro. Seinem Naturell entsprechend, ging er öfter mal aus. Zu seinen Kumpanen dabei gehörte ein Versicherungskaufmann namens Kikuchi, der einige Kunden im Außenministerium hatte. Eines Abends lud er Chiune zum Abendessen ins Heim seiner Familie ein und stellte ihm seine Schwester vor. Sie war 21 Jahre alt, knapp 14 Jahre jünger als Chiune. Ihr Name war Yukiko. Derselbe Name, dem er seiner ersten Frau als Kosenamen zugedacht hatte. Kaum waren die ersten Begrüßungsfloskeln ausgetauscht, schrieb er seinen Taufnamen auf ein Blatt Papier, das er Yukiko reichte. Er fragte: »Können Sie diesen Namen lesen?«

Die junge Frau überlegte reiflich, wie die Schriftzeichen zu deuten waren, bis sie sagte: »Es könnte Sempo heißen, was nach einem Künstlernamen klingt. Ansonsten wäre es Chiune.«

Sugihara, der selbst eine Vorliebe für die Lesart Sempo wie für Kunst und Künstlertypen hatte, gefiel diese Antwort. Er sagte: »Sie sind die Erste, die auf Chiune gekommen ist. Das ist nicht leicht. Nur wenige lesen den Namen korrekt.«

Diesen Einstieg in die Konversation fand Yukiko ungewöhnlich, gleichwohl war ihr Interesse an dem charmanten und adretten Gast geweckt. Sie war beeindruckt von seinen Geschichten aus fremden Ländern und von seinen humanitären Ansichten. Insbesondere gefiel ihr, dass er laut eigener Aussage sein Amt in Harbin aus Protest gegen die japanische Unterdrückung der chinesischen Bevölkerung niedergelegt hatte. Er sagte ruhig und besonnen: »Die Japaner haben die Chinesen grausam behandelt. Sie haben sie nicht als Menschen angesehen. Ich konnte das nicht ertragen.«

Ob die Flucht das redlichste Mittel ist, wenn man das Leid anderer Menschen nicht ertragen kann, sei dahingestellt. Offenbar hatte hier aber ein Denkprozess seinen Anfang genommen, der später in ähnlichen Situationen zu ganz anderen Konsequenzen führen sollte.

Immer wenn Yukiko ihm eine Frage stellte, lächelte er freundlich und antwortete ausführlich und gewissenhaft. Er stellte ihr ebenfalls viele Fragen und war offenbar ehrlich an ihren Antworten interessiert. Auch das war ungewöhnlich für einen japanischen Mann seiner Zeit und blieb in Yukikos Bewertung seines Charakters nicht unberücksichtigt. In ihren Memoiren schrieb sie später: »Chiune war einzigartig. Er war kein Schwätzer, sondern an richtiger Konversation mit mir interessiert. Er sprach nicht zu mir, sondern mit mir.«

Immer häufiger gingen die beiden gemeinsam aus. Oft zog es sie dabei auf Tokios prächtigste Amüsier- und Einkaufsmeile, die Ginza, wo ihr Treiben nicht unbemerkt blieb. Der international sozialisierte Sugihara hielt wenig von der japanischen Gepflogenheit, Liebschaften geheim zu halten. Die Gerüchteküchen im Außenministerium kochten über. Da konnten sie es auch gleich offiziell bekanntgeben. Chiune Sugihara machte Yukiko Kikuchi einen Heiratsantrag.

Die fragte zurück, warum er es gerade auf sie abgesehen hatte.

Er antwortete: »Weil ich Sie auf Auslandsreisen mitnehmen kann.«

Das war ihm, für den Auslandsreisen nicht nur eine berufliche Notwendigkeit, sondern ebenso eine persönliche Passion waren, offenbar wichtig. Yukiko Kikuchi war eine gebildete, selbstbewusste und neugierige Frau aus einer verhältnismäßig modernen Mittelklassefamilie aus der Hafenstadt Numazu. Sie wurde am 17. Dezember 1913 ebendort geboren. Ihre Eltern, der Lehrer Fumio Kikuchi und seine Frau Tsuru, hatten sich beim Tennisspielen kennengelernt – im damaligen Japan weitaus ungewöhnlicher als beispielsweise bei einer Partie Baseball. Yukiko wollte sich jedenfalls gern auf Reisen mitnehmen lassen, und so heiratete das Paar am 27. April 1936. Obwohl sie nach eigenen Angaben zuvor die Frage, welche Art von Mann sie gerne heiraten würde, stets folgendermaßen beantwortet hatte: »Ich möchte gar nicht heiraten. Ich möchte unabhängig bleiben.«

Vor allem aber wollte sie keine arrangierte Ehe, wie es damals in Japan nicht unüblich war. Dann doch lieber einen, den sie sich selbst ausgesucht hatte beziehungsweise bei dem das Aussuchen auf Gegenseitigkeit beruhte. Die Braut gab sich später durchaus pragmatisch und gab zu, dass die Ehe mit einem älteren, etablierteren Mann mehr Sicherheit versprach als die mit einem gleichaltrigen und dass sie sich das Leben an der Seite eines Diplomaten recht glamourös vorgestellt hatte. Gleichwohl könnte man vermuten, dass dieser Pragmatismus lediglich vorgeschoben war. Liebeshochzeiten gehörten damals noch nicht zum guten Ton, man brauchte schon bessere Gründe. Wie verliebt Chiune und Yukiko waren, als sie sich das Jawort gaben, ist schwer zu beurteilen. Fest steht allerdings, dass die beiden einander äußerst gewogen waren und ähnliche Interessen hatten. Wie ihr frisch gebackener Ehemann hatte sie ein Faible für Sprachen, Kunst und Literatur. Sie wollte Malerin und Dichterin werden. Tatsächlich hielt sie während der kommenden Jahre und Jahrzehnte entscheidende Stationen im Leben der Sugiharas als Gedichte in klassischen japanischen Versformen fest. Ob da nun eine alles verzehrende Leidenschaft brodelte oder nur so etwas wie aufrichtiger Respekt zwischen den Eheleuten war – die beiden passten gut zueinander. Yukikos Bruder wird sich bei der Kuppelei etwas gedacht haben.

Mit der Ehe wurde aus Yukiko Maria. Zumindest in christlichen Kreisen, die in Japan deutlich in der Minderheit waren. Das war der Name, auf den sie getauft wurde, weil Chiune schließlich in Harbin zum christlichen Glauben übergetreten war. Wie wichtig Yukikos Taufe für Chiune war, ist unklar. Vielleicht bedeutete ihm der Glaube doch mehr, als er erahnen ließ. Allerdings gibt es abgesehen von ein paar wenigen salbungsvollen Sugihara-Zitaten, deren Authentizität schwer zu verifizieren ist, keinerlei Anzeichen dafür, dass die Religion in seinem Alltag eine größere Rolle spielte. Für Yukiko jedenfalls handelte es sich lediglich um eine Formalität. Sie hegte keine ausgeprägten religiösen Gefühle, weder christliche noch traditionell japanische. Niemand rief sie tatsächlich Maria, und hier soll es ebenfalls bei Yukiko bleiben.

Das Paar hatte sich inzwischen in Ikebukuro, einem jungen Stadtteil Tokios, häuslich niedergelassen. Chiune hatte dort bereits freundschaftliche Verbindungen zu russischen Einwanderern aufgenommen. Sein Familien- und Arbeitsleben hielt er einigermaßen streng getrennt. Kollegen machten lediglich zum Neujahrsfest ihre Aufwartung im Haus des Paares. Yukiko traf sich derweil regelmäßig mit den Gattinnen der Arbeitskollegen ihres Mannes. In dem Restaurant, in dem sie dinierten, saßen sie strikt nach Rangfolge ihrer Männer und plauderten vor allem über ihre vielen Auslandsreisen. Yukiko fühlte sich unwohl inmitten der Rivalitäten, die insbesondere zwischen den Frauen derjenigen Männer brodelten, die mit Russland in Beziehung standen. Sie fand ihr feindseliges Verhalten albern und hielt sich aus ihren Streitigkeiten raus.

Am 26. Februar 1936 war es in Tokio zu einem Militärputsch gekommen. Den Aufständischen ging die Eroberung Asiens nicht schnell und gründlich genug voran. Es gelang ihnen, einige Regierungsgebäude zu besetzen und mehrere Politiker zu ermorden, darunter zwei ehemalige Premierminister. Den Kaiserpalast allerdings konnten sie nicht einnehmen, und der amtierende Premierminister Keisuke Okada blieb am Leben wie im Amt. Obwohl sich die Putschisten auf den Kaiser beriefen, wie es japanische Patrioten gerne mal ungefragt tun, stand Hirohito ganz und gar nicht hinter ihrem Ansinnen und ließ den Aufstand besonders blutig niederschlagen. Im Anschluss kam es zu Prozessen unter Ausschluss der Öffentlichkeit, wobei gegen die meisten der Hauptbeteiligten Todesstrafen verhängt wurden. Außerdem wurde ein »Gesetz zur Bekämpfung von Gedankenkriminalität« erlassen, welches das Motiv höher ahndete als die eigentliche Straftat und es schließlich sogar erlaubte, vermeintliche »Gedankenverbrecher« festzunehmen, bevor sie eine Straftat begehen konnten.

Das Scheitern des Militärputschs hatte ironischerweise zur Folge, dass die japanische Regierung immer stärker vom Militär infiltriert und dominiert wurde, damit so etwas nicht noch einmal geschehen würde. Gleichzeitig wuchsen die Spannungen in Mandschukuo. Beide Umstände bedeuteten mehr Arbeit für Chiune Sugihara. Yukiko beschreibt in ihren Memoiren, wie er eines Tages überstürzt zum Ministerium aufbrach und für den Rest des Tages sowie die ganze ihrerseits durchwachte Nacht kein Lebenszeichen von ihm zu erhalten war. Erst am nächsten Morgen kehrte er in das Haus in Ikebukuro zurück – unversehrt, aber außer sich über die Zustände sowohl in seinem alten Wirkungsbereich in der Mandschurei wie in seiner Heimat. Vielleicht würde ihnen ein Tapetenwechsel guttun. Zumal Yukiko zur Freude beider schwanger war. Das Fernweh kam zu einem günstigen Zeitpunkt: Beruflich hatte das Außenministerium bereits etwas für Herrn Sugihara vorbereitet. Und wohin wollte der Arbeitgeber die werdende Familie entsenden? Nach Sibirien. Das fand Frau Sugihara weniger glamourös, als sie sich das vorgestellt hatte, und hielt in Tokio die Stellung.

Auf seinem neuen Posten sollte ihr Mann unbestimmte Aufgaben für das japanische Außenministerium erledigen. Im September, so viel weiß man immerhin, fungierte er in Kamtschatka als Übersetzer bei den Verhandlungen über ein Fischereiabkommen. Im selben Monat wurde ihm ein viertägiger Urlaub in Tokio gewährt: Sein Sohn Hiroki hatte das Licht der Welt erblickt (also fünf Monate nach der Eheschließung – ein weiterer Grund für diese?). Chiune kam bei seiner Rückkehr ins Haus gestürmt, hob Hiroki empor, der gerade noch im Bett neben seiner Mutter geschlafen hatte, und rief freudig aus: »Sieh mich an! Ich bin dein Vater!«

Zu seinem Glück musste er danach nicht nach Sibirien zurück. In den Schnee wurde er dennoch geschickt, nämlich nach Hokkaidō, auf die nördlichste der japanischen Hauptinseln und diejenige, die der Sowjetunion geografisch am nächsten liegt.

Am 26. Dezember 1936 erhielt Sugihara die Nachricht, dass er nach Moskau versetzt würde, als Botschaftsübersetzer. Ein bedeutender Karriereschritt. Am 28. Dezember beantragte das Außenministerium das entsprechende Visum. Eine reine Formalität, meinte man. Doch als am 22. Januar 1937 noch immer keine Rückmeldung vorlag, wurde per Telegramm nachgehakt. Weiterhin Schweigen auf russischer Seite. Am 6. Februar sollte Sugihara Japan verlassen, also veranlasste das Außenministerium die japanische Botschaft in Moskau, ein wenig Druck bei den Bürokraten zu machen.

Die Beamten der Botschaft wurden kurz und knapp informiert, dass Herr Sugihara kein Einreisevisum für die Sowjetunion erhalten würde.

Nie zuvor war einem japanischen Botschaftsangestellten von Russland das Visum verweigert worden. Dieser Vorgang hatte zur Folge, dass auch die Japaner nicht mehr jeden russischen Gesandten ins Land ließen, woraufhin sich die Russen ihrerseits neue diplomatische Schikanen einfallen ließen, und so ging es munter weiter.

Auf japanischer Seite ging man davon aus, dass Sugiharas Ehe mit einer Weißrussin der Grund für die Verweigerung seiner Einreisegenehmigung war, und man stellte klar, dass die Ehe längst ordnungsgemäß geschieden sei. Das beeindruckte die Russen nicht.

Sugihara habe in Harbin zu enge Kontakte zu weißrussischen Feinden der Sowjetunion gepflegt, um ihm noch trauen zu können. Sugihara selbst verfasste einen Bericht über seine Tätigkeit in Harbin, den der Historiker und Autor Masaaki Shiraishi Jahrzehnte später inmitten seit Ewigkeiten ungelesener Akten entdeckte. Es ist eines der ganz wenigen Schriftstücke über Sugihara aus eigener Feder. Darin leugnete er, jemals politische Kontakte zu Weißrussen unterhalten zu haben (eine glatte Lüge), und räumte ein, sich lediglich mit Bolschewisten abgegeben zu haben. Tatsächlich, so Sugihara, kursierten damals Gerüchte, er selbst sei Kommunist.

Geholfen hat es alles nichts.

1937 wurde Chiune Sugihara zu einem streng geheimen Treffen in die japanische Botschaft in Paris beordert. Es darf angenommen werden, dass der dortige Botschafter ihn für seine Niederlassung gewinnen wollte, doch das Außenministerium machte einen Strich durch die Rechnung. Kurze Zeit nach diesem Ausflug nämlich bekam Sugihara seine nächste Stelle zugeteilt: In Helsinki sollte er für die Informationsabteilung des Außenministeriums als Teil der japanischen Gesandtschaft arbeiten. Finnland war dabei kein so ungewöhnlicher Ort für einen Mann mit Sugiharas Ausbildung und Werdegang, wie man zunächst annehmen könnte. Das Land war aufgrund seiner Lage und seiner Neutralität ideal, um ohne größere Gefahr für Leib und Leben geheimdienstliche Informationen über Russland und auch Nazideutschland zu sammeln. Russland war nach wie vor das Hauptaugenmerk japanischer Außenpolitik und Militärstrategien. Unter den Diplomaten hatte ein großes Stühlerücken begonnen. Am selben Tag, an dem Sugihara nach Finnland beordert wurde, wurden vier weitere Russlandexperten des Ministeriums nach Russland, Polen und in den Balkan versetzt.

Diesmal reiste wirklich die gesamte Familie, inklusive Yukikos Schwester Setsuko Kikuchi, die als eine Art Kindermädchen und Haushaltshilfe mitkam. Die Reisenden nahmen einen gehörigen Umweg über die USA, da Chiune nicht mehr durch die Sowjetunion reisen durfte. Zunächst ging es per Schiff nach Seattle, von dort über Land nach New York, wo sie von einem aufgeregten Mitarbeiter des japanischen Außenministeriums empfangen wurden: Man müsse sich sputen, sonst lege das Schiff ohne die Sugiharas ab. Die Familie war davon ausgegangen, eine Nacht in New York zu verbringen, doch bei der Reiseplanung war man mit dem Zeitunterschied durcheinandergekommen. Als sie außer Atem den Hafen erreichten, sahen sie in einiger Entfernung ein großes weißes Gebäude, aber keine Schiffe, die für die Fahrt infrage kämen. »Wo ist unser Schiff?«, japste Chiune Sugihara.

Der Mitarbeiter des Ministeriums deutete auf das vermeintliche Gebäude: »Das ist es.«

Die »Bremen« war ein Passagierschiff von 40000 Tonnen, geschaffen für wohlhabende Deutsche und Amerikaner. Es gab einen Pool, ein Kino und Haute Cuisine. Auf dem Ozeandampfer flatterte bereits die Flagge der Nazis. Nicht nur deshalb kam sich Yukiko Sugihara an Deck oft fehl am Platz vor. Sie wunderte sich darüber, wie plump sich westliche Frauen tagsüber in der Sonne bräunten und wie elegant sie sich zu anderen Anlässen mit Kleidern und Juwelen in Schale warfen. Drei festliche Mahlzeiten wollten pro Tag im Bordrestaurant eingenommen werden, für jedes sah die Etikette einen anderen Dresscode vor. Yukiko hatte lediglich japanische Kimonos im Gepäck, das ständige Umziehen fraß große Teile ihrer Zeit. Ihre komplizierte wie farbenprächtige Garderobe machte sie für die anderen Reisenden exotisch und interessant. Ständig wollten sie ihre Kleidung berühren, was ihr nicht genehm war. Auch war es schwierig, im Kimono zu tanzen, wie es die Kreuzfahrtetikette verlangte.

Von Bremerhaven ging es per Zug auf Umwegen durch Holland und die Schweiz in Richtung Helsinki. Dort angekommen, konnte

Yukiko Sugihara gleich von den frisch errungenen Erkenntnissen über die Rituale der höheren europäischen Kreise profitieren, denn neue Rollen erwarteten sie: die der Gesellschaftsdame und Gastgeberin. Minister Shūichi Sakō, unter dem Chiune als Oberster Übersetzer arbeiten sollte, war den Sugiharas kein Unbekannter. Er hatte zuvor in der japanischen Botschaft in Moskau gewirkt und war dort mitten ins diplomatische Kreuzfeuer der Visaaffäre geraten. Wie sein neuer Angestellter sprach er fließend Russisch und sah in dem jüngeren Mann einen Seelenverwandten. Gut möglich, dass er selbst dessen Versetzung nach Helsinki veranlasst hatte. Sakō war ohne seine Frau gekommen und erwartete von Frau Sugihara, dass sie die üblichen Aufgaben von Politikerehefrauen übernehmen würde. Nahezu allabendlich musste sie in seiner Residenz, wo die jungen Eheleute ebenfalls lebten, Gäste unterhalten. Danach trank der Minister gerne weiter, vor allem Sake und Whisky, und lieber mit den Sugiharas als allein. Den für ihn gemütlichen Teil des Abends leitete er stets ein mit einem Griff zu einer edlen Flasche und dem Satz: »Ihr könnt nicht zu Bett gehen, bevor wir die ausgetrunken haben.«

Als der Minister seine Stellung in Helsinki für eine in Warschau verließ, entlastete das die Sugiharas keineswegs: Nun übernahm Chiune seine Aufgaben, und Yukiko wurde noch stärker in gesellschaftliche Verpflichtungen eingebunden. Ihr Tagesablauf war fortan von formellen Mittagessen, formellen Abendessen und dazwischen formellen Teepausen bestimmt. Zu diesen Anlässen waren nicht selten mehr als hundert Gäste geladen. Zwischendurch schaffte sie es trotzdem noch, Deutsch und Französisch zu lernen. Sie fühlte sich unsicher zwischen all den Diplomaten, die mehrere Sprachen beherrschten. Bei einem der ständigen Gäste waren es nicht weniger als 16, wie er behauptete.

Zusätzlich nahm sie Tanzunterricht und bekam Unterweisungen in die Umgangsformen dieser fremden Welt. Dabei fand sie nicht selten, dass auch die Einheimischen ruhig ein paar Umgangsformen lernen dürften. Sie wurde immer wieder konfrontiert mit Fragen wie: »Wenn Sie aus Japan kommen, warum sind Sie dann nicht gelb?« Oder man kam ihr entrüstet mit Halbwissen über japanische Sitten, zum Beispiel dass Männer und Frauen dort gemeinsam öffentlich badeten. (Zwar taten sie das einst, allerdings schon seit vielen Jahrzehnten nicht mehr, als die Sugiharas in Finnland waren. Untersagt wurde das gemischtgeschlechtliche Baden tatsächlich, weil es westlichen Besuchern wie Commodore Perry gegen das Moralempfinden gegangen war. In Finnland derweil blieb das gemischte Saunen nichts Ungewöhnliches.)

Bei den Botschaftsveranstaltungen mussten Gäste wie Gastgeber aufpassen, was sie sagten. Das Umfeld wimmelte von Spionen. Selbst einer der Botschaftssekretäre, ein gewisser Izumi, wurde eines Tages als Doppelspion enttarnt. Yukiko und ihre Schwester vermuteten, dass seine Frau, eine Weißrussin, die mit Chiune befreundet war, ebenfalls eine Spionin war. Auffallend oft war sie allein im Ausland unterwegs.

Von den Botschafterfrauen wurde erwartet, dass sie vornehme Abendgarderobe und Juwelen trugen, die von Generation zu Generation weitervererbt worden waren. Mit keinem von beiden konnte Frau Sugihara dienen. Zumindest ein passendes Abendkleid schneiderte sie sich schließlich selbst, obwohl die Aufmerksamkeit, die sie in ihren Kimonos erregte, nicht unbedingt eine negative war. Die Kleidungsstücke waren schließlich aus Seide gefertigt, was in Europa mehr als in Asien als Luxusgut galt. Allerdings störten sie weiterhin beim Tanzen – einer Disziplin, der sich Yukiko nicht länger verweigern konnte. Wer bei den Festlichkeiten in der Botschaft eine Aufforderung zum Tanz ausschlug, galt als unhöflich. Das passte weder zum japanischen Selbstbild noch zu dem Bild, das Nichtjapaner von Japanern hatten. Also versuchte sie mit ihren Übungsstunden und in ihrem selbst genähten Kleid, so gut es ging, den Tanzschritten ihrer viel größeren Partner zu folgen. Ein zusätzliches Problem stellten dabei ihre Zōri dar, die traditionellen japanischen Strohsandalen.

Vor dem Tanzen wurde gespeist. Der finnische Chefkoch servierte französische Haute Cuisine. Ein paar japanische Köche waren ebenfalls vor Ort. Sie sprangen allerdings nur ein, wenn Gäste aus ihrem Heimatland geladen waren oder wenn einmal ausnahmsweise gar keine Gäste erwartet wurden. Das müssen für alle gemütliche Abende in Strohsandalen gewesen sein.

Yukikos Ehemann stellte sich ebenfalls nicht nur beruflich neuen Herausforderungen. Als hochrangigem Diplomaten stand ihm selbstverständlich ein Chauffeur zur Verfügung. Jener, so stellte sich heraus, chauffierte keineswegs hauptberuflich diplomatische Mitarbeiter durch Helsinki, sondern leitete eine Fahrschule. Das machte Chiune Sugihara sich zunutze. Mit 38 Jahren beschloss er, endlich Auto fahren zu lernen.

Einmal weckte der Fahrer Yukiko mitten in der Nacht. »Der Wagen wurde gestohlen!«, rief er.

Yukiko wollte ihrerseits ihren Mann wecken, doch der lag nicht neben ihr. Deshalb hatte sich der Fahrer ja an sie gewandt, und nicht an den Herrn des Hauses. Die beiden suchten Chiune überall, konnten ihn aber nirgends finden. Als sie schließlich Motorengeräusche hörten, rannten sie hinaus in die kalte Nacht und sahen, wie der Botschaftswagen vorfuhr. Chiune Sugihara stieg mit einem stolzen Lächeln aus. Selbst mit nagelneuem Führerschein sah das Protokoll vor, dass er im Wagen still auf der Rückbank zu sitzen habe. Wollte er selbst ans Steuer, musste er das heimlich tun.

Bei allen gesellschaftlichen Verpflichtungen und persönlichen Weiterbildungsmaßnahmen fanden die Eheleute offenbar hier und dort ein paar ruhige Momente für sich selbst und einander. So sahen sie sich zum Beispiel gemeinsam die berühmten Nordlichter an (zum Schutz vor der Kälte in Zeitungen gehüllt), und so kam es auch, dass 1938 der zweite Sohn Chiaki geboren wurde. Yukiko war zwar nicht von der Tatsache überrascht, aber sehr wohl vom Geschlecht. Sie hatte fest mit einem Mädchen gerechnet und lediglich dementsprechende Namen gesammelt. In Japan wurden Jungen als Nachwuchs nach wie vor höher geschätzt als Mädchen. Die Sugiharas hatten sich von diesem Denken gelöst. »Ob Mädchen oder Junge, wir müssen beide gleich erziehen«, sagte Chiune. Laut Aussagen seiner Frau war er ein äußerst liebevoller Vater; manchmal vielleicht in übertriebenem Maße. Er brachte es niemals über sich, seine Söhne zu tadeln. Nicht mal dann, wenn Yukiko ihn darum bat. Wenn es Konflikte gab, versuchte er, sie mit logischen Argumenten zu lösen, nicht mit emotionalen Ausbrüchen.

So wertvoll die Erfahrungen auch waren, die Chiune Sugihara in Finnland sammelte, so war es doch nicht gerade sein Traumposten. Von dem hatte er ganz genaue Vorstellungen: Er wollte der japanische Botschafter in Moskau werden. Er hoffte, Japan und Russland, diese beiden Länder, die ihm so am Herzen lagen und die einander so wenig wohlgesinnt waren, einander näherzubringen. Doch in Russland war er Persona non grata, und das japanische Außenministerium hatte ohnehin andere Pläne mit ihm.

Im Frühjahr 1939 sah Hitler ein, dass er bei der Osterweiterung seines Tausendjährigen Reiches die Strategie ändern musste. Joachim von Ribbentrop, der deutsche Reichsminister des Auswärtigen ab 1938, pendelte in jenen Tagen rege zwischen Berlin und Moskau. Stalin wollte Teile Polens und die baltischen Staaten zurück unter seine Herrschaft bringen. Von Ribbentrop lenkte ein, verlangte allerdings, Litauen unberührt zu lassen. Es sollte ein freier, unabhängiger Staat bleiben, den man im Zweifelsfall selbstverständlich leicht einnehmen und für weitere Verhandlungen in der Hinterhand behalten konnte. Somit befand sich das kleine Land in einer interessanten Lage, politisch wie geografisch. Interessant war es vor allem für ein größeres Land im sehr fernen Osten, das sich selbst etwas zu weit ab vom Weltgeschehen wähnte und sich nach einem Platz in der ersten Reihe sehnte. Der japanische Premierminister Hiranuma Kiichirō sagte in jenen Tagen: »Die Situation in Europa ist komplex und mysteriös.«

Es war an der Zeit, dass jemand Licht ins Dunkel brachte.

KAPITEL 7

DIE SCHWEIZ DES OSTBLOCKS, DAS CASABLANCA EUROPAS

Die Familie wächst, die Bedrohung ebenso, die Reise geht weiter.
Eine unfreiwillige Wohngemeinschaft hoch über einer fremden Stadt.
Herr Sugihara beobachtet Vögel und Truppenbewegungen, arbeitet verdeckt als Konsul und gibt sich als Onkel aus.

Wenngleich niemand voraussehen konnte, wie lange die relativ friedlichen Zustände in Litauen anhalten würden, so wurde das Land von vielen Menschen, die durch Nazis oder Russen ihrer Heimat beraubt worden waren, als weitaus besser als gar nichts angesehen. Mit seiner Neutralität und seinen offenen Grenzen galt es eine Zeit lang als die Schweiz des Ostblocks, obwohl es von Antanas Smetona autoritär regiert wurde. Hierhin verschlug es viele jüdische Flüchtlinge aus Polen, Deutschland und Russland. Und hierhin verschlug es auch Chiune Sugihara und seine Familie. Um ein Haar hätte es nur Chiune selbst verschlagen, doch Yukiko bestand darauf, dass eine Familie zusammengehöre.

Genauer verschlug es sie in die provisorische Hauptstadt des Landes. Der Ort hörte in jenen Tagen auf nicht weniger als drei Namen. Manche nannten ihn Kaunas nach einem litauischen Adelsgeschlecht, das zuletzt im 15. Jahrhundert in der Region Einfluss ausübte. Die Polen sagten mit einem Hang zu kolonialistischer Sentimentalität Kowne, in Erinnerung an die polnische Besatzung, die kurz nach dem Zeitalter jener adeligen Familie Kaunas drei Jahrhunderte lang Bestand hatte. Den Russen, die danach kamen, gefiel Kovno. Das war auch der bevorzugte Terminus der jüdischen Gemeinde.

Sugiharas Transfer war mindestens zwei Monate, bevor er selbst davon erfuhr, vorbereitet worden. Zunächst war es vorgesehen, ihm einen Posten in der Türkei anzuweisen. So war es ihm auch mitgeteilt worden, und die Familie hatte sich zumindest innerlich bereits darauf eingestellt. Doch Shōjirō Ōtaka, der japanische Konsul in Riga, hatte die geheimdienstlich günstige Lage Litauens erkannt und die Einrichtung eines Konsulats ebendort empfohlen; und sei es nur als Fassade und Schaltstelle für Spionageaktivitäten. Das japanische Außenministerium war nicht grundsätzlich abgeneigt, bezweifelte allerdings, dass man für eine solche Einrichtung extra einen hochdekorierten Diplomaten einfliegen müsse, zumal man mit dieser speziellen Art von Konsulat nicht allzu viel öffentliches Aufsehen erregen wollte. Vielleicht täte es auch irgendein Japaner, der im Land lebte (eine Zählung ergab 0), oder ein Einheimischer mit Verbindungen zu Japan. Eine solche Lösung mochte jedoch die Litauer düpieren: Japan wollte eine Vertretung in ihrem Land, doch es war ihnen nicht mal einen echten Abgesandten wert? Chiune Sugihara war da ein perfekter Kompromiss: weder ein klassisch ausgebildeter Diplomat noch ein einfacher Zivilist. Den höheren Angestellten in der Hierarchie des Außenministeriums war es dennoch ein Dorn im Auge, dass dieser titellose Emporkömmling ohne Tokioter Hochschulabschluss einen Posten bekleiden sollte, der zumindest auf dem Papier nach einigem klang: japanischer Konsul von Litauen. Also verpasste man ihm den Titel des Vize-Konsuls, obgleich im Land weit und breit kein anderer japanischer Konsul zu finden war. Sugihara würde formell an Shōjirō Ōtaka in Lettland berichten.

Am 2. August 1939 bewilligte die litauische Regierung die Einrichtung des Konsulats und genehmigte den dafür vorgesehenen Kandidaten. Chiune Sugihara dürfte da noch in Helsinki bestens beschäftigt gewesen sein; seine letzten Berichte zum Thema »Politik im Westen« sind auf Ende Juli datiert. Am 2. September 1939 trat er seinen neuen Posten an. Zwölf Tage später sandte er das erste offizielle Diensttelegram an Ōtaka: »Es ist äußerst schwierig, hier ein Haus zu finden. Ich habe eine Weile im Hotel gearbeitet, aber das ist sehr unbequem, und das litauische Außenministerium verlangt, dass wir das Konsulat bald formell eröffnen.«

Trotz aller Schwierigkeiten hatte seine Suche letztendlich Erfolg, und er konnte seine Familie nachholen. Diese Familie wurde immer größer: Zu Hiroki und Chiaki sollte sich schon bald der dritte Sohn gesellen, Haruki, geboren im P. Mažylis Krankenhaus in Kaunas. Also blieb ihnen Yukikos Schwester Setsuko zur Unterstützung erhalten. Ihr neues Heim wurde ein dreistöckiges, stuckverziertes Haus in der Vaižgantas-Straße, das zugleich als Konsulat fungierte. Halb hoch auf einem Hügel etwas abseits des Stadtzentrums gelegen, hinter einem mächtigen schwarzen Eisentor, hatte man von dort eine gediegene Aussicht auf Gebäude in gotischer Architektur, rauchende Schornsteine, die goldene Kuppel der russisch-orthodoxen Kirche und die jüdisch-orthodoxen Synagogen des Ortes. Umgeben war das Haus von ähnlich ansehnlichen Domizilen mit prächtigen Gärten. Ein Park, in dem die Kinder spielen konnten, war ebenfalls in der Nähe.

Bei der Arbeit wird Sugihara von der Aussicht und Umgebung wenig gehabt haben, denn sein Büro lag im Tiefparterre. Nicht dass er seine Arbeit ausschließlich dort zu verrichten hatte. Seine Hauptaufgabe war es, deutsche und russische Truppenbewegungen zu beobachten. Sein bescheidener erfundener Titel als Vize-Konsul besänftigte nicht nur die Karrierediplomaten im Außenministerium, sondern erlaubte es ihm darüber hinaus, sich stärker auf geheimdienstliche Aktivitäten als aufs Repräsentieren zu konzentrieren. Er sollte in den Gerüchteküchen der deutsch besetzten Grenzgebiete Litauens die Ohren offen halten und insbesondere ein Auge darauf haben, wie stabil der Nichtangriffspakt zwischen dem Deutschen

Reich und der Sowjetunion war. Er wird nicht zuletzt seinen Sprachkenntnissen diese Stelle verdankt haben. Hiroshi Ōshima, der japanische Botschafter in Deutschland, war zwar gut mit Joachim von Ribbentrop befreundet. Dennoch verließ man sich nicht darauf, dass er und Adolf Hitler die japanische Seite zeitnah über militärische Übergriffe informieren würden. Hitler verlor langsam das Vertrauen in den Bündnispartner Japan. Das Land war innerlich zerrüttet. Die Politik war bestimmt von ständigem Stühlerücken und gewalttätigen Coups. Hitler hatte nur Verachtung für den passiven Kaiser Hirohito übrig und für das japanische Militär, das von seinem Wort zumindest pro forma abhängig war (tatsächlich hatte das japanische Militär womöglich mehr Einfluss auf Hirohito als umgekehrt). Japan musste seine eigenen Probleme lösen, bevor es sich auf die von weit entfernten Verbündeten konzentrieren konnte.

Am 17. Oktober 1939 war der Umzug von Helsinki in die neuen Quartiere in Kaunas abgeschlossen. Zuvor musste Sugihara bei der japanischen Botschaft in Berlin vorstellig werden, um für die telegrafische Kommunikation notwendige Codes zu erhalten sowie einen amtlichen Tresor, um diese aufzubewahren. Er besuchte Tadakazu Kasai, seinen alten Freund aus Harbin-Tagen und De-facto-Botschafter Mandschukuos in Deutschland. Nach ihren Gesprächen hatte er eine erste Ahnung von der Natur des deutschen Antisemitismus bekommen. Die Pogrome der Reichskristallnacht lagen weniger als ein Jahr zurück.

Am 11. Oktober, nach seiner Rückkehr und noch bevor die Familie aus dem Hotel Metropolis in das Haus in der Vaižgantas-Straße gezogen war, erlebte Sugihara auch in seiner neuen Heimat die ersten organisierten Gewaltakte gegen Juden, begleitet von Kirchengeläut und christlichen Liedern, initiiert von Russen, die versprachen, Litauen den Litauern zurückzugeben.

Um für seine Auftraggeber als Spion von größtmöglichem Nutzen zu sein, hielt sich Chiune Sugihara vor allem polnische Kontakte warm, die im Land eigene Spionagenetzwerke unterhielten. Da er keinen Verdacht erregen wollte, stellte er sie als Botschaftspersonal ein. Auf einer Feier im schwedischen Konsulat, ebenfalls in der Vaižgantas-Straße, beklagte er, dass er einfach keine guten Leute finden würde. Insbesondere benötigte er dringend einen Hausdiener. Ihm wurde ein talentierter junger Pole namens Borislav empfohlen, der schnell sein persönlicher Assistent wurde. Nach ihm fand eine erstaunlich große Anzahl weiterer überqualifizierter Polen Anstellungen als Fahrer, Butler und Sekretäre. Möglicherweise nicht alle, doch viele von ihnen hatten Verbindungen zu den Informationsnetzwerken polnischer Untergrundbewegungen wie die ZWZ (Związek Walki Zbrojnej: Union des bewaffneten Kampfes) und denen des polnischen Geheimdienstes, der in Litauen äußerst aktiv war (genauso wie der russische und der deutsche Geheimdienst), grenzte es doch unmittelbar an Feindesland. Die ZWZ nutzte später sogar japanische diplomatische Kanäle, um mit der polnischen Exilregierung in London zu kommunizieren. Wegen der relativen Bewegungsfreiheit seiner Bürgerinnen und Bürger und des erhöhten Agentenaufkommens hatte die Hauptstadt der Schweiz des Ostblocks auch den Beinamen »Casablanca Europas«.

Eine Schlüsselfigur unter Sugiharas polnischen Kollaborateuren war ein Oberst Stanisław Daszkiewicz, der als Spion in der Sowjetunion und Litauen tätig war. Erst war er vor den Deutschen von Polen nach Litauen geflohen, dann musste er dort seine Identität verschleiern, denn die Russen im Land fahndeten nach polnischen Militärs. Er bewegte sich in internationalen Botschaftskreisen. Vor allem das finnische Konsulat war ihm wohlgesinnt und versorgte ihn mit vertraulichen Informationen, insbesondere zu deutschen Truppenbewegungen. Gerüchten zufolge waren sowohl Deutschland als auch Russland bereit, in Litauen einzumarschieren. Daszkiewicz vernichtete Akten über Menschen, denen das eine oder das andere zum Verhängnis werden konnte, stellte Zeugnisse aus, fälschte Dokumente. Dass er und andere hochrangige Figuren des polnischen Widerstands und Geheimdienstes für Sugihara arbeiteten, lag nicht allein an dessen einnehmendem Wesen, sondern auch an der Tatsache, dass er sie mit japanischen Reisepapieren ausstattete.

Es waren auch polnische Agenten aus Sugiharas Dunstkreis, die romantische Techtelmechtel mit Zimmermädchen in örtlichen Hotels begannen, denn die jungen Damen konnten Räume für konspirative Treffen zur Verfügung stellen. Und sollten sich diese zeitlich nicht von allen Parteien einrichten lassen, dienten die Zimmer als tote Briefkästen, um sensible Nachrichten zu hinterlassen. Sie wurden in die Böden von Nachttischschubladen geritzt.

Jeden Tag zog es Chiune Sugihara frühmorgens in den imposanten Garten auf der Westseite des Hauses, wo er sich in Knickerbockerhosen um seine Kräuterzucht kümmerte und dem Gesang der Vögel lauschte, während Yukiko sich zum Einkaufen chauffieren ließ. Sie setzte weder ins Büro noch in den Garten einen Fuß. Ihren Mann sah sie an Arbeitstagen nur zu den Mahlzeiten. Wenn sie nicht mit Einkaufen oder dem Delegieren des Haushalts beschäftigt war, verbrachte sie ihre Zeit mit Büchern und Sprachstudien.

Nicht selten bedachten Passanten ihren Mann bei seiner Morgenroutine mit neugierigen, verstohlenen Blicken durch den Zaun des Grundstücks. Der Anblick eines Japaners war in dieser Gegend eine echte Attraktion, vielleicht sogar eine Sensation. Die Sugiharas pflegten freundschaftlichen Kontakt mit den Nachbarn. Insbesondere Chiune ließ sich gern zu einem Schwätzchen in vielfältigen Sprachen überreden. Er fand in der Fremde sogar Parallelen zu seiner Heimat; so erinnerte ihn etwa das litauische Rasos-Fest zur

Sommersonnenwende mit seinen Lagerfeuern ans japanische *kitsunebi,* das Fuchsfeuer-Festival mit ähnlichen Ritualen, bei dem eine gute Ernte, Wohlstand und ein glücklicher Haushalt herbeigefeiert werden sollen.

Nach der Gartenarbeit stieg er täglich hinab in sein Büro, in das sich kaum ein Sonnenstrahl verirrte. Vielleicht sah er die körperliche Arbeit auch als notwendigen Ausgleich zu den kulinarischen Ausschweifungen, an denen er und seine Gemahlin in der feinen Gesellschaft Litauens regelmäßig teilnehmen mussten. Dieser Lebenswandel hinterließ seine Spuren. Chiune Sugihara war immer ein attraktiver Mann gewesen. Nun wurde er ein attraktiver molliger Mann.

Dennoch war seine bevorzugte Bewegungsart an Wochenenden die motorisierte. Er packte die Familie in seinen schönen, neuen schwarzen Buick und fuhr hinaus aufs Land. Frauen und Kinder lieferte er an geeigneten Picknickplätzen ab, dann fuhr er alleine weiter, schaute in die Felder und Wiesen hinaus und notierte alles, was ihm auffiel. Nahm die Anzahl junger Bauern ab, mochte es bedeuten, dass das Militär die Männer eingezogen hatte. Verkauften die Bauern ungewöhnlich viel Wolle, mochte jemand damit Winteruniformen stopfen. Tiefe Spuren auf den Straßen konnten Bewegungen von Kriegsgerät signalisieren. Er verweilte bei seinen Ausflügen ins Blaue ebenfalls an Flussufern und beobachtete den Schiffsverkehr. Alles, was ihm ungewöhnlich vorkam, wurde fotografiert. Details seiner Erkenntnisse verriet er seiner Familie nicht, um sie vor diesem potenziell gefährlichen Aspekt seiner Arbeit zu schützen. Doch selbst den Jüngeren entging die seltsame Natur dieser Routinen nicht. Der kleine Hiroki wunderte sich, warum sein Vater so viele Fotos nichtssagender Motive schoss.

In den freien Stunden, die Chiune Sugihara nicht im Garten oder außer Haus verbrachte, hielt er sich im zweiten Stock des Hauses auf und saß nicht selten an einem Klavier, das ein unerlässliches Accessoire in allen Sugihara-Haushalten war. Wenn er darauf spielte, dann spielte er *Das Gebet einer Jungfrau*, ein kurzes Stück der polnischen Komponistin Tekla Bądarzewska, das sich Ende und Mitte des 19. Jahrhunderts rasender Beliebtheit erfreute und später als Kitsch belächelt wurde (Erich Kästner und Kurt Weill ließen sich zu Parodien hinreißen, in den USA ist es vor allem in allerlei Country- und Westernversionen bekannt, in Taiwan dient die Melodie den Wagen der Müllabfuhr als Signalton). Sugihara konnte es perfekt spielen (es gilt als durchschnittlich kompliziert und muss oft als Übung für fortgeschrittene Anfänger herhalten) und tat dies bisweilen stundenlang (das Stück ist nicht viel länger als drei Minuten). Warum er das tat, gibt der Sugihara-Forschung Rätsel auf, wenngleich es sicherlich nicht das Rätsel ist, das sie am meisten umtreibt. Möglicherweise wollte er durch seine vollendete Spielweise des mittelschweren Stücks größere Virtuosität vorgaukeln, wie sein Freund und Kollege aus Harbin-Zeiten, Giichi Shimura, es darstellte: »Das ist das einzige Stück, das er spielen konnte«, sagte er dem amerikanischen Autor Hillel Levine. »Er konnte keine Kinderlieder spielen, er konnte nicht mal die japanische Nationalhymne spielen! Er konnte gar nichts!« Vielleicht wurmte Sugihara dieser Umstand, wo er doch all seine anderen Passionen vom Schwimmen über Baseball bis zu mannigfaltigen Fremdsprachen bis zur Perfektion betreiben konnte. Vielleicht waren diese Wiederholungen verzweifelte Übungen, die Größeres nach sich ziehen sollten. Doch vielleicht war das Klavier nie etwas anderes als ein Instrument der Zerstreuung für ihn, und er mochte das Stück ganz einfach.

Während ihr Vater Klavier spielte oder Berichte an seine Vorgesetzten verfasste, spielten die Söhne mit den Kindern der Nachbarschaft im großen Park in der Nähe des Hauses. Oft spielten sie mit deutschem Kriegsspielzeug: Miniaturen von Soldaten, Panzern,

Bombern. Die Vorbilder für die Spielzeuge waren derweil bereits in Stellung.

Außer den Sugiharas wohnte eine weitere Mietpartei im Haus, angeführt von einer resoluten jungen Dame namens Jadvyga Ulvydaite. Ihr und ihren Brüdern, die sich mehr schlecht als recht durchs Leben schlugen, wurden großzügige Angebote gemacht, sich nach einer anderen Bleibe umzusehen, schon um der Geheimhaltung von Sugiharas brisanter Tätigkeit willen. Doch Ulvydaite mochte das Haus und blieb. An Sugiharas Tätigkeit war sie nicht sonderlich interessiert, was für ihn wohl ein Segen war, denn mit Geheimhaltung hatte sie wirklich nicht viel am Hut. In den 1990er-Jahren lebte sie immer noch in Kaunas – immer noch im Haus in der Vaižgantas-Straße. Im Herbst ihres Lebens gab sie recht freimütig Auskunft über die Zeit, in der sie zu einer unmittelbaren Zeugin und schließlich sogar Akteurin geschichtlicher Ereignisse wurde. Zu ihren Beschwerden gehörte dabei, dass das Haus nicht zu einem Sugihara-Museum umfunktioniert worden war. Ob ihr wohl bewusst war, dass sie dafür vermutlich erst mal hätte ausziehen müssen? Wie dem auch sei, ihr Wunsch ist inzwischen in Erfüllung gegangen: Heute beherbergt das Haus eine ebensolche Einrichtung. Und im Garten, Sugiharas Lieblingsort, wächst ein japanischer Kirschbaum.

Jadvyga Ulvydaite beschrieb Chiune Sugihara später als einen »schönen Mann«, von dem sie allerdings nicht viel zu sehen bekam, obwohl die Kinder der Diplomatenfamilie öfter in ihrer Wohnung spielten. Sugihara hatte sie verschiedentlich zu Botschaftsfeierlichkeiten eingeladen und verstand sich offenbar gut mit ihren Brüdern. Einem von ihnen hatte er sogar Arbeit angeboten, was dieser höflich abgelehnt hatte. Hin und wieder ließen die Sugiharas von ihrem Personal Eiskrem in die obere Wohnung bringen, außerdem nahm Frau Ulvydaite gelegentlich die Fahrdienste des Konsulats in Anspruch. Trotzdem sagte sie: »Wir waren Nachbarn, keine Freunde.«

Sugihara mag aus beruflichen Gründen Distanz zu Frau Ulvydaite gehalten haben. Das bedeutete jedoch nicht, dass ihr Schicksal ihn nicht tangierte. Sie erinnerte sich, wie er sie einmal im Treppenhaus anhielt und ihr sagte: »Ich weiß, dass Sie sehr traurig sind. In der Welt aber muss es ein Gleichgewicht zwischen Gut und Böse geben. Daher ist es unausweichlich, dass sich ihr Leben zum Besseren wenden wird. Sie haben keinen Grund, zu verzweifeln.«

Ob Sugihara während seiner Jahre in der Mandschurei überhaupt auch nur oberflächlichen Kontakt zu Juden gehabt hatte, wird von manchen bezweifelt (obwohl es angesichts seiner Wege, seiner Aufgaben, seiner Persönlichkeit und seiner Interessen äußerst unwahrscheinlich scheint, dass er dem jüdischen Teil der Bevölkerung in Harbin und Umgebung dauerhaft ferngeblieben sein könnte). In Litauen sah das anders aus, und zwar bereits vor Sugiharas spektakulären Rettungskampagnen. Nicht nur verfügte das kleine, politisch neutrale Land über einen eigenen jüdischen Bevölkerungsanteil (in der heutigen Hauptstadt Vilnius sollen es in jenen Tagen 90 000 gewesen sein), sondern es war auch Anlaufstelle für Juden, die vor der Verfolgung in Russland und Deutschland flohen, als sich westliche Mächte mit der Aufnahme von Flüchtlingen noch schwertaten. Die amerikanische Presse bezeichnete sie schon mal als »Hitlers Sklaven-Spione«. Eine Ministerkonferenz in Japan kam zu folgender Weisung bezüglich der Frage, wie mit Juden und insbesondere jüdischen Flüchtlingen umzugehen sei:

> *Prinzipiell sollten wir es vermeiden, die Juden, die von unseren Verbündeten so vehement abgelehnt werden, in unserem Reich zu tolerieren. Sie allerdings zu verdammen, wie es die Deutschen tun, stimmt nicht mit dem Geist der Gleichberechtigung aller Rassen überein, die unser Reich seit vielen Jahren pflegt.*

Das klingt zunächst so vage und unentschlossen wie vieles, was damals aus Regierungskreisen zu vernehmen war. Zudem war der »Geist der Gleichberechtigung aller Rassen« im japanischen Reich ungefähr ähnlich manifest, wie Geister es im Allgemeinen sind. Nach einer Versicherung, dass die Juden, die sich bereits auf japanischem Gebiet aufhielten, keinerlei Diskriminierung und Verfolgung zu befürchten hätten und dass einreisende Juden wie andere ausländische Einreisende behandelt würden, hieß es weiter:

> *Wir werden jeden besonderen Aufwand vermeiden, Juden nach Japan einzuladen. Ausgeschlossen von dieser Richtlinie sind Personen, die [unserem Land] als Kapitalisten oder Technologen von Nutzen sein können.*

Tatsächlich gab es einen Plan, in Mandschukuo ein Refugium für jüdische Flüchtlinge einzurichten. Aber die japanische Regierung konnte sich darüber ebenso wenig einig werden wie über irgendetwas anderes, und die Pläne scheiterten ebenso wie all die anderen großen Pläne, die man für den Marionettenstaat geschmiedet hatte. Außerdem hatte man sich gerade in der Mandschurei nicht gerade mit Ruhm bekleckert, was die Behandlung der Juden anging, die zuvor aus Russland dorthin geflohen waren.

Das Außenministerium hatte seine eigenen Regeln für den Umgang mit jüdischen Flüchtlingen, die ähnlich dehnbar waren wie die der Ministerkonferenz:

> *Visa für jüdische Flüchtlinge sind nützlich, um unsere Beziehungen mit Amerika zu verbessern, insbesondere die Handelsbeziehungen.*
> *Andererseits mögen Juden, wie alle Ausländer, gefährliche Einflüsse mit sich bringen.*
> *Daher müssen wir in Bezug auf die Juden äußerst vorsichtig vorgehen, auch um die Nazis nicht zu brüskieren […].*

Chiune Sugihara machte sich offenbar lieber sein eigenes Bild. Die beliebtesten Treffpunkte der jüdischen Gemeinde in Kaunas dürften dem umtriebigen Diplomaten bekannt gewesen sein. Das Restaurant Rosemarin lag nicht weit vom japanischen Konsulat entfernt. Dort trafen sich die besser betuchten Feinschmecker. Die Ärmsten hingegen konnten Kleingeld und Essensmarken im Restaurant Alexander gegen vernünftige Portionen des Eintopfgerichts Tscholent eintauschen. Die Intellektuellen zog es derweil ins Café Metropolis, wo auch Sugihara häufiger einkehrte. Der Amerikaner Moses »Moe« Beckelman, der für die Hilfsorganisation Joint Distribution Committee (JDC) in Vilnius tätig war, fasste die kulinarische Situation in Litauen in seinen Tagebüchern folgendermaßen zusammen:

> *[…] Bier (gut), Kaffee (scheußlich – wie fünf- oder sechsmal aufgebrüht). Mit drei winzigen Bröckchen Zucker und der fahlsten Magermilch, die man sich vorstellen kann […] Heringssalat (gut, aber ohne allzu viel Hering), Lachsfilet (nahezu durchscheinend dünn) – alles beängstigend teuer.*

Sugiharas erster verbürgter Kontakt fand allerdings nicht bei würzigem Tscholent, gutem Bier, dünnem Lachs oder dünnerem Kaffee statt. Er kam durch den damals elfjährigen Solly Ganor zustande. Es ging auf das Ende des Jahres 1939 zu. Am 1. September war Deutschland in Polen eingefallen, was den Zweiten Weltkrieg ausgelöst hatte und die Lage in Litauen zusätzlich verschärfte. Noch übte man sich jedoch in Normalität; die Fenster der Wohnhäuser im verschneiten Kaunas waren von Christbäumen und Chanukka-Kerzen erleuchtet. Sollys Tante Anushka, eine stadtbekannte Schönheit, unterhielt einen beliebten Laden für feine Schokolade, vornehmen Schaumwein und andere ausländische Delikatessen. Es ist in mehrerlei Hinsicht verständlich, dass Sugihara sich gerne dort aufhielt. Er war dafür bekannt, den Kindern der Nachbarschaft im Laden Schokolade zu kaufen. Eines Tages kam der junge Solly herein. Er war untröstlich. Seine Eltern hatten ihn überzeugt, all sein Chanukka-Geld für die Unterstützung jüdischer Flüchtlinge zu spenden. Sein Vater war zwar stolz auf ihn und nannte seine Tat »einen vorzüglichen Akt der Selbstaufopferung«, doch dieser Akt hatte einen Preis, der für einen Jungen seines Alters nicht in Geld aufzuwiegen war: Er konnte sich nun keine Kinokarte mehr für den neuen Laurel-und-Hardy-Film leisten, der gerade im örtlichen Metropolitan-Kino angelaufen war. Er war sicher, dass seine großherzige Tante ihm das Geld geben würde, schließlich wusste sie, wie viel Laurel und Hardy ihm bedeuteten. Als er sie ansprechen wollte, war sie allerdings gerade in ein Gespräch mit einem Mann vertieft, wie er noch nie einen gesehen hatte. Angezogen wie ein britischer Gentleman, doch dem Gesicht nach ein Asiate. Anushka bemerkte ihren Neffen und hielt ihn an, den Fremden nicht so anzustarren. Sie stellte ihm den Mann als »seine Exzellenz, der Konsul von Japan, Herr Sugihara« vor. Laut späteren Aussagen Ganors strahlte dieser Sugihara eine Freundlichkeit aus, in der er sich gleich geborgen fühlte. Schließlich bat er seine Tante um das Geld für den Kinobesuch. Als sie in einen anderen Teil des Ladens ging, um es zu holen, nahm Chiune Sugihara den fraglichen Betrag aus seinem Portemonnaie, reichte ihn dem Jungen und sagte: »Du möchtest dir einen Film ansehen? Heute bin ich dein Onkel.«

Selbstverständlich fragte Solly sich, ob er das Geld annehmen konnte. Doch der Mann hatte etwas so Vertrauenerweckendes an sich, dass er sogar sagte: »Wenn Sie jetzt mein Onkel sind, dann können Sie ja am Samstag mit unserer Familie Chanukka feiern!«

Nun fragte sich Sugihara, ob er dieses Angebot annehmen durfte, aber er konnte wohl dem Charme des Kindes genauso wenig widerstehen wie seiner eigenen Neugier. Er war nie zuvor bei einer Chanukka-Feier gewesen, was er dem Jungen mitteilte. Gleichwohl schlug er vor, er solle erst mal seine Eltern fragen.

Solly wollte das gerne tun, doch er hatte seine Prioritäten. Erst einmal ging er ins Kino. Als er zurück in den Laden kam, fand er dort seinen Vater mit Anushka schwatzen. Er stellte sich auf eine Standpauke ein, doch der Vater zeigte sich wieder einmal stolz auf seinen Sohn: »Du hast Fremde eingeladen, mit uns unser Fest zu feiern, und damit genau das Richtige getan.«

Anushka begleitete die Sugiharas inklusive Setsuko Kikuchi am Samstag zu den Ganors. Um Punkt sechs Uhr läuteten sie an der Tür. Die japanischen Besucher hatten sich in ihre beste westliche Ausgehgarderobe geworfen. Ungefähr 30 Gäste waren anwesend – Sollys Onkel und Tanten, Cousins und Cousinen. Es war eine große Familie. Eingedeckt wurde offenbar für eine noch größere. Es wurden jede Menge Köstlichkeiten aufgeboten, zur Überraschung der Gäste sogar einige japanische aus dem Feinkostladen der Tante. Das wussten die Bewirteten zwar zu schätzen, aber insbesondere den Frauen wurde es bald zu viel. Sie waren schon mehr als satt, während weiterhin ein Gang nach dem anderen serviert wurde. Als es zum Schluss auch noch eine riesige Torte gab, waren sie ratlos. Den Tränen nah fragte Setsuko ihre Schwester: »Was sollen wir bloß tun?«

Gleichwohl wurde an diesem Abend deutlich, dass solche Bredouillen Luxusprobleme waren. Die Familie Ganor war Anfang der Dreißigerjahre vorausdenkend von Deutschland nach Litauen umgesiedelt, als in ihrer alten Heimat das Klima für Juden deutlich rauer wurde. Doch auf der Feier befanden sich auch Familienmitglieder, die unmittelbar vor dem Naziterror geflüchtet waren. Manche brachen in Tränen aus, als sie ihre Geschichten von Bombenangriffen, brutalen Attacken durch schwarz gewandete SS-Männer, Arbeitslagern und Gettofluchten durch Kanalisationen erzählten. Sugihara hörte gebannt zu und stellte Fragen zur Lage der Juden in Polen; dem Land, aus dem viele der Gäste stammten. Ein Gast hielt ihn um ein Visum nach Japan an. Er wurde sehr emotional und flehte: »Sogar ein Transitvisum würde genügen!«

Sollys Vater, peinlich berührt von dieser Szene auf seinem Fest, ging dazwischen, als Sugihara gerade erklärte, für ein solches Transitvisum benötige man gehörige finanzielle Mittel sowie ein Visum für die Weiterreise ins eigentliche Zielland. Ganor herrschte den Bittsteller an: »Was belästigt du den Mann mit deinen albernen Ideen? Was willst du überhaupt in Japan – das sind Hitlers Verbündete!«

Doch Sugihara sagte Ganor sen. später am Abend: »Diesem armen Mann muss geholfen werden. Ich hatte keine Ahnung, dass die Deutschen sich in derart niederträchtiger Weise aufführen.« Er machte für den Gast einen Termin im Konsulat aus.

Es dauerte nicht lang, bis er einer weiteren jüdischen Familie ein Transitvisum nach Japan ausstellte. Sie hatten in der Region Urlaub gemacht, und Freunde hatten sie überzeugt, dass es keine gute Idee war, in ihre deutsche Heimat zurückzukehren. So hatte Chiune Sugiharas Hilfsbereitschaft ihn im Handumdrehen zu dem gemacht, was er offiziell ohnehin war: ein Konsul. Das war so nicht geplant gewesen. Und er plante auch nicht, diese Tätigkeit allzu weit auszudehnen. Das eine oder andere Transitvisum für Freunde von Freunden würde schon nicht weiter auffallen. Zu den bearbeiteten Anträgen gehörte unter anderem der von Alfred Katz, der zu jener Zeit die Geschäfte des Filmstudios MGM in der Region führte. Er hatte den Laurel-und-Hardy-Film in die litauischen Kinos gebracht, der Chiune Sugihara und Solly Ganor zusammengebracht hatte.

Es scheint fast, als hätte Sugihara in Litauen nach der guten Erfahrung mit den Ganors gezielt Kontakt zu Juden gesucht, um sich zu ihren angenehmen Festen einladen zu lassen. Wie schon in Finnland borgte er sich regelmäßig seinen eigenen Wagen, um alleine Spritztouren zu unternehmen. Immer wieder zog es ihn in die schöne, weltläufigere Stadt Vilnius, damals ein Zentrum jüdischer Kultur, auch bekannt als das »Jerusalem Litauens«. In Kriegszeiten waren viele Juden aus Polen hierhergeflüchtet, die nun auf den kalten Böden der Synagogen nächtigten. Sugihara lernte bei einer Feier einen Mann kennen, der sich nicht gar so hart betten musste, derweil in einem ähnlichen Dilemma steckte. Boris Minkowitz war ein Sohn eines wohlhabenden Flachshändlers. Er studierte in Grenoble und besuchte in Vilnius seine Familie, wo er nun festsaß, da er nach Ausbruch des Krieges nicht nach Frankreich zurückkehren konnte. Er und Sugihara verstanden sich gut, schließlich lud Minkowitz den Diplomaten in die Familienvilla in der Chopin-Straße ein. Bald wurde die ganze Familie Sugihara auch hier zu regelmäßigen Gästen. Die Dame des Hauses wies das Personal jedes Mal an, das beste Silber zu polieren, das sonst nur am Schabbat und an Feiertagen hervorgeholt wurde.

Die Feierstimmung allerdings verging allen bald. Anfang 1940 riss Russland in Litauen die Macht an sich. Nicht viel später stellte Sugihara den Antrag, die Miete des Konsulats für ein Jahr zu verlängern, obwohl der Vertrag lange nicht abgelaufen war. Mit immer mehr Flüchtlingen und Besatzern in der Stadt ging er davon aus, dass es bald an Wohn- und Arbeitsraum mangeln würde. Die Besatzer schlossen Synagogen und jüdische Schulen, Schlüsselfiguren der jüdischen Gemeinde wurden verhaftet.

Im Frühjahr kam Stella Kaspcik ins Konsulat, eine verzweifelte junge Frau aus Weißrussland. Sie und ihr Mann, ein polnischer Leutnant, saßen – wie viele andere auch – zwischen russischen und deutschen Aggressoren in Litauen fest, wo die Luft nun ebenfalls immer dünner wurde. Sie wollten nach Japan fliehen. Die Idee hatte Stellas Mutter ihrer Tochter in den Kopf gesetzt: Sie war einmal als Studentin mit einem Japaner befreundet gewesen, der äußerst hilfsbereit gewesen sei. Nachdem sie Sugihara unter Tränen von ihrem Dilemma erzählt hatte, sagte er: »Selbstverständlich helfe ich Ihnen!« Er stellte ihr Papiere aus, mit denen sie frei über Deutschland und Italien reisen konnte – nicht optimal, aber in ihrer Situation sicherer als die Reise durch Russland. Wie Stella es formulierte: »Drei Tage Angst sind besser als 17 Tage Sowjetunion.« Grund für die Reisegenehmigung war Stellas japanischer Vater, der in ihrer Heimat auf sie wartete. Eine Bestätigung des Vaters lag vor.

Stella Kaspcik hatte keinen japanischen Vater. Die Rolle hatte ein Bekannter Sugiharas übernommen. Die Idee war dem Vize-Konsul gekommen, nachdem er »leicht asiatische Gesichtszüge« bei Stella festgestellt haben wollte, wie er es später in einem autobiografischen Fragment formulierte. Auf Fotos lassen sich diese eher nicht feststellen.

Am Abend ihrer Abreise aßen die Kaspciks mit Chiune Sugihara in einem Restaurant am Bahnhof von Kaunas. Nach der Mahlzeit überreichte er ihnen einen versiegelten Umschlag, adressiert an den japanischen Außenminister. Er enthielt ein paar Handschuhe. Aber das war nicht von Belang. Wo Umschlag und Inhalt in Japan verblieben, war unbedeutend. Sugihara erläuterte: »Zeigen Sie diesen Umschlag an jeder Grenzkontrolle. Dadurch werden Sie zu diplomatischen Kurieren.«

Sicherlich hatte Sugihara in erster Linie aus Güte gehandelt, und vielleicht hatte die junge Weißrussin ihn auch an seine eigene große Liebe aus Harbin erinnert. Nicht unwesentlich war aber auch: Leutnant Kaspcik war ein weiterer, bestens vernetzter polnischer Ex-Militär für Sugiharas Sammlung. Eine weitere Hand, die eines Tages die andere waschen mochte.

Den Kaspciks gelang nach einer Zitterpartie durch Europa die Flucht nach Japan. Der Leutnant verstarb allerdings kurze Zeit später unter ungeklärten Umständen in China.

Im Juni 1940 besetzten knapp 400 000 russische Soldaten die litauischen Flughäfen und nahmen die Städte ein. Panzer rollten demonstrativ durch die Straßen von Kaunas. Präsident Smetona gelang die Flucht nach Deutschland. Bei den anschließenden Neuwahlen bekam die Kommunistische Partei Litauens 99 Prozent der Stimmen. Es war die einzige Partei auf dem Stimmzettel. Vor den Wahlen waren die Büros polnischer und weißrussischer Parteien durchsucht und Mitgliederlisten beschlagnahmt worden. Parteimitglieder wurden verhaftet.

Verständlicherweise waren die russischen Besatzer im nichtrussischen Teil der Bevölkerung alles andere als wohlgelitten. Die Soldaten gaben sich bald nicht mehr mit dem Diebstahl von Uhren, Radios und Fahrrädern zufrieden, sondern übernahmen auch Ladengeschäfte. Die neue Regierung agierte korrupt, willkürlich und grausam. Juden sollten gezwungen werden, die sowjetische Staatsbürgerschaft anzunehmen. Essensrationen bekam nur, wer für den Anschluss an die Sowjetunion stimmte, der am 15. Juli verkündete wurde und die Präsenz von Militär und Agenten vervielfachte. Massenverhaftungen und Deportationen waren die Folge. Ein parteifreundlicher jüdischer Lehrer mit Alkoholproblem wurde zum Flüchtlingskommissar ernannt, der sogleich verlauten ließ, dass es in Litauen keine Flüchtlinge gäbe.

Identitätsstiftend war das alles nicht, weshalb die unterschiedlichen ethnischen Gruppen des Landes sich noch stärker auf ihre eigenen Wurzeln und Traditionen beriefen, was Spannungen eher verstärkte als verminderte. Nur eines einte die Litauer, Weißrussen und Juden: Der Jubel, wenn Truppen der Roten Armee an den Fronten des Zweiten Weltkriegs schwere Verluste meldeten. So kam man zu dem (vielleicht verzweifelten) Schluss: Wenn Russland der Feind ist, könnte Japan ein Freund sein. Obwohl die Sugiharas bei ihrer Ankunft eher ein kulturelles Pulverfass als einen Schmelztiegel vorgefunden hatten, war die Bevölkerung ihnen gegenüber wohler gesinnt, als sie selbst es möglicherweise in diesen schwierigen Zeiten und unter diesen schwierigen Umständen erwartet hatten. Dabei war Chiune Sugihara gar nicht gekommen, um allzu viel diplomatische Harmonie zu säen. Die Botschaft war schließlich kaum mehr als eine Fassade für japanische Militärspionage.

Von den Informationen, die Sugihara sammelte, ließ er auch seine neuen Freunde profitieren. Er war tief beeindruckt gewesen von dem Fest im Haus der Ganors, von den Gästen und ihren Geschichten, ihren Liedern, vom rituellen Anzünden der Kerzen. Im Anschluss begann er, den Talmud zu studieren. Er war noch oft zu Gast bei den Ganors, die ganz in seiner Nähe wohnten, und Solly leistete ihm mitunter im Konsulat Gesellschaft, um mit seinen Söhnen zu spielen, Kekse zu essen, Tee zu trinken, japanische Briefmarken zu bewundern und bisweilen welche geschenkt zu bekommen. Als er eines Tages wieder vorbeikam, ermahnte Sugihara ihn ernst: »Sag deiner Familie und deinen Freunden, dass die Zeit gekommen ist, zu gehen.«

Da hing am Tor zum Park in der Vaižgantas-Straße schon ein neues Schild: »Juden nicht zugänglich.«

KAPITEL 8

EINE VERSCHWÖRUNG DER GERECHTEN

Heimatlose harren einer Entscheidung.
Herr Sugihara erinnert sich an den Kugelfisch-Plan.
Gefährliche Reisen gen Westen und Osten.

Am frühen Morgen des 17. Juli 1940 wurde die fragile Idylle in der Vaižgantas-Straße unwiderruflich gestört. Unruhe lag in der Luft. Aufgeregte Stimmen auf der Straße übertönten das Gezwitscher der Vögel. Chiune Sugihara rannte nach draußen, um festzustellen, was sich da vor dem Konsulatsgrundstück abspielte. Yukiko Sugihara und ihre Schwester Setsuko weckten die beiden älteren der drei Söhne und veranlassten sie, sich schnell anzuziehen. »Draußen sind sehr viele Leute«, sagte ihre Mutter. »Wir wissen nicht, was da passiert.« Die Kinder sollten im Wohnzimmer bleiben und sich nicht sehen lassen. Gleichwohl konnte sich Hiroki einen Blick durch die zugezogenen Gardinen nicht verkneifen. So sah er das, was seinen Vater, seine Mutter und seine Tante in helle Aufregung versetzte: Hunderte Menschen drängten sich im morgendlichen Nebel gegen das verschlossene schwarze Eisentor vor dem Haus. Das war ungewöhnlich. Normalerweise war um diese Zeit kaum jemand auf der Straße. Offenbar begehrten sie Einlass. Das war ebenfalls ungewöhnlich. Da das Konsulat nur vorgeblich ein solches war, hatte es nicht gerade viel Laufkundschaft. Die Menschen riefen verzweifelt in Sprachen, die der Junge nicht verstand. Es waren Erwachsene und Kinder, viele von ihnen nicht älter als er und seine Brüder. Die Augen aller waren gerötet von Übernächtigung. Obwohl dieser Tage die morgendliche Kälte schnell sommerlicher Wärme wich, trugen die meisten dicke Mäntel, manche darunter weitere Schichten von Kleidung. Viele hatten kein Gepäck bei sich. Diese Menschen trugen alles, was sie noch besaßen, am Leib. Trotz ihres desolaten Zustands versuchten sie, die jüngsten Sugiharas mit Gesten und Mimik zum Lachen zu bringen, sobald ihre kleinen Gesichter in den Fenstern auftauchten.

Chiune Sugihara näherte sich ihnen mit seinem Fahrer und Assistenten Borislav, der die Rolle des Übersetzers übernahm. Ein Großteil der Versammelten schien polnisch zu sprechen. Es handelte sich bei ihnen, so stellte sich heraus, vor allem um polnische und litauische Juden. Sie waren auf der Flucht. Nachdem Deutschland in Polen einmarschiert und Litauen von Russland annektiert worden war, war das kleine Land von Antisemiten besetzt und umzingelt.

Sie waren nach eigenen Angaben nur die Ersten, die das japanische Konsulat erreicht hatten. Viele weitere sollten folgen. Womöglich Tausende. Sie hatten einen Plan. Sie hatten ein Ziel. Und sie brauchten Sugihara, um es zu erreichen.

Sie wussten, dass der holländische Konsul Jan Zwartendijk jüdischen Flüchtlingen zumindest pro forma an zwei fernen Orten Asyl gewährte: im südamerikanischen Suriname, das damals eine holländische Kolonie war, und auf der Karibikinsel Curaçao, die noch heute Teil des niederländischen Königsreichs ist. Diese Idee ging zurück auf einen holländischen Juden namens Nathan Gutwirth, der nach New York geflüchtet war und dort in Organisationen aktiv wurde, die sich der Rettung verfolgter Juden in Europa verschrieben hatten. Deren Situation in Litauen, das wusste er, war nahezu aussichtslos. Ausreisewilligen wurde gesagt, sie müssten sich an die amerikanische Botschaft in Berlin wenden – mitten im gefährlichsten Feindesgebiet. Oder an die in Tokio, was geografisch unerreichbar war. Niemand hatte vor, sich tatsächlich in den kleinen, abgeschiedenen holländischen Kolonien niederzulassen. Doch ein Visum für Curaçao war immerhin eine Chance, dem gefährlichen Pflaster der litauischen Städte zu entkommen. Das wirkliche Ziel konnte man immer noch wählen, sobald man sich in einem weniger feindseligen Umfeld wiederfand.

Zwartendijk, der später den Beinamen »Engel von Curaçao« erhalten sollte, war zunächst als Vertreter des Elektronikkonzerns Philips ins Land gekommen. Als die Geschäfte mit Radios und Glühbirnen nach Ausbruch des Zweiten Weltkriegs nicht mehr recht laufen wollten, bekam er zusätzlich den Titel des holländischen Konsuls verliehen. Sugiharas umstrittene Ernennung zum Vize-Konsul war dagegen mustergültig. Zwartendijk schickte seinem Freund Gutwirth öfter holländische Zeitungen nach New York, damit jener über lokale Fußballergebnisse informiert blieb. Bei ihrer Korrespondenz ging es bald nicht nur um Fußball, sondern ebenso darum, wie Zwartendijk Gutwirths Sache in Litauen dienlich sein könnte.

Einige der Juden in Kaunas waren bereits vom holländischen Konsul mit Curaçao-Visa ausgestattet worden, auch wenn ihre Legitimität mehr als fragwürdig war. Zwartendijk hatte streng genommen gar nicht die Befugnis, Papiere für die Kolonien auszustellen: Die Entscheidung über die Einreise oblag allein den Behörden vor Ort. So stand es auch auf den Formularen, die er aushändigte. Entsprechende Passagen im Kleingedruckten hatte er allerdings einfach durchgestrichen. Der eingeweihte holländische Botschafter in Riga hatte seinen Segen erteilt.

Doch selbst wenn den Flüchtenden eine Einreise nach Curaçao oder Suriname theoretisch möglich gewesen wäre, war es ihnen nahezu unmöglich, den weiten Weg anzutreten. Sich einen Weg durch Nazigebiet zu bahnen käme Selbstmord gleich. Die einzige halbwegs denkbare Route führte über Japan. Die dafür notwendige Passage durch die UdSSR war jedoch nur mit einem japanischen Transitvisum möglich. In der jüdischen Gemeinde hatte nun das Gerücht die Runde gemacht, der Vize-Konsul Sugihara wäre großzügig beim Ausstellen entsprechender Dokumente. Von Japan könnte man dann zum Beispiel in die USA oder ins japanische besetzte Schanghai weiterreisen. Letzteres war damals einer der wenigen Orte, die jüdische Flüchtlinge aufnahmen, und ein realistischeres Ziel als die holländischen Kolonien.

Die Gerüchte um seine Person und seine Tätigkeit wollte Chiune Sugihara so nicht bestätigen, obwohl er sicherlich hier und da mal das eine oder andere Transitvisum ausgestellt hatte. Offiziell verfolgte die japanische Regierung eine neutrale Politik gegenüber den Juden. Doch für die Ausstellung von Visa stellte sie sehr strenge Richtlinien auf, vor allem was die Vermögenswerte der Antragsteller anging. Die Einzelfälle, denen Sugihara zuvor geholfen hatte, mochten diese erfüllen. Es war jedoch offensichtlich, dass das auf die wenigsten der Hoffnungsvollen wie Mittellosen vor dem schwarzen Tor zutreffen würde. Außerdem waren viele von ihnen nicht mal im Besitz gültiger Ausweispapiere.

Die Situation spitzte sich zu. Mit immer dringlicherem Elan pressten sich die Massen gegen das Tor, während Borislav und der deutsche Konsulatsangestellte Wolfgang Gudze (in manchen Quellen: Gutze, Gudje oder Gudsche) sich von der anderen Seite dagegenstemmten.

Sugihara rannte zurück ins Haus, zu seiner Familie, die weiterhin verängstigt im Wohnzimmer kauerte. Er erklärte den Erwachsenen die Situation. Die Mutter verkürzte es für die Kinder, die besonders auf die Gleichaltrigen dort draußen ein Auge hatten: »Die Leute sind gekommen, um euren Vater um Hilfe zu bitten. Wenn er das nicht tut, könnte jemand sie gefangen nehmen oder sogar töten.«

Hiroki flehte seinen Vater an, den Menschen zu helfen. Auch Setsuko, die begonnen hatte, Fotos von den Wartenden zu schießen, meinte: »Wenn das wirklich so ist, müssen wir ihnen helfen.« Dann knipste sie weiter.

Der Herr des Hauses war zwiegespalten. Sein Mitgefühl sagte ihm dasselbe, was sein ältester Sohn und seine Schwägerin ihm geraten hatten. Zugleich war er sich sicher, dass seine Regierung ihm niemals die Erlaubnis erteilen würde, Hunderte von Juden ins Land einreisen zu lassen, die nichts besaßen außer der Kleidung, die sie am Leib trugen, und deren Weiterreise womöglich vom Zielland autorisiert, aber keineswegs organisiert war. Um das Wohl seiner Familie bedacht, murmelte er immer wieder, als wolle er sich selbst von dem überzeugen, was er eh nicht glaubte: »Wenn wir die Juden zurücklassen und das Land verlassen, wird alles gut. So einfach ist das.« Die baldige Schließung des Konsulats durch die russischen Besatzer war ohnehin abzusehen.

Sugihara wird nicht entgangen sein, dass der Fluchtansatz derselbe war, den er in Harbin praktiziert hatte, als er das Leid der chinesischen Bevölkerung nicht mehr ertrug. Doch zwischen den Situationen gab es einen entscheidenden Unterschied: In der Mandschurei waren ihm unter der direkten Ägide der Unterdrücker tatsächlich die Hände gebunden gewesen. Hier waren seine Befehlshaber weit weg, und er hatte eine konkrete Möglichkeit, den Unterdrückten zu helfen.

Wolfgang Gudze war ebenfalls zwiegespalten. Einerseits stand er als stolzer Deutscher hinter Hitler. Andererseits war er ein erklärter Bewunderer des jüdischen Glaubens und der jüdischen Kultur. Er sah die Judenverfolgung der Nazis als den einzigen Aspekt ihrer Politik, mit dem er nicht konform ging.

Es stand jedenfalls fest, dass er und Borislav das Konsulat zu zweit nicht ewig gegen den Ansturm Hunderter würden verteidigen können. Außerdem hegte Borislav, der durch seine Übersetzungsdienste mit den Geschichten dieser Menschen bestens vertraut war, große Sympathien für sie. Also verfügte Sugihara, die Flüchtenden mögen fünf Abgesandte ernennen, mit denen er die Lage besprechen würde. Mit ihnen zog er sich in sein Büro zurück. Unterschiedliche Quellen sind sich uneins, ob diese Gespräche auf Russisch,

Englisch oder Polnisch mit Übersetzer geführt wurden. Möglicherweise war eine vielsprachige Mischung zu hören. Der Wortführer war Serach Wahrhaftig, der in Litauen einem Flüchtlingsverband vorstand und gemeinsam mit Nathan Gutwirth den waghalsigen wie verzweifelten Plan ausgeheckt hatte. Die anderen Teilnehmer der Runde waren der polnische Rabbi Samuel Graudenz sowie drei junge Herren namens Joshua Nishri, Zvi Klementynovsky und Joseph Ogur. Sie hatten Landkarten und Dokumente mitgebracht, um ihr Dilemma und ihren Plan genau darzulegen. Sugihara war stark bewegt von den Schicksalen der Männer, von ihren gefährlichen Fluchten durch Feindesland, die sie mehr als einmal um ein Haar das Leben gekostet hätten. Er wollte tun, was in seiner Macht stand. Das sei allerdings nicht viel, wie er den fünfen versicherte. Es sei wohl möglich, das eine oder andere Transitvisum auszustellen. Hunderte von Dokumenten bereitzustellen stünde jedoch außer Frage. Außerdem war selbst mit den Papieren nicht gewährleistet, dass die Flüchtenden die lange Reise durch Russland ohne immense Schwierigkeiten meistern könnten. Jüdische Flüchtlinge hatten dort nur unwesentlich bessere Karten als in Deutschland.

Sugihara wusste, dass das nicht die Antwort war, die die Menschen vor seinem Haus erhofft hatten. Sie blieben trotzdem. Er verbrachte eine schlaflose Nacht. Denen draußen konnte es freilich kaum besser gegangen sein. Jadvyga Ulvydaite, die Mitbewohnerin des Hauses, kam heraus, um sich genau anzusehen, was da vor sich ging. Sie schätzte die Warteschlange auf eine Länge von 200 Metern. (Es wird davon ausgegangen, dass sich zu jener Zeit 25 000 jüdische Flüchtlinge in dem kleinen Land aufhielten; wenn auch sicherlich nicht alle in Kaunas, und nicht alle vor Sugiharas Tür.) Manche hatten Zelte aufgebaut. Sie war tief berührt von der verzweifelten Hoffnung in den Gesichtern der Menschen. Sie schritt die Reihen ab und versicherte ihnen: »Sugihara ist ein wunderbarer Mann. Er wird Ihr Gesuch nicht ablehnen.« Andere Nachbarn versuchten mit ähnlichen Versicherungen, den Wartenden Mut zuzusprechen.

Auch wenn seine Sympathien von Anfang an bei den Verfolgten lagen, konnte Sugihara sich nicht blindlings in eine Rettungsaktion von fragwürdigem Erfolg stürzen. Er musste auch an seine Familie denken beziehungsweise an die Konsequenzen, die es für seine Frau und Kinder haben würde, sollte er sich den Weisungen seiner Regierung widersetzen.

Also beschloss er, nach Absprache mit Yukiko, sich nicht zu widersetzen – aber den Flüchtlingen trotzdem zu helfen. Er wollte seine Regierung ganz offiziell um Erlaubnis bitten, alle nötigen Transitvisa auszustellen. Dies teilte er den Wartenden mit, während er Wolfgang Gudze mit einer entsprechenden Nachricht losschickte, die er als verschlüsseltes Telegramm an das japanische Außenministerium übermitteln sollte. Entschlüsselt lautete die Nachricht:

> *Ich beantrage hiermit die Erlaubnis, Papiere für Hunderte von Juden auszustellen, die zum Konsulat hier in Kaunas gekommen sind, um Transitvisa zu erhalten. Ihr Leid ist groß. Als Mensch kann ich mich ihrem Anliegen kaum verweigern. Bitte genehmigen Sie mir, die Dokumente auszustellen. Es handelt sich um ein humanitäres Anliegen.*

Das Protokoll sah vor, dass jedes Telegramm in dreifacher Abschrift vorliegen musste. Das handschriftliche Kopieren war Yukikos Aufgabe. Ein Exemplar ging an den japanischen Botschafter in Deutschland, eines an den in Lettland und eines an den japanischen Außenminister in Tokio, der – beziehungsweise seine Mitarbeiter – in der Sache die Entscheidungsgewalt haben würde.

Große Hoffnung kann Sugihara nicht gehegt haben. Die japanische Regierung hatte gerade die Anzahl der Juden begrenzt, die nach Schanghai einreisen durften, wo sie zuvor geduldet waren. Diejenigen, die bereits vor Ort waren, mussten sich registrieren lassen. Hitler war darüber hocherfreut. Übers Radio wurde in Deutschland verkündet, dass eine Flucht nach Schanghai nun keine Option mehr wäre (eine Übertreibung).

Japans Regierung befand sich weiterhin in einem chaotischen Zustand. Die Besetzung des Parlaments hatte in einem Jahr viermal gewechselt. Das Außenministerium unterstand seit Kurzem Yōsuke Matsuoka, Sugiharas rabiatem altem Kollegen aus Harbin. Matsuoka hielt große Stücke auf den Pakt mit Hitler, und es war äußerst unwahrscheinlich, dass er in Sugiharas Angelegenheit eine Entscheidung treffen würde, die den Führer düpieren könnte. Es wird spekuliert, dass der Außenminister, der in den USA studiert hatte, mit dem Hitler-Pakt lediglich seinen eigentlichen Wunschpartner, die USA, auf Japan aufmerksam machen wollte. Die USA nahmen das Land nicht ernst, fürchtete er. So wie ihn damals viele seiner amerikanischen Kommilitonen nicht ernst genommen hatten. Mit Hitler an seiner Seite würden die ganz schön gucken.

Die, die Matsuoka kannten, hatten ihn mit Spitznamen wie »der Mann der 50 000 Worte« und »die Redemaschine« bedacht. Viele hielten ihn schlichtweg für geistesgestört.

Immer wenn sich das Tor öffnete, um Konsulatsmitarbeiter oder die fünf Sprecher der Flüchtlinge hinein- oder herauszulassen, versuchten verzweifelte Visumsanwärter, auf das Gelände zu drängen. Der Koch und Yukiko Sugihara konnten das Haus nicht mehr verlassen, um frische Lebensmittel einzukaufen. Freilich war das Resteessen im beheizten Konsulat immer noch fürstlicher als das, was die Menschen auf der Straße davor hatten.

Während jene draußen so ungeduldig auf eine Antwort Sugiharas warteten wie er auf eine des Außenministeriums, erreichte ihn zunächst eine ganz andere Nachricht, die einen Strich durch seine Rechnung zu machen drohte, bevor diese überhaupt komplett aufgestellt war. Aus heiterem Himmel kam sie gleichwohl kaum.

Die russischen Besatzer forderten ihn auf, das Konsulat zu schließen. Die Vertretungen in Moskau seien ab sofort für Litauen zuständig. Die Botschafter anderer Länder packten bereits Kisten und Koffer. Nun kämpfte er nicht nur gegen die langsamen Mühlen der Bürokratie, sondern auch gegen das unerbittliche Voranschreiten der Zeit. Da war die Antwort aus dem Außenministerium, unterzeichnet von einem gewissen Herrn Tanaka, umso niederschlagender:

> *Bezüglich der angefragten Transitvisa: An Antragsteller ohne gültige Visa zur Weiterreise mit verbindlichem Abreisetermin aus Japan sind keine Visa auszustellen. Keine Ausnahmen. Wir erwarten keine weiteren Anfragen.*

Bei Sugihara tat man allerdings gut daran, stets das Unerwartete zu erwarten. Er mochte von weiteren Anfragen nicht absehen, denn ein japanisches Sprichwort wollte ihm nicht mehr aus dem Kopf: Der Vogelfänger schlachtet nicht den Vogel, der an seinem Busen Zuflucht sucht. Diese Worte finden sich auch in Inazō Nitobes Samurai-Leitfaden *Bushidō: Die Seele Japans*.

Ihm war die nahezu aussichtslose Lage bewusst, in der sich die Menschen befanden, die auf seine Hilfe warteten. Er rechnete nach: Mindestens 20 Tage müssten sie durch die Sowjetunion reisen und schließlich innerhalb von 30 Tagen in Japan ihre Weiterreise antreten, wenn man sie überhaupt ins Land ließe, was nach dem derzeitigen Stand der Dinge nicht der Fall sein würde. Sie müssten also rund 50 Tage als Heimat- und Mittellose in zwei fremden Ländern überleben, von denen zumindest eines ihnen alles andere als freundlich gesinnt war. Trotzdem schien es keine andere Möglichkeit zu geben. Zwei Tage später, in denen Sugihara und seine Mitstreiter bereits mit den Vorbereitungen zur Schließung des Konsulats beginnen mussten, verfasste er ein zweites verschlüsseltes Schreiben. Diesmal betonte er, dass die Flüchtlinge kein Problem für Japan darstellen würden, wenn man ihnen dort genügend Zeit ließe, ihre Weiterreisen zu organisieren.

Für die wenigen Fälle, die mit ein bisschen guten Willen zu wohlwollender Interpretation den strengen Kriterien des Außenministeriums entsprachen, begann Sugihara bereits mit dem Ausstellen von Dokumenten. Dabei drückte er mehrfach mehr als nur ein Auge zu.

Er erfuhr erneut eine Absage. Diesmal immerhin wurde sie begründet: Eine derartige Masse an Fremden würde die öffentliche Sicherheit im Land gefährden. Die Schiffsgesellschaft, die die Fährfahrten zwischen der Sowjetunion und Japan organisierte, lehnte mit ähnlicher Begründung ab: Die Flüchtlinge stellten eine Gefahr für die Sicherheit der anderen Passagiere dar.

Die Anzahl der vor dem Tor Ausharrenden nahm nahezu stündlich zu. Sugihara mochte sich mit der Antwort seines Außenministeriums nicht zufriedengeben und sandte einen dritten Antrag.

In der Nacht nach der dritten Absage, die wieder die öffentliche Sicherheit in Japan vorschob, offenbarte der schlaflose Vize-Konsul seiner Frau, welche Gedanken wieder und wieder in seinem Kopf kreisten: »Ich muss etwas tun. Ein junger Mann kommt in mein Haus, auf der Suche nach Schutz. Ist er gefährlich? Nein. Ist er ein Spion? Nein. Ist er ein Verräter? Nein. Er ist nur ein jüdischer Jugendlicher, der weiterleben möchte. Womöglich muss ich mich meiner Regierung widersetzen. Aber ich kann mich nicht Gott widersetzen.« Konnte seine Konvertierung zum christlichen Glauben doch mehr als eine Formalität seiner ersten Frau zuliebe gewesen sein?

Am nächsten Morgen berief er ein Familientreffen ein und fragte jedes Mitglied inklusive Setsuko und die beiden ältesten Söhne, wie er sich in dieser Situation verhalten sollte: sich an die Vorgaben seiner Vorgesetzten halten und dabei sich und seine Familie nicht gefährden, oder den inzwischen unzähligen Menschen da draußen bei einer Flucht mit ungewissem Ausgang für alle Beteiligten helfen. Chiune war zwar ein verhältnismäßig fortschrittlicher Familienvater, aber ganz so fortschrittlich hatte er sich noch nie gezeigt – es war das erste Mal, dass eine Entscheidung im Hause Sugihara derart demokratisch getroffen wurde.

Setsuko war wie Yukiko sofort dafür, das Richtige zu tun. Die Kinder taten das, was ihnen ihr Vater ständig vorgebetet hatte: Sie versetzten sich in die Lage anderer. In die Lage derer, die draußen obdach- und heimatlos auf Hilfe warteten. Selbstverständlich musste ihr Vater ihnen zu Hilfe kommen.

Damit war es für Chiune Sugihara beschlossene Sache. Er richtete sich auf und sagte: »Dann werde ich nun anfangen, diesen Menschen zu helfen.« Wie Hiroki Sugihara später zu Protokoll gab, habe die Stimme seines Vaters schon lange nicht mehr so fest geklungen.

Ganz ohne Vorbild mag sein Entschluss nicht gewesen sein. Man muss nur zwei Jahre zurückblicken auf ein Ereignis in der Mandschurei, also an dem Ort, der Sugiharas Leben und Denken prägte wie kein zweiter. 1938 stürmten Tausende jüdischer Flüchtlinge in eisiger Kälte den Bahnhof des kleinen Ortes Otpor (heute Sabaikalsk) an der Strecke der Transsibirischen Eisenbahn nahe der Grenze zu Mandschukuo auf der Suche nach Asyl. Kiichirō Higuchi, Generalleutnant der Kaiserlich Japanischen Armee in Harbin, organisierte 13 Züge, die sie in relative Sicherheit in die Hauptstadt des Marionettenstaates brachten. In Higuchis posthum veröffentlichten Memoiren ist von 20 000 Juden die Rede, wahrscheinlich waren es eher 5000 (vermutlich ein Fehler des Herausgebers, nicht des Autors). Higuchi handelte derweil nicht gegen die Order seiner Regierung. Damals gab es in Japan kurzzeitig Bestrebungen, jüdische Flüchtlinge aus dem Deutschen Reich in Japan anzusiedeln – eher aus wirtschaftlichen denn humanitären Gründen. Man versprach sich von ihnen Kontakte zu einflussreichen jüdischen Geschäftsleuten im Westen, die dem japanischen Kaiserreich zugutekommen konnten. Heute ist das Unterfangen als »Fugu-Plan« bekannt, benannt nach dem Kugelfisch, der trotz seines Giftes als Delikatesse gilt. Genau wie der Fugu wurden die Juden in Japan als nützlich, aber auch gefährlich angesehen. Ob diese Bezeichnung allerdings tatsächlich von Inuzuka Koreshige, dem Leiter des Schanghaier »Büros für jüdische Angelegenheiten« stammte, oder ihm später von den Autoren Marvin Tokayer und Mary Swartz in ihrem Tatsachenroman *The Fugu Plan* lediglich in den Mund gelegt wurde, ist umstritten.

Higuchis Beweggründe mochten dabei humanitärer gewesen sein als die der Initiatoren des Fugu-Plans. Er kritisierte mehrfach öffentlich die Judenverfolgung der Deutschen als menschlich besorgniserregend, so auch in einer bewegenden Rede drei Monate zuvor auf der »Ersten Konferenz der jüdischen Gemeinden im Fernen Osten« in Harbin vor 700 Zuhörern. Als Joachim von Ribbentrop von den japanischen Gedankenspielen und Aktionen hörte, wandte er sich wütend an das japanische Außenministerium. Die Aktionen gingen nicht konform mit den Plänen und Idealen seines Führers, und Japan täte gut daran, sie sofort zu unterbinden.

Higuchi wurde unverzüglich ins Hauptquartier des japanischen Heeres in Kwantung zitiert. Er zögerte nicht, seine Ansichten vor Hideki Tōjō, dem Generalstabschef der Kwantung-Armee und ehemaligem Leiter der gefürchteten Militärpolizei *Kempeitai,* zu wiederholen: »Den inhumanen deutschen Richtlinien zu folgen wäre vollkommen unmoralisch. Ich respektiere den Pakt, aber Japan ist kein Untergebener des Deutschen Reiches.«

Dem Vernehmen nach fehlten Tōjō die Worte. Das mag als stillschweigendes Einverständnis gewertet werden. Der Vorfall von Otpor wurde unter den Teppich gekehrt und Higuchi befördert. Tōjō selbst diente seinem Land später als Kriegs- und Premierminister.

Bevor Sugihara auch nur ein Dokument ausfüllen und abstempeln konnte, wollte er eine möglichst sichere Passage durchs feindliche Russland für seine Schutzbefohlenen gewährleisten. Sein schwarzer Buick mit den japanischen Flaggen an beiden Seiten zog vorsichtig eine Schneise durch die Wartenden, die nicht davon ausgehen konnten, dass ein Konsul, der sein Konsulat verließ, ein gutes Zeichen war.

Chiunes Ziel war das sowjetische Konsulat. Yukiko ließ ihn nur ungern gehen. Dieser Ort war für ihren Mann nicht gerade der sicherste der Stadt. Schließlich spionierte er die Russen in der Region aus, und es war gut möglich, dass sie ebenfalls ein Auge auf ihn hatten. Jemand, der dem Russischen so nahestand wie Sugihara, ohne selbst ein Russe zu sein, machte sich bei tatsächlichen Russen nicht nur beliebt, sondern auch verdächtig. Das wurde mehr als deutlich in dem Moment, als Chiune vor seiner Zeit in Helsinki das Visum für die Sowjetunion verweigert worden war.

Im sowjetischen Konsulat traf er Wladimir Georgijewitsch Dekanosow, den stellvertretenden Volkskommissar für Auswärtige Beziehungen, den er als einen rot- und rundgesichtigen Trinkgesellen kannte. Der ehemalige Leiter der sowjetischen Spionageabwehr und spätere Botschafter in Deutschland war de facto Sugiharas russisches Pendant in Litauen und dort verantwortlich für die Eingliederung des Landes in die Sowjetunion. Der rhetorisch gewandte Sugihara beeindruckte ihn mit seinem perfekten Russisch, wohl auch mit seiner Kenntnis des Landes und seiner Kultur. Dekanosow willigte ein, die Juden, die sich vor Sugiharas Haus versammelt hatten, mit der Transsibirischen Eisenbahn an die Pazifikküste zu bringen, so sie über Transitvisa nach Japan verfügten. Von dort könnten sie auf japanischen Schiffen weiterreisen. Freilich war dieser Erfolg nicht allein Sugiharas Jovialität und Dekanosows guter Seele zu verdanken. Der Handel sollte sich für die russische Seite als äußerst lukrativ erweisen: Die Preise für die Fahrkarten, die das damals staatliche Reisebüro Intourist zur Verfügung stellen würde, sollten weitaus höher als üblich ausfallen. Einige Quellen sprechen vom Doppelten, andere vom 15-Fachen der gängigen Summe. Zu zahlen in amerikanischen Dollar, die bei internationalen Hilfsorganisationen zu holen waren.

Als Sugihara zum japanischen Konsulat zurückkehrte, wandte er sich mithilfe Borislavs an die ständig anwachsende Masse von Verzweifelten auf der Straße. Er verkündete, dass er nun unverzüglich mit dem Ausstellen von Transitvisa beginnen würde.

Die Angesprochenen reagierten mit Sekunden unsicheren Schweigens. Dann brachen sie in Jubel aus. Hüte wurden in die Luft geworfen, einige wagten ein Tänzchen, andere sprachen hebräische Dankesgebete. Sugihara musste sich mit sanfter Gewalt allzu physischen Dankbarkeitsbekundungen entziehen. Er richtete in der Garage des Hauses ein zusätzliches, leicht zugängliches Büro ein. Antragsteller betraten es einzeln oder als Familien. Sugihara stellte die notwendigen Fragen, füllte jedes Visum per Hand aus, sah danach jedem, der eines erhielt, in die Augen und wünschte alles Gute. Er bat die Antragsteller, ihn Sempo zu nennen. Dabei handelt es sich, wie erwähnt, lediglich um eine andere Lesart für die beiden Schriftzeichen, die seinen tatsächlichen Namen ausmachten. Er meinte, diese Variante sei für Nichtjapaner leichter zu merken und auszusprechen, womit er wohl nicht ganz unrecht hatte. Gleichwohl sollte diese kleine Geste des Entgegenkommens viele Jahre später gleich auf zwei Kontinenten für Verwirrung sorgen.

Für Chiune Sugihara stellte diese Arbeit in mehr als einer Hinsicht eine ungewöhnliche Situation da. Das Ausstellen von Visa mag normalerweise zu den Standardaufgaben eines Konsuls gehören. Doch in Kaunas hatte man angesichts der sehr speziellen tatsächlichen Aufgaben des Vize-Konsuls darauf nie allzu viele Gedanken oder gar Zeit verschwendet. Die notwendigen Formulare waren lediglich in sehr begrenzten Stückzahlen vorrätig. Bald begann Sugihara, Visa komplett per Hand zu schreiben, was den Prozess nicht gerade beschleunigte und dazu führte, dass die Tinte zur Neige ging. Also wurde sie mit Wasser gestreckt, soweit es sich verantworten ließ. Als Sugihara vor Anspannung und Überarbeitung seinen Füllfederhalter zerbrach, musste er mit einer einfachen, klassischen Feder weiterschreiben. Trotzdem stellte er sicher, dass alles leserlich war und den offiziellen Anforderungen entsprach. 300 Visa pro Tag waren sein Ziel, doch das schien unter diesen erschwerten Bedingungen illusorisch. Jedes Dokument bestand aus zwei oder drei langen Absätzen. Als Yukiko Sugihara Jahrzehnte später einige der Visa zu Gesicht bekam, bemerkte sie, wie stark sich die Schrift ihres Mannes veränderte, wie sehr ihr der Stress und der körperliche Schmerz anzusehen waren. Zudem verfasste ihr Mann auch weiterhin die üblichen, von ihm erwarteten Berichte für seine Vorgesetzten. Pflicht war Pflicht, und er wollte keinen Verdacht erregen.

Trotzdem hatte er für jeden bearbeiteten Fall weiterhin einen Händedruck, ein Lächeln und ein paar aufmunternde Worte parat. Eine ungewöhnliche Erfahrung für viele Menschen, die seinen Schreibtisch passierten. Sie waren es gewohnt, Autoritätspersonen mit Angst und Argwohn zu begegnen. Sugiharas kommunikativer Ansatz kam dabei nicht von ungefähr. Je mehr er über einen Antragsteller in Erfahrung brachte, umso besser konnte er Gründe zurechtbiegen, warum er seinem Gesuch nachkam. So hatte er es bereits bei Stella Kaspcik praktiziert. »American visa? No problem«, sagte er einem Antragsteller und winkte ihn durch. Dass sein amerikanisches Visum bereits abgelaufen war, wird ihm nicht entgangen sein.

Eine Frau fiel auf die Knie und küsste Sugiharas Füße. Ein Geschäftsmann aus Warschau bot an, sein Geschäftswissen japanischen Firmen zur Verfügung zu stellen. Sugihara war weder daran noch an Kniefällen interessiert. Doch solche Reaktionen motivierten ihn, aller Erschöpfung zum Trotz weiterzumachen. Auch an Sonntagen, an denen das Konsulat normalerweise geschlossen war. Ein triviales Detail auf den ersten Blick, denn jedem dürfte klar sein, dass der Kampf ums Überleben für die Menschen auf der Straße kein Wochenende kannte. Doch Sugihara wusste: Ein auf einen Sonntag datiertes Visum mochte Verdacht erregen, falls man mal an einen Beamten geriet, der allzu genau hinschaute. Also achtete er sehr genau darauf, die Sonntagspapiere vor- oder rückzudatieren.

Der Zustrom weiterer Flüchtender riss nicht ab. In den jüdischen Lokalen machte das Wort vom japanischen *Malakh,* dem engelsgleichen Götterboten der jüdischen Mythologie, die Runde. Anfangs nummerierte Sugihara die Visa und trug sie in eine Liste ein. Das erwies sich angesichts der Lage vor dem Konsulat und der drohenden Schließung als nicht lange praktikabel. Er verzichtete bald auf die genaue Buchführung, ebenso auf andere Zeitfresser wie das Kassieren der Bearbeitungsgebühr oder die ausführliche Befragung der Antragsteller. Von der Devise »Je mehr Informationen, desto sicherer« ging er über zu: »Je weniger ich weiß, desto weniger kann mich belasten.« Bisweilen rief er aus seinem Büro hinaus zu seiner Frau vor der Tür: »Wie viele sind noch da draußen?«

Ihre Antwort lautete stets: »Es sind immer noch viele!«

Normalerweise öffnete das Konsulat um neun Uhr morgens und schloss um fünf Uhr nachmittags. Nun verschwendete der Herr des Hauses keine Zeit mehr auf Vogelgesang, sportliche Ertüchtigung und Kräuterzucht, sondern öffnete um acht seine Tür und ließ sie bis in den späten Abend geöffnet. Man konnte von Glück sagen, dass die Nachbarn von Anfang an wussten, was hier geschah, und auf der Seite der Sugiharas und der Verfolgten standen. Wolfgang Gudze sprang ein, um beim Sammeln von Informationen und beim Abstempeln der Dokumente zu helfen. Der Hitler verehrende Deutsche arbeitete dabei zusammen mit dem jungen Rabbinerschüler Moshe Zupnik, der ebenfalls als freiwilliger Helfer eingesprungen war. Die beiden hatten ein weiteres behelfsmäßiges Büro in einem Flur eingerichtet und verstanden sich prächtig.

Zupnik hatte Zutritt zum Konsulat erhalten, nachdem er Borislav bestochen hatte, ihn durch die Hintertür hineinzulassen. Er blieb zwei Wochen. Als er Gudze einmal eine Packung Zigaretten als Anerkennung für seine Dienste zusteckte und Sugihara das sah, rügte dieser den Deutschen dafür, das Geschenk angenommen zu haben. Er sagte: »Keine krummen Touren.« Abgesehen natürlich davon, dass die ganze Sache eine einzige krumme Tour war.

Als es Zeit für Zupnik war, seine eigene Reise anzutreten, fragte er Gudze, wie er ihm danken könne. Der antwortete: »Die Welt ist ein Rad. Wer heute oben ist, kann morgen unten sein. Vergiss nicht, was ich für dich getan habe.«

Zupnik selbst sagte später über die Erfahrung, in so kurzer Zeit bei der Rettung so vieler Leben mitgeholfen zu haben: »Das waren die beiden besten Wochen meines Lebens.«

Die Sugihara-Söhne durften das Haus inzwischen wieder verlassen und spielten mit den Kindern der Antragsteller in ihrem Park. Dass sie keine gemeinsame Sprache hatten, störte sie nicht. Gut möglich, dass sie wieder mit deutschem Kriegsspielzeug spielten. Eines stand fest: Sie spielten in einem Park, dessen Betreten Juden nun offiziell untersagt war.

Sugihara und Gudze arbeiteten ohne Unterlass. Die bereits geforderte Schließung der Botschaft würde bald nicht mehr aufzuhalten sein. Der Japaner, der sich gegen seine Vorgesetzten stellte, und der Deutsche, der gegen die Politik seines Führers handelte, waren bis zu 20 Stunden am Tag mit Befragungen, Schreibarbeiten und Stempeln beschäftigt. Pro Tag stellten sie mit verdünnter Tinte mehr Visa aus als sonst in einem Monat. So waren die 300 täglichen Dokumente zu schaffen. Yukiko bot an, ebenfalls Visa auszustellen. Ihr Mann bestand jedoch darauf, dass er in der Familie allein verantwortlich sein sollte, falls sie später Probleme mit den japanischen

Behörden bekämen. Also organisierte sie die Warteschlangen und leistete moralische Unterstützung, indem sie den Männern sagte, wie vielen weiteren Menschen sie noch das Leben retten konnten. Wenn ihren Mann vom vielen Schreiben und Stempeln die Hände und Arme schmerzten, massierte sie ihn. An den Abenden dieser Tage erkannten die Kinder ihren Vater kaum wieder. Seine Augen waren stark gerötet, er konnte kaum aufrecht stehen.

Um das leibliche Wohl der Wartenden kümmerte sich unter anderem Jadvyga Ulvydaite. Sie schmierte Brote, kochte Tee, lud einige sogar zum Essen in ihre Wohnung ein, ließ die Allerschwächsten auf ihrem Sofa ruhen, hörte sich ihre Geschichten an. Viele waren aus oder über Polen geflohen; ein Pflaster, das nun mindestens genauso gefährlich war wie das deutsche – nicht nur wegen des Bombardements und der Truppen der Wehrmacht. Die polnischen Soldaten waren außer Kontrolle. Oft traten sie als Trupps volltrunkener Desserteure auf, die auf alle schossen, deren Lage noch aussichtsloser schien als die ihre.

Nach zwei Wochen harter, monotoner Arbeit zum Wohl der Menschheit und gegen den Willen der politischen Machthaber in Ost und West erhielt Sugihara die dringliche Aufforderung von der russischen Regierung, sofort alle konsularischen Tätigkeiten einzustellen und das Amt unverzüglich zu schließen. Er stellte einen verzweifelten Antrag, es noch ein wenig länger geöffnet zu lassen. Vermutlich offenbarte er, was er tat; freilich ohne zu erwähnen, dass er gegen die Anweisungen seiner Regierung handelte. Die russische Regierung sollte keine Probleme damit haben, wenn Sugihara die ohnehin unerwünschten jüdischen Flüchtlinge außer Landes schaffte, zumal das überhöhte Entgelt für die Beförderung direkt in russische Kassen ging. Er erhielt die vage Antwort, dass man über eine Gnadenfrist für die Schließung beraten würde. Mit seiner eigenen Regierung kommunizierte er da schon lange nicht mehr. Später schrieb er in einer autobiografischen Skizze: »Es war absolut sinnlos, weiter mit Tokio zu diskutieren. Ich verschwendete nur meine Zeit.«

Niemand wusste, ob es zusätzliche Tage oder Wochen waren, die Sugiharas leidenschaftliche Argumente ihnen erkauft hatten. Obwohl der Konsul und seine Helfer tagtäglich Hunderte Antragsteller abfertigten, wurden die Zahlen der Wartenden, die Yukiko regelmäßig vermeldete, nicht weniger. Jeden Tag kamen neue hinzu. Und sie wurden mit jedem Tag ärmer. Auf die strikte Einhaltung aller Prozesse bei der Visumvergabe, auf die er anfangs bestanden hatte, verzichtete Chiune schon seit einer Weile. Nun entschied er sich endgültig, dass die Rettung von Menschenleben wichtiger war als die Aufrechterhaltung von Bürokratie. Einfach jeder sollte ein Visum bekommen, solange er noch schreiben und stempeln konnte. Er erlaubte seinen Assistenten aus dem polnischen Untergrund nun auch, Stempel anzufertigen, um die langwierigen, schmerzhaften Schreibarbeiten auf ein Minimum zu reduzieren. Möglicherweise hatte er diese Idee von Jan Zwartendijk übernommen, der weiterhin Fantasie-Visa für Curaçao ausstellte und inzwischen ebenfalls mit Stempeln arbeitete, um den ähnlich langen Schlangen vor seiner Tür Herr zu werden. Einer war ihm sogar über das Regenrohr direkt ins Büro geklettert. Sugihara soll Zwartendijk öfter angerufen haben, um ihn zu bitten, nicht gar so schnell zu arbeiten.

Sugiharas Assistenten fertigten unter anderem einen Stempel an, der die Unterschrift Sugiharas simulierte und wohl auch nach dessen Abreise noch benutzt wurde. Einige dieser Dokumente, die streng genommen nichts anderes als Fälschungen waren, waren Kopien bereits erstellter Visa. Erstaunlicherweise funktionierte der Schwindel, obwohl sich einige russische Grenzbeamte gewundert haben sollen, warum so viele der durchreisenden Juden Rabinowitz hießen.

Endlich kam eine definitive Antwort der russischen Regierung: Das Konsulat dürfe bis zum 28. August weiter operieren. Länger, als

Sugihara erhofft hatte. Wahrscheinlich nicht lang genug, um jedem Verzweifelten vor dem Tor ein Visum auszustellen. Dennoch wurde die Verkündigung der neuen Frist vor dem Konsulat mit Jubel aufgenommen. In anderen Straßen wurden bereits Lynchmorde an Juden verübt. Jan Zwartendijks Sohn sagte später: »In Kaunas hing einer von jedem Baum.« Sein Vater hatte sein Amt am 3. August schließen müssen. Bis dahin hatte er 1400 offizielle Visa ausgestellt – und vermutlich unzählige inoffizielle.

Bei allem guten Willen forderte die Arbeit ihren Tribut. Einmal, Mitte August, kam der überarbeitete Chiune zu seiner Frau in die Wohnung im ersten Stock und sagte: »Ich frage mich, ob ich jetzt aufhören sollte ...«

Yukiko antwortete: »Sehr viele warten noch immer. Lass uns so viele Leben retten, wie wir können.«

Ihr Mann lächelte matt und machte weiter, obwohl das Außenministerium ihm inzwischen auf die Schliche zu kommen drohte. In Japan waren einige Reisende aus Litauen mit Sugihara-Visa aufgefallen, deren sonstige Papiere unvollständig waren und die obendrein kaum genügend finanzielle Mittel bei sich führten. Sugihara war per Telegramm verwarnt worden. Er konnte nur hoffen, dass das gesamte Ausmaß seiner Tätigkeit nicht herauskam oder sich die Einstellung der japanischen Behörden ändern würde, sobald der ganz große Zustrom erfolgte.

Sugihara wusste, dass eine weitere Verzögerung der Konsulatsschließung illusorisch wäre. Selbst wenn die russische Regierung ein Einsehen hätte – die japanische hatte keines mehr. Er erhielt die dringliche Aufforderung, sein Amt zu schließen und sich unmittelbar auf den Weg nach Berlin zu machen, wo seine nächste diplomatische Stelle auf ihn wartete.

Ausgerechnet Berlin. Die Hauptstadt des Landes, dessen tödlichem, irrationalem Zorn die Tausende vor dem Konsulat in Litauen mit allen Mitteln zu entkommen suchten. Sollte in Berlin herauskommen, was er getan hatte, würden er und seine Familie sich ihres eigenen Lebens nicht mehr sicher sein.

Und dennoch machte er weiter. Für den Führer und seine Schergen dürfte es ohnehin keinen Unterschied machen, ob dieser Japaner – seine Landsleute waren für Hitler je nach Laune »lackierte Affen« oder »Arier ehrenhalber« – ein paar Hundert oder ein paar Tausend Juden zur Flucht verholfen hatte. Wolfgang Gudze wies er an, die Schließung des Amtes vorzubereiten, Yukiko sollte mit dem Packen beginnen. Chiune Sugihara krümmte sich weiterhin über seinen Schreibtisch.

Als der Buick mit der Familie Sugihara schließlich das Gelände für immer verließ, konnten sie die Verzweiflung in den Gesichtern derer, die vergeblich gekommen waren, kaum ertragen. Yukiko war den Tränen nahe.

Der Wagen bahnte sich langsam den Weg zum Hotel Metropolis, in dem die Familie für zwei Tage bleiben würde, bis sie in den Zug nach Berlin steigen musste. So langsam fuhren sie, dass die Massen nicht abgefertigter Antragsteller ihnen folgen konnten. Erleichtert wurde ihnen der Weg wohl auch dadurch, dass Sugihara selbst am Tor eine Nachricht hinterlassen hatte, wo er vor seiner Abreise nach Deutschland anzutreffen wäre. Ob er damit beabsichtigt hatte, die Flüchtenden auf seine Fährte zu bringen, oder ob es sich lediglich um eine gleichermaßen gewissenhafte wie unüberlegte Formalität handelte, machte letztendlich keinen Unterschied: Prompt funktionierte Chiune Sugihara die Hotellobby zu einem improvisierten Büro um und stellte weitere Visa aus. Wieder arbeitete er so lange, wie es ihm sein Körper und Geist erlaubten, verzichtete dabei oft auf Mahlzeiten.

Dem Rabbi Eliezer Portnoy soll er gesagt haben, nachdem dieser mit einem Gesuch um 300 Visa für die gesamte Schüler- und Belegschaft der jüdischen Hochschule Mir Jeschiwa beim amerikanischen Konsulat auf taube Ohren gestoßen war: »Die Welt hält Amerika für zivilisiert. Ich werde ihr zeigen, dass Japan zivilisierter ist.« Zum Erstaunen und zur Freude Portnoys stellte Sugihara alle 300 Dokumente auf einen Schlag aus.

In Sugiharas Aussage klingt sie wieder mit, die Konkurrenz zwischen Ost und West, mit der er am Anfang des Jahrhunderts aufwachsen musste in einem Land, das gleichwohl von patriotischer Propaganda und einer Faszination von der westlichen Kultur geprägt war. Seine Worte klingen auch wie eine Replik auf die seines amerikanischen Berufskollegen in Litauen, der laut eines Antragstellers gesagt haben soll: »Als Konsul ist es meine Aufgabe, Gründe zu finden, keine Visa auszustellen.« Sugiharas Einstellung war das genaue Gegenteil.

Vermutlich wusste er, dass die Gültigkeit dieser Dokumente nun, da das Konsulat geschlossen war, noch fragwürdiger wurde, als sie es ohnehin schon war. Doch Dokumente von fragwürdiger Gültigkeit waren immer noch besser als gar keine. Der einfache Grenzbeamte konnte wahrscheinlich kaum echte von Fälschungen unterscheiden.

Sugihara hatte den holländischen Konsul Jan Zwartendijk, der an einigen Treffen mit den Vertretern der Antragsteller teilgenommen hatte, einmal gefragt, ob es auf Curaçao überhaupt eine Anlegestelle gäbe. Schlitzohrig hatte er erwidert: »Das weiß ich nicht. Aber ich bin mir sicher, dass es dort keine Grenzbeamten gibt.« In Japan würde das anders aussehen. Da konnte man nur hoffen und beten.

Sugihara verfügte im Hotel nicht mehr über die offiziellen Stempel, die ordnungsgemäß nach Berlin gesandt worden waren, oder die korrekten Formulare, die schon lange ausgegangen waren. Allerdings hatte er noch konsularisches Briefpapier. Auf dieses schrieb er weiter per Hand. Er empfahl denen, die diese hochgradig notdürftigen Dokumente erhielten, bei der Begegnung mit japanischen Beamten »Nihon banzai!« auszurufen, in etwa: »Hurra, Japan!«, um an ihren patriotischen Geist zu appellieren und sie zu bewegen, nicht allzu penibel auf die Papiere zu schauen.

Am Morgen von Sugiharas Abreise am 31. August 1940 waren noch immer nicht alle Ausreisewilligen versorgt, doch nun konnte der ehemalige Konsul sich keinen weiteren Aufschub leisten. Der Zug nach Berlin wartete.

In der Hotellobby und auf dem Weg zum Bahnhof wurde die Familie von Flüchtlingen umringt. Einige drängten wegen der begehrten Reisepapiere, andere stellten sich schützend vor die Sugiharas. Chiune war nach wie vor so überzeugt von seiner Sache, dass er weitermachen wollte, bis wirklich gar nichts mehr ging. Auf dem Weg zum Bahnhof verteilte er unterschriebene Blankopapiere.

Am Bahnsteig warteten weitere Verzweifelte. Sugihara war am Ende seiner Kräfte. Er verteilte, was er noch verteilen konnte. Dann verabschiedete er sich mit einer tiefen Verbeugung, wie es in Japan gegenüber Respektspersonen üblich ist. Als er und seine Familie den Zug betraten, jubelten die Massen ihm zu. Einige riefen: »Wir werden Sie niemals vergessen!« Und: »Wir werden uns wiedersehen!«

Als sich der Zug in Bewegung setzte, zückte Sugihara ein letztes Mal auf litauischem Boden Feder und Papier. Die letzten behelfsmäßigen Visa warf er aus dem Fenster des fahrenden Zuges, in die Hände derer, die ihn laufend begleiteten, solange es ging. Erschöpft und verzweifelt rief er: »Ich kann nicht mehr schreiben, bitte vergebt mir!«

Dann sank er in seinen Sitz und schlief sofort ein.

KAPITEL 9

NAZIS & PARTISANEN

Herr von Ribbentrop kläfft.
Frau Sugihara sorgt sich um ihre Schallplatten und flieht in den Wald.
Ein Samurai rasselt mit dem Säbel.

Nachdem die Familie im September 1940 in Berlin angekommen und mitten in das dunkle Herz Nazideutschlands vorgedrungen war, suchte Chiune Sugihara sofort den japanischen Botschafter auf. Der nazifreundliche Hiroshi Ōshima, ein General der Kaiserlich Japanischen Armee, war vorübergehend abgelöst worden von Saburo Kurusu, der eher England und den USA wohlgesinnt war (das beruhte zumindest auf amerikanischer Seite nicht auf Gegenseitigkeit, wo seine späteren diplomatischen Bemühungen den Angriff auf Pearl Harbor nicht verhindern konnten und die Medien ihn zu einem »der meistgehassten Männer in Amerika« erklärten). Das allerdings nahm Sugihara kaum die Angst vor dieser Begegnung. Tausenden Juden bei ihrer Flucht vor den Deutschen nach ausgerechnet Japan zu helfen, das konnte beim japanischen Botschafter in Deutschland sicherlich nicht auf allzu viel Verständnis stoßen.

Doch Kurusu erwähnte die Ereignisse mit keinem Wort. Es ist denkbar, dass das Thema bewusst totgeschwiegen wurde, wie es unter Japanern bei unangenehmen Themen nicht unüblich ist. Ein Bekanntwerden des Vorfalls in Deutschland wäre sicherlich nicht nur Sugihara zum Verhängnis geworden. Yukiko Sugihara vermutete später, dass die Sache aufgrund der chaotischen Zustände in Europa wie in Japan zunächst unbemerkt geblieben war. Russland unterwarf Finnland, Frankreich ging an Deutschland, die deutsche Luftwaffe flog die ersten Bombenangriffe auf England, 40 000 Juden wurden im Warschauer Getto zusammengepfercht. Gleichzeitig war sich die japanische Politik mal wieder (beziehungsweise nach wie vor) uneins. Eine Fraktion billigte den Pakt mit Hitler und setzte alles daran, dem Führer alles recht zu machen. Eine weitere, zu der durchaus einflussreiche Politiker, Diplomaten und Militärs zählten, hielten am Fugu-Plan fest und wollten in der Mandschurei ein Refugium für verfolgte Juden einrichten – und das, wie gehabt, nicht aus reinem Mitgefühl, sondern mit dem Ansinnen, jüdischen Intellekt und jüdisches Vermögen dem japanischen Volk zugutekommen zu lassen.

Im September 1940 hatten der japanische Außenminister Yōsuke Matsuoka und Hitler das antikommunistische Bündnis ihrer Länder zu einem Militärbündnis erweitert. Dennoch versicherte Matsuoka, dass Japan sich nicht dem Antisemitismus verschreiben würde. Einer jüdischen Delegation hatte er zuvor gesagt: »Es stimmt, dass ich dem Pakt mit Hitler zugestimmt habe. Aber ich habe nicht zugestimmt, Antisemit zu werden. Das ist nicht nur mein persönlicher Standpunkt, sondern der Standpunkt des gesamten japanischen Reiches, und ich habe keine Bedenken, es der Welt mitzuteilen.« Ferner versicherte er, eher den Vertrag mit den Nazis zu zerreißen, als sich jemals ihrer Judenpolitik anzuschließen.

Während seines Treffens mit dem Botschafter wartete Yukiko Sugihara mit großer Anspannung und Sorge auf ihren Mann. Als er zurückkam, teilte er ihr mit, nach wie vor ein wenig perplex: »Botschafter Kurusu hat die Visa mit keinem Wort erwähnt. Wir müssen bald zu meinem neuen Posten in Prag aufbrechen.« Er würde dort wieder als Vize-Konsul eingesetzt werden.

Beide waren erleichtert, dass die Ereignisse von Kaunas zunächst keine Konsequenzen für sie hatten und sie aus der Hauptstadt Nazideutschlands entkommen konnten. Obwohl die deutschen Truppen die Tschechoslowakei eingenommen und zum Protektorat Böhmen und Mähren erklärt hatten, würden die Sugiharas immerhin in einiger Entfernung vom Machtzentrum der Nationalsozialisten mit seinen Tausenden misstrauischen Augen agieren können. Zumindest vorübergehend, denn Hitler hatte bereits angeordnet, dass alle internationalen Diplomaten das Protektorat zu verlassen hätten. Für die Vertreter verbündeter Mächte wurden offenbar Ausnahmen gemacht, doch auf ein allzu häusliches Einrichten mochte man sich nicht einstellen.

Als die Familie in Prag eintraf, residierte der scheidende Botschafter, ein General Ichige, noch im Konsulat, und die Sugiharas zogen zunächst in ein Hotel. Trotz der widrigen Umstände fanden sie Gefallen an ihrer neuen Heimatstadt mit ihren mittelalterlichen Häusern, den Kathedralen, den Brücken, den Skulpturen und Statuen. Das japanische Konsulat fiel ebenfalls recht opulent aus. Es handelte sich um ein großes Gebäude direkt an der Moldau. Ein Saal war komplett in Gold eingerichtet, ein anderer in Silber, inklusive versilbertem Piano. Eine erhabene Kulisse für das *Gebet einer Jungfrau*. Japanische Seide kleidete alle Wände der Rokokozimmer, von den Decken hingen Kristallleuchter. Es war der perfekte Ort, um das glamouröse, anstrengende Diplomatenleben wieder aufzunehmen, das die Sugiharas aus ihrer Zeit in Helsinki kannten.

Und genau das taten sie auch. Sie teilten sich das Haus nach ihrem Umzug mit drei Offizieren, fünf Haushaltshilfen, einem Koch und einer jungen japanischen Kunststudentin. Viele japanische Studenten zog es nach Prag, und nicht wenige von ihnen kamen ins Konsulat, um Deutsch zu lernen. Yukiko Sugihara gesellte sich zu den jungen Leuten, um ihre eigenen Sprachstudien fortzuführen. Der Pakt zwischen Japan, Italien und Deutschland änderte nichts am Leben der Familie. Die Tschechen hatten weder ein besonders positives noch negatives Bild von Japan und Japanern und behandelten die Familie mit freundlicher Gleichgültigkeit. Eine japanische Kunstaustellung, die Sugihara mitorganisierte, kam immerhin auf über 7000 Besucher. Dem Außenminister gegenüber prahlte er, dass das »außergewöhnlich für eine Ausstellung einer fremden Kultur sei«.

In der Freizeit unternahm man die üblichen Spritztouren in die Umgebung (Herr Sugihara möglicherweise aus anderen Gründen als der Rest der Familie), sah sich im Umland böhmische Ruinen aus dem Mittelalter an, schaute auch mal in Rom, Venedig und der Schweiz vorbei.

Während die Sugiharas auf Vergnügungsreisen waren, nahmen die deutschen Truppen immer weitere Teile Europas ein. Ungarn, Rumänien, Bulgarien und die ehemalige Tschechoslowakei traten ebenfalls dem Drei-Mächte-Pakt bei. Eines Tages kam Joachim von Ribbentrop nach Prag und berief ein Treffen aller dort ansässigen Diplomaten ein. Vor der Tür des Sitzungssaals war ein aggressiver, einschüchternder Schäferhund angekettet. Im prunkvollen Saal selbst saß Ribbentrop arrogant gefläzt unter einem riesigen Porträt seines Führers, flankiert von hochrangigen Nazimilitärs. Er raunzte die versammelten Landesvertreter an: »Ihre Anwesenheit in Prag empfinden wir als störend. Wir erwarten, dass Sie das Land sofort verlassen.«

Keiner unter den geladenen Gästen traute sich, etwas zu sagen. Bis Sugihara aufstand. Er erwiderte höflich, aber bestimmt: »Sie können uns nicht einfach befehlen, das Land zu verlassen. Würden Sie uns Ihre Beweggründe genauer erläutern?«

Von Ribbentrop hatte nicht mit Widerstand gerechnet. Ihm und seinen Schergen verschlug es die Sprache. Das Treffen blieb letztendlich nicht mehr als ein Kräftemessen, das in einem Unentschieden endete, was genau das war, was Sugihara beabsichtigt hatte. Deutschland und Japan waren schließlich Verbündete. Auf dem Papier gleichberechtigte Partner. Und ein gleichberechtigter Partner zwang dem anderen nicht einfach seinen Willen auf. Nach dem Treffen kehrte Chiune Sugihara mit einem Lächeln zu seiner Familie zurück. Er sagte: »Heute fühle ich mich gut.«

Selbstverständlich waren es trotzdem keine guten Zeiten, und das unbeschwerte Leben, das die Sugiharas in ihrer neuen Heimat führten, steuerte bald seinem Ende entgegen. Ribbentrop hatte bei ihrem persönlichen Treffen zwar auf ein finales Machtwort verzichtet, doch nun verkündeten die Besatzer, dass das Protektorat Böhmen und Mähren nicht länger diplomatische Beziehungen mit irgendjemandem unterhalte und somit alle Diplomaten dort fortan ehemalige Diplomaten ohne die üblichen Privilegien ihres Standes seien. Hiroshi Ōshima, inzwischen wieder japanischer Botschafter in Deutschland, beorderte Chiune Sugihara zu einer Besprechung nach Berlin. Dort eröffnete er ihm, dass er ihn gemeinsam mit einigen Offizieren nach Königsberg (heute Kaliningrad) versetzen würde, um dort ein Konsulat zu eröffnen.

Die Familie machte sich per Auto von Prag auf den Weg. In Pilsen wurde haltgemacht, um von dem berühmten Bier zu kosten. An der deutsch-tschechischen Grenze musste der Fahrer gewechselt werden, da der tschechische Chauffeur keine Einreisegenehmigung für Deutschland hatte. Weiter ging es mit deutschem Fahrer durch malerische Berglandschaften und den einen oder anderen Berg hinauf und hinunter, was das Malerische der Landschaften schnell relativierte. Einmal hätte es den Wagen bei Glatteis um ein Haar aus der Kurve getragen und den Hang hinab ins Tal geschleudert.

Im März 1941 kamen die Sugiharas unversehrt in Königsberg an, mieteten mithilfe der örtlichen Behörden ein zweistöckiges Haus, in dem sie wohnten und schließlich das Konsulat eröffnen konnten. Die deutschen Behörden hatten sich zunächst schwergetan, den Posten zu bewilligen. Hitler wollte nicht, dass Japan hinter seine Angriffspläne gegen Russland kam. Von einem gleichberechtigten Bündnis konnte keine Rede sein.

Das Leben der Sugiharas kehrte zu einer gewissen Leichtigkeit zurück. Sie machten Badeausflüge an die Ostsee und waren erstaunt über die Sitten am Strand: In einem Bereich trugen die badenden Ausflügler Bademode, im anderen gar nichts. Und da machte man den Japanern Vorwürfe, dass in ihrem Land vor rund 100 Jahren einmal beide Geschlechter dieselben Badebecken benutzt hatten.

Selbstverständlich stellten für Chiune Sugihara Ausflüge nie nur Ausflüge dar. Er beobachtete das erhöhte Aufkommen militärischer Güterzüge zwischen Berlin und Königsberg und hörte sich in den Gerüchteküchen deutscher Soldaten um. Diese und andere Tätigkeiten blieben auf deutscher Seite nicht unbemerkt. Der Oberpräsident von Königsberg war offenbar informiert über eine Einschätzung des deutschen Geheimdienstes, dass dem Japaner mit Misstrauen zu begegnen sei. Am 5. Juni legte er offiziell Beschwerde beim Auswärtigen Amt in Berlin ein. Grund war allerdings weder Sugiharas Hilfsbereitschaft gegenüber jüdischen Flüchtlingen noch sein Auskundschaften von Militärgeheimnissen, sondern eine Konsulatsfeier, zu der er unangemessenerweise Beamte niederer Ränge eingeladen hatte. Berichte über seine Ausflüge ins Blaue häuften sich ebenfalls. Es gibt Hinweise, dass Sugihara tatsächlich daraufhin nach Ankara versetzt werden sollte. Doch die japanische Seite spielte eine typisch japanische, sehr rituelle Finte: Weil Sugihara noch nicht offiziell vom Kaiser in seinem Amt in Königsberg bestätigt worden sei, könne man ihn auch nicht feuern. Letztendlich verlief die Sache im Sande.

Das Grundstück, das zum Haus der Sugiharas gehörte, war reich gesegnet mit Apfel- und Birnenbäumen, die zur Freude der Kinder stark von Eichhörnchen frequentiert wurden. Bald fütterten die

Jungs sie mit Erdnüssen, was zur Folge hatte, dass die Tierchen zutraulich wurden, ihnen auf den Schultern saßen und bei offenem Fenster gerne ins Haus kamen, um nach der Nussquelle zu suchen. Die Idylle schien vergleichbar mit der in den frühen Tagen in Kaunas, als der Alltag noch mit Gartenarbeit und Vogelzwitschern begann. Doch wenn der Aufenthalt in Kaunas die Sugiharas etwas gelehrt hatte, dann wohl, dass Idyllen trügen können.

Die Eichhörnchen blieben nicht die einzigen kleinen braunen Konsulatsbesucher. Kurz nach Eröffnung machten 30 geschniegelte junge Burschen die Aufwartung. »Heil Hitler!«, brüllten sie aus Kehlen, die den Stimmbruch noch nicht bewältigt hatten. Es handelte sich um eine Gesandtschaft der örtlichen Hitlerjugend. Die Familie Sugihara verstand, dass »Guten Tag!«, wie sie es im Sprachunterricht gelernt hatte, zu den Sitten von gestern gehörte. Als Abgesandte eines Landes, das einen Pakt mit Deutschland geschlossen hatte, wurde die Familie von den Königsbergern wohlwollend aufgenommen. Die Kinder spielten mit den Kindern der Nachbarn und freundeten sich immer wieder mit deutschen Soldaten an, die sie als Gäste mit ins Konsulat schleppten.

Am 5. Mai 1941, dem japanischen Kindertag, wollte Yukiko Sugihara etwas von der Gastfreundschaft zurückgeben und richtete ein Fest für die Kinder und Mütter der Nachbarschaft aus. Wie in Japan üblich, hing sie Koi-Nobori auf, die flatternden Karpfenfahnen, die anzeigen, wie viele Söhne ein Haushalt hat (inzwischen dürfen die Töchter mitflattern). Neben den geladenen Gästen kamen auch Pressevertreter, die sich erstaunt über so viel ausländische Exotik in ihrem kleinen Ort zeigten.

Chiune Sugihara nahm nicht an der Feier teil, er war in jenen Tagen anderweitig beschäftigt. Er berichtete an seine Vorgesetzten, dass nahezu täglich Heereszüge aus Berlin im Bahnhof von Königsberg einfuhren. Am Hafen von Pillau (heute Baltijsk) lagen rund zehn deutsche Dampfschiffe, darunter ein 30 000-Tonner. Außerdem war eine äußerst mannstarke Armee mit Offizieren, die sich

Russischkenntnisse angeeignet hatten, in Ostpreußen in Habachtstellung gegangen. Deutsche Panzer wurden an der deutsch-sowjetischen Grenze gesichtet, die kaum mehr als eine Straße in Litauen war, woraufhin auch die Russen ihre Panzer in die Region schickten.

Sugihara war damit genau hinter die Pläne gekommen, die Hitler vor Japan geheim halten wollte. Er vermutete in seinem Bericht, ein Angriff könnte bereits im Juni stattfinden, doch es gibt keine Anhaltspunkte, dass diesem Bericht im chaotischen japanischen Regierungsapparat größere Aufmerksamkeit geschenkt wurde. Schließlich bestellte Hitler Hiroshi Ōshima im Juni selbst in sein Landhaus Berghof in Obersalzberg, um ihm mitzuteilen, dass sich das Verhältnis zur Sowjetunion nicht zum Besten entwickelt hätte und ein baldiger Angriff unvermeidlich sei.

In Prag und in Königsberg setzte Sugihara 1941 auch das Werk fort, das er im Jahr zuvor in Litauen begonnen hatte: Er stellte Transitvisa für jüdische Flüchtlinge aus. Dieses Mal nicht ganz so viele und unter nicht ganz so dramatischen Umständen, doch die Liste der von ihm Geretteten wurde länger. Insbesondere in Prag machte das schnell die Runde, und wieder kam es vereinzelt zu Schlangen vor seiner Amtsstube. Auch hier achtete Sugihara nicht allzu genau darauf, dass die Ausreisewilligen alle Voraussetzungen des japanischen Außenministeriums erfüllten.

In Prag gehörte es außerdem zu seinen Pflichten, für das japanische Außenministerium seine Zeit in Kaunas aufzuarbeiten und seine Arbeit zu dokumentieren. Unter anderem sollte er eine Liste aller Visa anlegen, die er seinerzeit ausgestellt hatte. In dem Bericht, der am 28. Februar 1941 fertiggestellt wurde, schrieb er von 1092 Visa zwischen 27. Juli und dem 31. August 1940. Dabei hatte er Anfang August bereits die genaue Buchführung und das ordnungsgemäße Nummerieren der Papiere aufgegeben. Die allermeisten verschwieg er also, wohl in der Hoffnung, dass diese, undokumentiert wie sie waren, ihn nie als ein Fluch seiner Vergangenheit einholen würden. Jahrzehnte später wurde eine Liste mit 2139 Namen gefunden, etwas früher datiert, die ebenfalls aus der Korrespondenz mit dem Außenministerium stammte. Die meisten der Dokumente dürften Familienvisa gewesen sein, mit denen mehr als eine Person reisen konnte. Andere Akten sprechen von geringfügig anderen Zahlen; die genaue Anzahl wird angesichts der unübersichtlichen Arbeitsweise in den letzten Tagen in Litauen nicht mehr festzustellen sein.

Dass der Vorfall dem ehemaligen japanischen Vize-Konsul von Litauen während seiner gesamten Zeit in Deutschland und in deutsch besetzten Gebieten nie zum Verhängnis wurde, mutet erstaunlich an – insbesondere, weil der Spion in Kaunas selbst von deutscher Seite ausspioniert worden war. Aus jenem Geheimdienstbericht, der auch den Königsberger Oberpräsidenten misstrauisch gemacht hatte, geht hervor, dass man in Hitlers Reich sehr wohl wusste, dass der japanische Vize-Konsul mit Vorliebe Polen als verdeckte Ermittler einsetzte, die er mit internationalen Papieren ausstattete und gerne mal über Grenzen schickte, um Informationen zu beschaffen. Es ist die Rede davon, dass Sugihara zwar »deutschfreundlich« wirke, aber »englischfreundlich« handele. Auch war bekannt, dass er einzelnen polnischen Flüchtlingen Visa ausgestellt hatte. Der Bericht endete mit der Feststellung, dass »Berlin informiert« sei und man mit Sugihara nur unter Vorbehalt zusammenarbeiten könne. Möglicherweise schreckte man vor größeren Repressalien zurück, weil man sich versprach, über den vermeintlich kleinen Spion Sugihara an größere Spione heranzukommen.

Wie also konnte es sein, dass der deutsche Geheimdienst eine Handvoll verdächtiger Personen im Umfeld des Konsulats genauestens beobachtete, dass ihm derweil jedoch die Hunderte, wenn nicht Tausende Juden vor dem Tor entgingen? Dazu gibt es eine Theorie, für die keinerlei konkreten Belege vorliegen, die jedoch bei aller zunächst abenteuerlicher Anmutung nicht gänzlich unplausibel scheint: Womöglich war Wolfgang Gudze der deutsche Spion – Sugiharas treuer, hitlerbegeisterter, judenfreundlicher Sekretär. Manche Quellen geben ohne Nachweis an, es habe sich bei ihm um einen »Gestapo-Agenten« gehandelt. Denkbar wäre es. Gudzes empathisches Interesse an der jüdischen Kultur und seine Sympathie für die Flüchtlinge vor der Botschaft sind verbürgt. Der Student Moshe Zupnik, mit dem er gemeinsam beim Ausstellen der Visa assistierte, nannte ihn »a groyse zaddik«, einen Rechtschaffenen. Vielleicht gab Gudze gerade genug Informationen über Sugiharas Umtriebe an seine deutschen Auftraggeber weiter, um nicht selbst als Sympathisant in Verdacht zu geraten, verschwieg aber das aus deutscher Sicht größte Vergehen seines japanischen Arbeitgebers, weil er eben wirklich »a groyse zaddik« war. Es ist jedoch so wenig Konkretes über diesen Wolfgang Gudze (oder Gutze oder Gudje oder Gudsche) bekannt, dass Google ihn bei der Namenssuche gar als einen »fiktiven Charakter« ausweist. (Vermutlich wegen einer japanischen Verfilmung der Sugihara-Geschichte, in der Gudze von einem polnischen Schauspieler verkörpert wurde.)

Wenngleich die Rettung Tausender jüdischer Flüchtlinge die Sugiharas in Deutschland nicht in Bedrängnis bringen sollte, so dauerte es dennoch nicht lange, bis sich der Himmel über ihrem Schicksal verfinsterte.

Als die Königsberger Karpfenidylle unwiderruflich zerbrach, war das weder deutschen noch russischen Soldaten geschuldet. Das Schlüsselereignis trug sich nicht einmal auf dem europäischen Kontinent zu. Der Aggressor war das japanische Militär, und der Übergriff fand auf dem Gebiet der USA vor Hawaii statt. Am 7. Dezember 1941 griffen die Kaiserlich Japanischen Marinestreitkräfte Pearl Harbor an. Ohne Vorwarnung zerstörten Bomber und U-Boote in zwei Angriffswellen 18 amerikanische Schiffe und 188 Flugzeuge.

Über 2400 Amerikaner wurden getötet, über 1000 weitere verwundet. Die Verluste auf japanischer Seite hielten sich im mittleren zweistelligen Bereich. Am Tag darauf erklärten die USA Japan den Krieg. Die japanische Regierung hatte nichts anderes erwartet und ihren Diplomaten in Europa zwei Wochen vor dem Angriff geraten, ihre Familien zurück nach Japan zu schicken. Wäre der Krieg erst einmal ausgebrochen, wäre eine Rückkehr schwierig und gefährlich. Sugihara hatte im September bereits selbst um eine Rückkehr nach Japan für die ganze Familie ersucht, begründet mit Hirokis Schulpflicht und eigenen gesundheitlichen Problemen, war jedoch abgewiesen worden. Als Chiune Sugihara jetzt seiner Frau mitteilte, dass zumindest sie und die Kinder abreisen konnten, antwortete sie: »Nein, ich bleibe bei dir, selbst wenn das meinen Tod bedeuten sollte.« Sie argumentierte, dass sie in Japan in viel größerer Angst leben würde, wenn sie nicht wüsste, wie es ihrem Mann in der vom Krieg erschütterten Ferne erging.

Chiune akzeptierte den Entschluss seiner Frau, obwohl er kaum begeistert war, sie und seine Söhne im Herzen des Zweiten Weltkriegs zu wissen, in den nun auch Japan unwiderruflich verwickelt war. Er sagte: »Wir werden diesen Krieg verlieren.« Das war schon in Kaunas sein Standpunkt gewesen, als Deutschland und Japan kaum mehr als auf dem Papier Verbündete waren und als Japan die größte Gefahr in Russland verortete, was die deutsche Rhetorik gerne bestätigte. Hermann Göring hatte bereits 1934 den damaligen japanischen Botschafter in Berlin, Matsuzō Nagai, unter vier Augen beschworen, dass Japan eine Bastion gegen den Bolschewismus in Asien sein müsse, wie Deutschland eine in Europa sein würde. Hitler stieß ins selbe Horn: Außer Deutschland und Italien könne lediglich Japan der weltweiten Bedrohung des Bolschewismus die Stirn bieten. So kam es 1936 zum Antikominternpakt, dem 1937 auch Italien beitrat.

Doch nun hatte Japan nicht nur die Bolschewisten gegen sich, sondern anscheinend die ganze Welt. Der Angriff war am nächsten

Tag auch in der lokalen Presse von Königsberg der Aufmacher. Als der Hausdiener den Sugiharas die Morgenzeitung an den Tisch brachte, deutete er auf eine Karte von Japan, die die Titelgeschichte illustrierte. Er fragte: »Ist Japan wirklich so klein? Das sieht ja aus, als würde man gleich ins Meer fallen, wenn man da mal stolpert.«

So dachten damals viele. Ein kleines Land, über das niemand allzu Genaues wusste oder wissen wollte, war in den Mittelpunkt des Interesses geraten, in Washington wie in Königsberg.

Drei Tage nach der Kriegserklärung der USA gegen Japan erklärten Deutschland und Italien den USA den Krieg. Das Leben in Deutschland veränderte sich über Nacht, auch für die japanische Diplomatenfamilie. Die britische Royal Airforce flog unerbittlich Luftangriffe auf Städte in Deutschland und Österreich. Tanzveranstaltungen wurden verboten. Diplomaten waren zwar vom Tanzverbot ausgenommen, doch ihnen war nun auch nicht mehr nach Feiern zumute.

Es war wieder einmal Zeit für Chiune Sugihara, weiterzuziehen. Hiroshi Ōshima beförderte ihn im Herbst 1942 zum Minister und wies ihm sogleich eine neue Dienststelle zu: in Bukarest. Auf der Fahrt nach Rumänien machte die Familie für mindestens eine Übernachtung in Berlin halt. Die Sugiharas erkannten die Stadt kaum wieder. Obwohl sie sich bei ihrem ersten Aufenthalt ob Chiunes Visa-Affäre weder wohl noch sicher gefühlt hatten, so hatten sie die Stadt doch als eine imposante, lebhafte Metropole kennengelernt. Davon war nichts mehr übrig. Das Brandenburger Tor, durch das die Familie vor nicht allzu langer Zeit noch staunend flaniert war, hatten Bomben und Gewehrkugeln stark beschädigt. Dabei standen die verheerendsten Angriffe auf Berlin erst noch bevor. Von ihrem Hotel aus sahen die Sugiharas vor allem den Fahrstuhl und den Keller, in den sie mehrmals fliehen mussten, als nachts ein ums andere Mal der Fliegeralarm durch die verdunkelten Straßen schrillte. Bei einer ihrer Fahrten hinab in das Gewölbe, das laut Yukiko »groß wie ein Parkplatz« war, trafen sie eine wunderschöne junge Frau mit blondem Haar im Fahrstuhl. Sie war bleich und murmelte immer wieder: »Deutschland wird niemals besiegt werden. Wir werden bis zum Ende kämpfen. Wir werden wieder aufstehen.«

Die Familie entkam der Bombardierung Berlins, und Chiune Sugihara trat 1943 seine Stelle als Minister der japanischen Delegation in Rumänien an, zumindest formell. Tatsächlich war der Minister, den er ablösen sollte, weiterhin vor Ort und im Amt. Die Kriegszustände im Land hatten seine Abreise verhindert. Chiune begnügte sich damit, als Übersetzer und Dolmetscher für Russisch zu fungieren. In ihrem geräumigen Apartment in einem Mehrfamilienhaus hatte Yukiko, befreit vom gesellschaftlichen Verpflichtungskatalog früherer Posten ihres Mannes, endlich Zeit, sich ein wenig auszuruhen. Soweit man sich als Mutter von drei Söhnen ausruhen kann. Hiroki, Chiaki und Haruki waren inzwischen acht, sechs und vier Jahre alt.

Zum Glück hatte sie Hilfe, nicht nur von Setsuko. Ein örtliches Kindermädchen hatte an den Jungen einen Narren gefressen. Ihr Name lautete Pika, oder zumindest hatte sie ihn sich angeeignet. Es zog sie zum Film, und Pika war der Name einer berühmten Schauspielerin. Tagsüber trug sie Lumpen, die jeden Kinderquatsch aushielten, abends unterhielt und bediente sie die Gäste der Sugiharas in feinen schwarzen Kleidern auf Französisch, Deutsch und Englisch.

Sie putzte auch die Jungs gern fein raus und klingelte dann anliegende Wohnungen durch, damit die drei auf ihren Akkordeons den Nachbarn Ständchen bringen konnten. Sie stolzierte mit ihnen durch die Straßen der Stadt und rief laut: »Seht euch diese liebreizenden Buben an!« Immer wieder hielten Passanten inne und attestierten, dass diese Buben tatsächlich äußerst liebreizend seien. Sie spielten mit den Kindern und verwickelten sie in Gespräche. Das war den Eltern, die aus Japan größere Zurückhaltung im öffentlichen Leben gewohnt waren, ziemlich fremd, wenngleich nicht unbedingt unangenehm. Die Kinder hatten zu diesem Zeitpunkt freilich keine nennenswerten Erinnerungen an Japan mehr, der Jüngste war nie dort gewesen. In den Straßen von Bukarest waren sie so beliebt wie die Tanzbären, die die Landbevölkerung regelmäßig in die Stadt brachte, um die Stadtmenschen mit ihren Darbietungen zu unterhalten.

Später zog die Familie in ein Haus an einem See am Rand der Stadt. Im Sommer gingen die Kinder jeden Tag schwimmen. In dieser Hinsicht kamen sie nach ihrem Vater. Chiune Sugihara wurde gut bezahlt, und das Leben in Rumänien kostete jemanden wie ihn eh nicht viel. Die Familie legte sich ein Feriendomizil zu, eine Stunde außerhalb Bukarests. Es war ein hübsches weißes Häuschen im Wald. Auf einer Seite hatte es einen großen Rosengarten, auf der anderen wurde es von einer Allee mit mächtigen Pappeln gesäumt. Auch hier war ein Badesee nicht weit. In dieser Umgebung konnte man fast vergessen, dass um einen herum der Krieg tobte.

In der Stadt war es derweil nicht zu übersehen. Bukarest wurde immer wieder zum Ziel von Bombenangriffen, und die Sugiharas bekamen die Weisung, so bald wie möglich ihren Hauptwohnsitz zu evakuieren. Ihr Ferienhaus würde nicht nur im übertragenen Sinne ihre Zuflucht werden. Das Ausmaß der Gefahr war leicht zu erkennen. Auf einer ihrer Autofahrten hatten sie am Straßenrand ein Kraftfahrzeug gesehen, das von der Wucht einer Explosion auf ein Hausdach geschleudert worden war. Als sich die Gerüchte um einen weiteren, unmittelbar bevorstehenden Luftangriff verdichteten, beschloss Chiune Sugihara, den Anordnungen seiner Vorgesetzten zu folgen: »Wir sollten von hier verschwinden, bevor die Bombardierung beginnt«, sagte er seiner Familie.

Unter großer Eile wurden die wichtigsten Habseligkeiten samt Hausdiener ins Auto gepackt, und die erweiterte Familie begab sich aufs Land. Es war ein beschwerlicher Weg, denn auf den Straßen war außer Rauch nicht viel auszumachen.

»Was ist das?«, fragte Hiroki.

Sein Vater antwortete mit einer Stimme, die unter einer festen Oberfläche äußerst dünn war: »Die Deutschen haben eine Nebelwand errichtet.«

Egal, in welche Richtung er schaute, Chiune Sugihara konnte nur wenige Meter weit sehen. Dennoch fuhr er – entgegen seines üblichen gemütlichen Fahrstils – mit hoher Geschwindigkeit durch den endlosen Qualm. Er bemühte sich zwar, seine Angst vor seiner Frau und vor allem vor seinen Kindern zu verbergen, doch großen Erfolg hatte er dabei nicht. Alle Insassen des Wagens fürchteten um ihr Leben, und das aus gutem Grund. Um sie herum lagen Ölraffinerien, die bevorzugte Ziele der alliierten Bomber waren, da die deutschen Truppen zur Betankung ihrer Fahrzeuge auf sie angewiesen waren. Die Familie konnte von Glück sagen, dass an jenem Tag mehr Wagen aus der Stadt hinaus- als in sie hineinwollten und alle es dabei eilig hatten. Ein einziges entgegenkommendes Fahrzeug oder ein übervorsichtiger Fahrer vor ihnen hätten ihnen zum Verhängnis werden können.

Sie passierten die mittelalterliche Stadt Braşov, die ebenfalls häufiges Ziel von Luftangriffen war, und kamen wie durch ein Wunder unfallfrei bei ihrem weißen Haus mit Rosengarten an. Gerade als sie sich einen Moment der Erleichterung und des Aufatmens gönnten, hörten sie im Radio die Nachricht, dass die alliierten Flugzeuge kehrtmachten, um einen erneuten Angriff in der Region zu fliegen. Vom Rosengarten aus konnten die Sugiharas amerikanische Flugzeuge ausmachen. Doch das Haus war von Bäumen verdeckt und vermutlich eh kein attraktives Ziel für die Angreifer.

Nachdem Berichte von einem verheerenden Angriff auf Braşov die Runde machten, beschlossen Yukiko Sugihara und ihre Schwester Setsuko, sich die Ausmaße der Zerstörung mit eigenen Augen anzusehen. Yukiko wusste, dass ihr Mann ihr ein solch gefährliches

Unterfangen untersagen würde, also meldeten sich die beiden Frauen nicht bei ihm ab.

Bereits auf dem Weg kamen ihnen Lastwagen entgegen, die Leichen abtransportierten. Dann sahen sie einen Gegenstand am Straßenrand liegen, den sie zunächst nicht identifizieren konnten. Sie hielten den Wagen an. Setsuko stieg aus, um sich das genauer anzusehen. Dann stieß sie einen schrillen Schrei aus und sprang in Windeseile zurück ins Auto. Es war ein menschliches Bein. Es war nicht das letzte abgetrennte Körperteil, das sie auf ihrem morbiden Ausflug sehen sollten, den sie schließlich vorzeitig beendeten.

In ihrem Haus im Wald waren die Sugiharas einigermaßen sicher. Doch Chiune musste immer wieder in die Stadt, um seinen beruflichen Pflichten nachzukommen. Als Yukiko ihn eines Morgens verabschiedet hatte, warf der Hausdiener ihr einen seltsamen Blick zu. Sie fragte, was ihn bewegte.

Er antwortete mit der Gegenfrage: »Haben Sie und Ihr Mann sich gestritten?«

Frau Sugihara wiederum wollte wissen, wie er denn auf diese Idee käme, und er entgegnete, dass ihm der Abschied nicht gerade herzlich vorgekommen sei. Das wunderte Yukiko, denn sie hatten sich doch durchaus mit den üblichen Floskeln verabschiedet. Dann erinnerte sie sich, welche Szenen zur Schau gestellter Zuneigung sie bei ähnlichen Anlässen in europäischen Haushalten beobachtet hatte. Sie notierte in ihren Memoiren: *»Europäische Frauen umarmen und küssen ihre Gatten, wenn diese das Haus verlassen. Sie scheinen den Gedanken nicht zu ertragen, auch nur kurze Zeit von ihnen getrennt zu sein.«*

Da ahnte sie noch nicht, dass ihr selbst eine überdurchschnittlich lange Trennung von ihrem Gatten bevorstand.

Während Chiune Sugihara öfter aus beruflichen Gründen die lange, gefährliche Fahrt in die Stadt unternahm, hatte seine Frau ganz eigene Gründe, als sie eines Tages im Mai ihren Fahrer bat, sie nach Bukarest zu bringen: Sie vermisste ihre Schallplatten. Insbesondere diejenigen, die sie in Helsinki vom finnischen Komponisten Jean Sibelius persönlich geschenkt bekommen hatte. Sie fürchtete, dass sie die kostbaren Erinnerungsstücke nie wieder sehen und hören würde, wenn die Familie Hals über Kopf das Land verlassen müsste. Dieser Fall konnte jederzeit eintreten.

Auf dem Weg hatte der Wagen eine Panne, die sich so schnell nicht beheben ließ. Yukiko Sugihara blieb zunächst nichts anderes übrig, als am Straßenrand zu warten, während der Fahrer sich an der Reparatur versuchte.

Viele Wagen passierten sie. Einer hielt an. Ein Wagen mit Hakenkreuz. Es war ein deutscher Truppentransporter. Ein Offizier stieg aus, um sich die Situation genauer anzusehen. Nachdem die japanische Diplomatenfrau ihre missliche Lage erklärt hatte, erbot er sich, sie in die Stadt mitzunehmen. Yukiko ordnete ihrem Fahrer an: »Bitte holen Sie mich ab, sobald der Wagen repariert ist.« Sie stieg in das deutsche Fahrzeug, nahm Platz zwischen den uniformierten Soldaten und war wieder auf dem Weg zu ihren Schallplatten.

Allerdings nicht lange. Ein weiterer deutscher Soldat stand mitten auf der Fahrbahn. Er forderte seine Kameraden auf anzuhalten. Er erläuterte: »Die Kämpfe haben Bukarest erreicht. Die deutschen Truppen wurden bereits besiegt.«

Yukiko Sugihara wollte sich dennoch nicht geschlagen geben. Sie musste wirklich sehr an diesen Schallplatten gehangen haben. Sie fragte den Soldaten auf der Straße: »Glauben Sie, wir können noch in die Stadt hineinfahren?«

Er antwortete: »Niemand kann mehr in die Stadt. Das ist zu gefährlich. Am sichersten wären Sie im Wald.«

Sie wusste, dass sie in den endlosen Wäldern niemals den Weg zurück zu ihrem Ferienhaus finden würde. Also blieb sie bei den Soldaten, die sich mit ihrem Transporter nun den Weg ins Dickicht bahnten. Dort begegneten sie weiteren deutschen Soldaten, die aus Bukarest geflohen waren und sich im Schutz der Bäume auf den Weg zur ungarischen Grenze machten, immer auf der Hut vor Rotarmisten, die mit ihren Gewehren im Anschlag den Wald durchkämmten.

Die Grenze war auch das Ziel, das Yukikos neue Fahrgemeinschaft hatte. Sie selbst hatte in dieser Angelegenheit kaum eine Wahl. Sie mochte sich an den Gedanken klammern, dass Japan und Deutschland immerhin Verbündete waren.

Der Trupp machte auf einer Lichtung halt, auf der bereits andere deutsche Armeefahrzeuge standen. »Bleiben Sie hier«, sagte der Fahrer ihres Wagens zu Yukiko und verließ die Fahrerkabine. Die anderen Soldaten folgten ihm. Bevor sie etwas erwidern konnte, war sie allein im Auto. Keiner der Deutschen da draußen beachtete sie. Sie schienen ihr weiteres Vorgehen zu besprechen. Einige kehrten offenbar zurück von Erkundungsgängen. In der Ferne waren Gewehrfeuer und Granateneinschläge zu hören.

Schließlich kam der Fahrer zurück und informierte Yukiko: »Alle Straßen sind gesperrt. Wir werden hier eine Weile ausharren müssen.« Er erklärte, dass es außer der Roten Armee auch rumänische Freiheitskämpfer auf die Deutschen abgesehen hätten. Man musste auf der Hut sein.

Yukiko wollte nicht allein im Wagen bleiben. Sie stieg aus und vertrat sich die Beine, stets in sicherer Nähe des Lagers. Sie dachte an ihre Kinder und daran, dass sie sie womöglich nie wiedersehen würde.

Plötzlich baute sich ein junger, groß gewachsener Offizier vor ihr auf, auf der Brust das Eiserne Kreuz. Er fragte: »Sprechen Sie Deutsch?«

Yukiko bejahte das.

»Woher kommen Sie?«

Seine Größe schüchterte sie derart ein, dass sie kein Wort herausbrachte.

»Die Partisanen haben im ganzen Wald Stellung bezogen«, fuhr er fort. »Wir können im Moment nicht weiter.«

Ein schwaches »Ist das so?« war alles, was Yukiko hervorbrachte.

»Jedenfalls werden Sie hier kaum alleine herauskommen. Sie sollten bei uns bleiben.« Er bedeutete ihr, ihm zu folgen. Sie kamen zu einem Fahrzeug, das abseits der anderen stand. Der Offizier sagte: »Bitte steigen Sie ein. Diesen Wagen können Sie als Ihr Haus betrachten.«

Yukiko wusste nicht recht, was sie von diesem Angebot halten sollte, sah aber keine Möglichkeit, es auszuschlagen. Sie stieg in den Wagen ein, und der Offizier machte sich von dannen.

Als die Nacht hereinbrach, brachte ihr ein Soldat ein Stück hartes Brot und eine Aluminiumschale mit einer öligen, übel riechenden Fleisch- und Gemüsesuppe. Yukiko versuchte ihr Bestes, konnte aber nur zwei Bissen bewältigen. Sie fragte sich, wie lange sie wohl in diesem Wagen würde bleiben müssen. Dort war eine Decke, unter der sie zu schlafen versuchte. Oft blieb es beim Versuch.

Tagelang musste die Gruppe im Wald ausharren. Yukiko verlor ihre Angst vor dem Offizier, der sie zu ihrem Wagen gebracht hatte. Er stellte sich ihr als Herr Dürer vor. Sie sprach mit ihm über ihre Heimat und ihre Familie, ihre Kinder. Er interessierte sich insbesondere für ihr Land.

Eines Morgens klopfte ein älterer Offizier an Yukikos Wagentür. »Guten Tag!«, rief er. Ihr war bereits zuvor aufgefallen, dass keiner der Soldaten im Wald mehr »Heil Hitler« sagte. »Darf ich eintreten?« Sie ließ ihn hinein. Er setzte sich, sah sich um und stellte fest: »Das ist ein guter Ort. Sehr ruhig.« Nach einer weiteren Pause: »Ich hatte zwei Söhne. Beide sind im Krieg gefallen.«

»Das ist sehr schade«, antwortete Yukiko. »Was ist mit Ihrer Frau?«

»Sie ist einsam.« Er war es offenbar ebenfalls. Er sprach noch eine Weile über sich selbst, dann verließ er den Wagen.

Sie erzählte Dürer von der Begegnung. Ihr war aufgefallen, dass er nicht mehr wie ein Offizier wirkte, sondern wie ein aufgeweckter Jugendlicher. Er antwortete mit einem Lächeln: »Es gibt einige Kameraden, die gerne mit Ihnen sprechen würden.«

Und so wurde Yukiko Sugihara die Sorgentante für besiegte Nazisoldaten im rumänischen Wald.

Als sie Dürer zum letzten Mal sah, hatte seine Miene wieder ernstere Züge angenommen. Er kam eines Nachts, in der ein Sturm vehement durchs Lager wütete, an ihren Wagen. Er sagte ihr, dass es nun an der Zeit sei, den Ort zu verlassen.

Sie hatte inzwischen Vertrauen zu den Männern gefasst, benutzte sogar die behelfsmäßige Dusche ohne Furcht, jemand könne einen Blick oder mehr riskieren. Ihr eigenes Kleid hatte sie gegen eine deutsche Uniform getauscht. Sie entgegnete: »Vielen Dank, dass Sie mich beschützt haben.« Den unbestimmten, aber dringlichen Gedanken, der ihr gekommen war, sprach sie nicht aus: Wenn wir den Wald verlassen, muss einer von uns sterben.

Dürer ergriff ihre Hände und antwortete: »Es war mir ein Vergnügen. Ich habe Ihre Gesellschaft sehr genossen. Ich werde Sie niemals vergessen.«

Sie hielten sich eine ganze Weile bei den Händen, Tränen liefen über beide Gesichter. Es war der intimste Moment, den Offizier Dürer und Frau Sugihara teilen sollten.

Kaum hatte sich die Wagenkolonne in Bewegung gesetzt und war wieder auf asphaltierten Straßen unterwegs, hörten sie das Bombardement und sahen rotes Feuer in der Nacht. Der Lärm und die Explosionen kamen näher, und bald waren sie mittendrin. Sie wurden angegriffen. Yukiko sah mit Schrecken, wie ein Wagen Feuer fing. Soldaten sprangen heraus, versuchten verzweifelt, auf andere Fahrzeuge zu gelangen. Mindestens zwei von ihnen fanden dabei den Tod.

Der ganze Himmel war feuerrot, als einer der Deutschen rief: »Alle raus aus den Wagen!«

Sie schlugen sich ins Gras am Rande der Straße. Dürer warf sich über Yukiko, als eine Granate in unmittelbarer Nähe eine Säule aus Erdreich und Feuer in die Luft spuckte.

Mit raschen Schritten traten sie den Rückzug in den Wald an. Ihre eigene Munition war so gut wie aufgebraucht, als immer mehr Gewehrkugeln um sie herum durch die Luft zischten, ins Gras und in Leiber fuhren. Genau vor Yukiko fiel ein Soldat getroffen zu Boden.

Sie hielt abrupt an, als sie direkt in den Lauf eines Gewehrs starrte. Es gehörte einem rumänischen Partisanen. Er zielte auf sie. Sein Gesicht verriet, dass er die Bedeutung dieser japanischen Frau unter deutschen Soldaten nicht recht einordnen konnte. Er ließ das Gewehr sinken und verschwand im Dickicht.

Yukiko sah sich nach Dürer um, der nie von ihrer Seite gewichen war. Sie fand ihn im Gras liegend. Sie rief seinen Namen, doch er antwortete nicht. Ihre diffuse Ahnung hatte sich bestätigt.

Im Morgengrauen ließen die Kampfhandlungen nach. Die Deutschen machten sich zu Fuß auf in Richtung Grenze. Yukiko verabschiedete sich. Sie musste in die andere Richtung, musste irgendwie zurück zu ihrem Refugium im Wald. Zu ihren Kindern, ihrer Familie, ihrem behüteten glamourösen Diplomatenleben.

Sie ging, soweit ihre Erschöpfung es zuließ. Sie dachte nicht nur an ihre Familie, sie dachte auch an den jungen Dürer, der sein Leben in einem fremden Land gelassen hatte, gefallen ohne einen Grabstein. Bald weinte sie so heftig, dass sie sich setzen musste. Als keine Tränen mehr kamen und sie sich die letzten aus den Augen gewischt hatte, sah sie ein Haus in der Ferne. Dort würde sie nach dem Weg nach Braşov fragen können, und von dort würde sie den Weg nach Hause finden.

Noch bevor sie an die Tür klopfen konnte, flog diese auf, und Yukiko Sugihara wurde ins Innere gerissen. Sie war umzingelt von bewaffneten Partisanen, die ihre Gewehre auf sie gerichtet hatten. Einige stießen sie mit den Läufen ihrer Waffen.

Yukiko sprach nur wenig Rumänisch. Sie entschied, dass es keine gute Idee war, diese Männer auf Deutsch zu beschwichtigen. Es war schon schlimm genug, dass sie eine Uniform der deutschen Armee trug. Also versuchte sie es auf Russisch. »Ich bin die Frau eines japanischen Diplomaten!«, rief sie immer wieder, während sich weiterhin Gewehrläufe in ihren Körper bohrten.

Die Männer verstanden offenbar, was sie sagte. Ob sie ihr glaubten, stand auf einem anderen Blatt. »Dein Haar ist nicht schwarz und zurückgebunden, und deine Haut ist nicht gelb!«, bellte einer. Danach debattierten sie untereinander weiter. Yukiko verstand nur Gesprächsfetzen. »Japaner haben Schlitzaugen! Die sieht nicht aus wie eine Japanerin!« Tatsächlich waren Yukikos Haarfarbe und Hautton etwas heller als beim Großteil der Japaner, was angesichts ihrer nordjapanischen Vorfahren nicht ungewöhnlich war. Und dass die Frisur nach einer tagelangen Odyssee durch Wald und Wiesen nicht mehr perfekt saß, mochte verständlich sein. Von all dem abgesehen, konnten kaum Zweifel bestehen, dass ihre Gesichtszüge dem entsprachen, was man etwas verallgemeinernd als japanische Physiognomie beschreiben könnte. Wahrscheinlich hatten diese

Partisanen einfach noch nie zuvor eine Japanerin gesehen. Einer von ihnen sagte: »Sie könnte eine Spionin sein!«

Die Männer waren offensichtlich noch aufgeputscht von der erfolgreichen Schlacht gegen die Deutschen aus dem Wald und hatten wenig Skrupel, weiteres Blut zu vergießen. Mit dem letzten Mut der Verzweiflung, vielleicht auch nur mit blanker Verzweiflung, rief Yukiko auf Japanisch: »Ich bin Japanerin! Erschießen Sie mich, wenn es sein muss!«

Die Männer hielten inne. Vermutlich konnten sie die japanische Sprache ebenso wenig genau identifizieren wie die Japanerin. Und ein paar Brocken Japanisch machten nicht gleich eine Japanerin. Doch irgendetwas flößte ihnen Respekt ein. Oder ließ immerhin Zweifel aufkommen.

Mit neu gewonnener Autorität sagte die Diplomatengattin: »Bringt jemanden, der Deutsch oder Russisch spricht!«

Yukiko blieb ihre Gefangene, doch die Gewehrläufe wurden gesenkt. Hinsetzen durfte sie sich nicht. Ihre Beine begannen zu zittern. Es war nicht leicht, in rumänischen Wäldern jemanden zu finden, der für eine japanische Diplomatengattin dolmetschen konnte.

Bis zum Abend jedoch hatte sich tatsächlich jemand gefunden, dem sie sich auf Deutsch verständlich machen konnte. Sie erklärte ihm ihre Lage. Er glaubte ihr und bat sie, sich zu setzen. Viel länger hätte sie auch nicht stehen können. Sie nahm auf einem Stuhl Platz, und der Dolmetscher gab ihre Geschichte weiter. Die Anspannung wich von den Männern. Vereinzelt wurde herzhaft gelacht. Schließlich brachte man sie in ein Dorf, bereitete ihr ein Bad und ein Abendessen. Der Dorfälteste sagte: »Morgen bringen wir Sie zurück in Ihr Haus.«

Am nächsten Morgen fuhren sie mit dem Wagen durchs Gebirge, um die gefährlichen Landstraßen zwischen den Städten zu vermeiden. Als sie auf dem Grundstück der Sugiharas ankamen, erwarteten die Kinder und Chiune ihre Mutter und Ehefrau am Eingang des Hauses. Chiune Sugihara war überrascht, seine Frau in einer deutschen Uniform aus einem Wagen voller rumänischer Rebellen klettern zu sehen. Yukiko war ebenfalls über den Anblick ihres Mannes überrascht. Er war in den letzten Jahren recht füllig geworden. Jetzt wirkte er regelrecht hager.

Die Sorge um seine Frau mag für seine Appetitlosigkeit in den acht Tagen, in denen sie verschwunden war, nicht allein verantwortlich gewesen sein. Auch um sein eigenes Leben musste er fürchten. Selbstverständlich hatte er sich auf die Suche nach Yukiko gemacht. Immer wieder wurde er dabei von russischen Soldaten aufgegriffen, die auf offizielle Verbündete der Deutschen nicht wesentlich nachsichtiger reagierten als auf Deutsche. Wie Yukiko starrte auch er in dieser Zeit in mehr als einen Gewehrlauf. Es war seinen Russischkenntnissen und seinem diplomatischen Geschick zu verdanken, dass er sich erklären und sogar ein wenig Mitgefühl für sein Anliegen gewinnen konnte. Einige Russen halfen ihm bei der Suche, doch sie mussten bald einsehen, dass sie aussichtslos war. Chiune tastete sich langsam an den Gedanken heran, dass seine Frau wahrscheinlich nicht mehr am Leben war.

Am 30. April 1945 beging Adolf Hitler Selbstmord, am 8. Mai kapitulierte die Wehrmacht. Damit war der Zweite Weltkrieg in Europa offiziell vorüber. In anderen Teilen der Welt war die Lage weniger klar. Das Außenministerium in Tokio hüllte sich in Schweigen, die japanische Botschaft in Berlin war für Chiune Sugihara nicht zu erreichen. Ende Juli kam schließlich die Aufforderung der japanischen Delegation in Rumänien, nach Bukarest zurückzukehren. Die Familie hatte dabei kein gutes Gefühl, gleichwohl auch keine Wahl.

In der Stadt waren nun die russischen Besatzer an die Stelle der deutschen getreten und benahmen sich nicht viel anständiger. Sie demütigten und bestahlen die Zivilbevölkerung. Yukiko berichtete, wie russische Offiziere oft drei oder vier Armbanduhren zugleich an ihren Armen stolz präsentierten. Die Sugiharas wurden von der japanischen Delegation instruiert, sich darauf gefasst zu machen, dass die Russen sie jederzeit ausweisen konnten. Sie saßen in ihrer prachtvollen Wohnung auf gepackten Koffern.

Tatsächlich dauerte es nicht lange, bis die Rote Armee an die Türen der Botschaft klopfte. Die Sugiharas und andere Mitglieder ihrer Delegation wurden in einer russischen Militärresidenz für mehrere Tage unter Hausarrest gestellt. Bewacht wurden sie von Rumänen, denen es an Strenge mangelte, weshalb die Kinder draußen spielen und sich mit den Nachbarskindern anfreunden durften. Überhaupt waren die Söhne so etwas wie die Eisbrecher der Sugiharas. Auch einige der Soldaten behandelten sie freundlich, brachten ihnen beispielweise eine Schildkröte als Spielkameraden. Unter diesen Bedingungen war ihr Aufenthalt unter der Obhut des Feindes sicherlich kein reines Vergnügen, aber kaum mit Kriegsgefangenschaft zu vergleichen – oder mit der Odyssee, die Yukiko Sugihara gerade hinter sich gebracht hatte. Man wartete mit nervöser Anspannung, wie sich die internationale Lage entwickeln würde.

Sie entwickelte sich nicht zum Vorteil Japans und der Sugiharas. Kurz vor Mitternacht des 8. Augusts erklärte Russland Japan offiziell den Krieg. Daraufhin rief ein gewisser Offizier Shimonuki, der mit den Sugiharas unter Arrest stand, alle seine Landsleute zu sich. Er zog sein Samuraischwert und versicherte den Versammelten: »Wenn uns die Russen von hier fortbringen wollen, werde ich uns alle töten. Bitte stellen Sie sich darauf ein. Als Japaner können wir nicht in Schande leben.« Fortan hatte er das Schwert auch am Esstisch stets griffbereit. Die Sicherheitsvorkehrungen in der provisorischen Gefangenschaft waren offenbar äußerst lax.

Am 6. und 9. August fielen die Atombomben auf Hiroshima und

Nagasaki. Am 15. August kapitulierte Japan im Zweiten Weltkrieg. Bevor Offizier Shimonuki mit dem Säbel kommen konnte, hatten die Sugiharas ihre Sachen gepackt und wurden in ein Internierungslager am Rande der Stadt gebracht.

KAPITEL 10

IN GEFANGENSCHAFTEN

Herr Sugihara darf nicht arbeiten.
Weihnachten in Baracken.
Ein Höllentrip durch eisige Landschaften.

Im Lager wurden der Familie zwei Räume mit Strohmatten und Kohleofen zugeteilt. Setsuko Kikuchi und die beiden älteren Söhne teilten sich einen, die Eheleute Sugihara und der jüngste Sohn den anderen. Die kargen Verhältnisse belasteten vor allem Chiune. Er hatte hier einen Sonderstatus, der unter diesen Umständen gar nicht in seinem Sinne war. Die deutschen Kriegsgefangenen mussten draußen arbeiten, doch Diplomaten wie er waren von dieser Pflicht befreit. Außer ihm waren noch ein italienischer Diplomat und ein weiteres Mitglied der japanischen Delegation vor Ort. An das Nichtstun gewöhnte er sich schwerer als an die verdreckte Unterkunft. Die Stimmung war gedrückt, und der heranrückende Winter mit grauen Himmeln und schwerem Schneefall machte es nicht besser. Niemand wusste, wie lange sie hier ausharren mussten. Und niemand wusste, was sie danach erwarten würde. Vielleicht würden sie sich schon bald nach ihren eingeschneiten, ungemütlichen, aber immerhin warmen Baracken am Rand von Bukarest zurücksehnen.

Das Essen wurde von den deutschen Kriegsgefangenen zubereitet und serviert: Suppe mit zwei Pfund Fleisch und einem Pfund Fisch pro Monat, aber ohne Gemüse. Dazu gab es Obst, das die Sugiharas von einem alten Bauern kauften; man hatte ihm erlaubt, auf dem Gelände Handel zu treiben. Es waren auch die Deutschen, die für die einzige Art von Unterhaltung sorgten. Sie spielten Geige und Klavier für die anderen Insassen. An Weihnachten brachte eine ehemalige Nachbarin der Sugiharas aus Bukarest Kuchen für die Kinder vorbei. Sie hatte den langen Weg durch den Schnee zu Fuß zurückgelegt.

Fast das ganze Jahr 1946 verbrachte Familie Sugihara mit dem immergleichen Tagesablauf in diesem einen Lager, ohne dass sich die russische Leitung zu ihrem weiteren Schicksal äußern konnte oder wollte. Im Winter jenes Jahres kam die Nachricht dann ganz ohne Vorwarnung: »Wir lassen Sie nach Japan zurückkehren. Sie werden sofort aufbrechen.«

Die Kinder waren ein bisschen enttäuscht, dass sie ihre Freunde im Lager verlassen mussten. »Wohin gehen wir?«, fragte Hiroki, als seine Eltern eilig ihre Habseligkeiten zusammenpackten.

»Zurück nach Japan«, antwortete seine Mutter.

Hiroki lächelte zufrieden, obwohl Japan für ihn inzwischen ein reines Fantasiereich aus den Erzählungen seiner Eltern sein musste. Er war zwar im Land geboren, dürfte jedoch keine konkreten Erinnerungen mehr an die kurze Zeit dort gehabt haben.

Mit dem Lastwagen wurde die Diplomatenfamilie zum Bahnhof von Bukarest gefahren. Von dort ging es mit einem Güterzug weiter durch Russland. Ein Kohleofen heizte den zugigen Waggon nur unzureichend. Yukiko Sugihara trug mehrere Schichten an Kleidung; warm wurde ihr trotzdem nicht.

Wochenlang ging es bei Minustemperaturen im zweistelligen Bereich durch verschneite Landschaften ohne Anzeichen menschlichen Lebens. Die Sugiharas teilten sich den Wagon mit rund zwanzig Mitgliedern der japanischen Delegation. Die meisten trugen lange Stiefel, Pelzmäntel und Pelzmützen. Hygienische Einrichtungen gab es nicht. Immer wieder hielt der Zug an, um russische Soldaten in den Waggon zu lassen, die den gefrorenen Urin abkratzten. Alle Reisenden hatten mit Flöhen und Läusen zu kämpfen. Außer Yukiko und Setsuko war nur eine weitere Frau dabei. Sie war vor allem damit beschäftigt, ihr kleines Baby zu wärmen. Je länger die Fahrt dauerte, desto stärker wurden die Zweifel, ob sie überhaupt ihr Ziel erreichen würden und ob dieses Ziel tatsächlich das war, das man ihnen versprochen hatte. Diese Zweifel und diese widrigen Umstände waren dieselben, unter denen Jahre zuvor die Flüchtlinge gelitten hatten, denen Chiune Sugihara seine Transitvisa ausgestellt hatte. Die Sugiharas sollten erst Jahrzehnte später erfahren, dass sie in Russland zeitweise auf exakt derselben Strecke unter denselben Bedingungen unterwegs waren wie damals ihre Bittsteller aus Litauen.

Obwohl es den Anschein gehabt haben mochte, als würde die höllische, eisige Bahnfahrt ewig weitergehen, so nahm sie doch ein Ende. Es war nicht das Ende, das die Reisenden erhofft hatten. Inmitten der weißen Einöde, kein Hafen in Sicht, bellte ein Soldat: »Alle aussteigen! Von hier geht es weiter ins Lager!«

Ein Lastwagen fuhr sie am Schwarzen Meer entlang, über dem wütende Schneestürme miteinander zu kämpfen schienen. Ihr Ziel war ein Kriegsgefangenenlager in Odessa, das aus einer einzigen Baracke bestand. Inzwischen war es der ungebrochene Geist der Kinder, die in der neuen Situation wohl zumindest eine Abwechslung sahen, der die Familie nicht verzweifeln ließ. Der neunjährige Hiroki spielte sich als Anführer auf, trug freiwillig das Gepäck und ging voran. Haruki, der Jüngste, zeigte mit seiner ungetrübt guten Laune, dass seine Eltern den richtigen Namen für ihn gewählt hatten: Haruki heißt »strahlender Geist«.

Die Zustände in diesem Lager waren strenger als zuvor im rumänischen. Hier lagen keine Klavier- und Geigenmusik in der kalten Luft. Bei Fluchtversuchen hatten die Wächter keine Scheu, von ihren Schusswaffen Gebrauch zu machen. Einmal wurde Chiune Sugihara zu einem Einzelverhör gerufen. Seine Frau rechnete mit dem Schlimmsten, doch ihr Mann kehrte unversehrt zurück. Er versicherte knapp, dass es ihm gut gehe, schwieg sich aber aus über das, was geschehen war. Vielleicht hatten seine Kenntnisse der Sprache und Kultur eine weitere Krise vermieden.

Einzelne russische Wachleute behandelten die Sugiharas zuvorkommend. Sie wünschten ihnen, dass sie bald ihre Heimreise fortsetzen könnten. Einer sagte: »In diesem Lager behandeln wir alle gleich. Außer die Deutschen.«

Nach Wochen in Odessa ging die Reise tatsächlich weiter. Erneut wurden die Koffer der Familie und die Familie selbst auf einen Lastwagen verfrachtet, der sie wieder zu einem Bahnhof brachte. Wieder ging es mit dem Zug durch Eis und Schnee. Das Ziel war wieder ein Internierungslager. Die Sugiharas fragten sich nun, ob sie Japan jemals erreichen würden.

Die Soldaten in diesem dritten Lager konfiszierten alle Bücher der Familie und ihre drei Fotokameras. Als Yukiko Sugihara klar wurde, dass sie auch die Fotos nehmen würden, riss sie schnell die ihr wichtigsten aus den Alben raus und versteckte sie – ohne Erfolg. Sie flehte, zumindest die ihrer Kinder behalten zu dürfen. Das wurde ihr schließlich zugestanden. Doch alle Bilder von gesellschaftlichen Anlässen und der Großteil der Aufnahmen, die Setsuko von den wartenden Juden in Kaunas gemacht hatte, waren für immer verloren.

Eine dreimonatige Odyssee in unwirtlichen Güterzügen durch weitere Lager folgte. Heißes Wasser war dabei stets Mangelware. Kurz nachdem der Befehl »Einseifen!« durchs Lager hallte, kam für einen kurzen Augenblick warmes Wasser aus den Duschen. Oft reichte es nicht, um das bisschen Seife abzuwaschen, das man in aller Eile aufgetragen hatte. Verdächtig oft versagten die Duschen, wenn die Frauen sie benutzten, woraufhin Männer nach dem Rechten sehen mussten.

Auf ihrer letzten Fahrt konnten die Sugiharas Menschen sehen, die anders aussahen als die Bewohner dieser Regionen. »Sind das Japaner?«, fragte Yukiko beinahe ungläubig.

»Wir sind in Nachodka«, erwiderte ihr Mann. Sein Ton war ruhig, ein verhaltener Optimismus schwang darin mit.

Nachodka war eine russische Hafenstadt am Japanischen Meer. Von hier würden sie tatsächlich in ihre Heimat übersetzen können. Doch so greifbar diese Freiheit nun war – erst einmal ging es in ein weiteres Gefangenenlager. Inzwischen war es März und noch immer bitterkalt. Die 17 Gefangenen der japanischen Gesandtschaft teilten sich einen Raum mit einem viel zu kleinen Ofen. Sie lebten weiterhin in ihren Pelzmänteln. Ein Stacheldrahtzaun trennte ihren Teil des Lagers von dem der anderen japanischen Insassen. Jene waren zum Holzhacken verpflichtet, doch die Diplomaten waren einmal mehr von der Arbeit ausgeschlossen. Außerdem bekamen sie bessere Verpflegung als die einfachen japanischen Soldaten. Setsuko schlug vor, ihre Rationen mit den Gefangenen auf der anderen Seite des Stacheldrahtes zu teilen. Und so steckten sie ihnen durch den Zaun regelmäßig Reste zu, wenn die Wachposten nicht hinsahen. Die Diplomaten bekamen außerdem Tabak und Zigarettenpapier zugeteilt. Tagsüber drehten sie gemeinsam Zigaretten, die sie im Schutz der Nacht durch den Zaun den anderen zukommen ließen.

Einmal fragte einer der gefangenen Soldaten, ob er sich die Geige der Sugiharas ausleihen dürfe. Sie hatten eine kleine Ausführung, auf der die Kinder übten. Der Soldat spielte darauf ein Abendkonzert für seine Mitgefangenen. Sie stimmten gesanglich mit ein, und die Aufführung wurde zu einem Liederabend.

Derlei Zerstreuung konnte kaum darüber hinwegtäuschen, dass sich bezüglich ihrer Heimreise rein gar nichts bewegte – bis Chiune Sugihara eines Tages zum Leiter des Lagers zitiert wurde. Als er zu seiner Familie zurückkehrte, sagte er mit ernster Miene zu Yukiko: »Sie wollen deinen Kimono.«

Der leitende Offizier wollte das prächtige Kleidungsstück für seine Frau. Es war der letzte Kimono, der Yukiko geblieben war. Die anderen hatte sie ihren Freundinnen in Rumänien überlassen. Niemand sprach es aus, doch jeder wusste es: Die Gabe konnte die Abreise nach Japan beschleunigen. Yukiko willigte schweren Herzens ein.

Wenige Tage später wurden sie tatsächlich mit einem kleinen Frachtschiff nach Wladiwostok gebracht, von wo sie die Heimreise auf einem japanischen Schiff namens Koan-maru antraten. Sie mussten über eine schmale Leiter zu ihrem Raum unter Deck hinabsteigen. Die Quartiere teilten sie sich mit anderen Heimreisenden, die in einem ähnlich erschöpften Zustand waren. Mit ihnen ungezwungen in ihrer Muttersprache kommunizieren zu können war eine große Erleichterung. Sie machten sich ordentlich Luft, auch was ihre Meinung über die russischen Soldaten an Bord und in den Lagern anging. Zu essen gab es dieselbe karge Mischung aus Brot und Suppe, an die sie sich bereits gewöhnt hatten und die die Frauen unter den Heimkehrern stets über die Leiter abholten. Immerhin standen Duschen mit ausreichend warmem Wasser zur Verfügung.

Zwei Tage später erreichten sie den Hafen Hakata der Stadt Fukuoka. Bei seinem Anblick kamen Yukiko Sugihara die Tränen. »Das ist Japan, wir sind in Japan!«, sagte sie immer wieder zu ihren Söhnen, während sie die Kinder fest an sich drückte. Sie würden endlich die Heimat kennenlernen, die für sie gar keine sein konnte.

Zum Abschied sagte der russische Offizier, der die Überfahrt überwacht hatte, zu ihnen in perfektem Japanisch: »Auf Wiedersehen, Herr Sugihara. Gehaben Sie sich wohl. Auch Sie, Frau Sugihara.«

Zuvor hatte er weder ein Wort Japanisch gesprochen noch erkennen lassen, dass er die Sprache verstand. Die Reisenden hatten sich in die Sicherheit ihrer Muttersprache geflüchtet, wenn sie nicht wollten, dass das Gesagte ihre russischen Aufpasser erreichte. Vermutlich wusste dieser Soldat genau, wie seine Gefangenen über ihn und seine Genossen gesprochen hatten. Doch nun waren sie auf japanischem Boden, und zumindest dieses Martyrium hatte ein Ende.

Die Zukunft der Sugiharas war ungewiss. Fürs Erste jedoch waren sie in Sicherheit. Wie aber sah das für die Tausenden aus, denen sie in Litauen gegen alle Widerstände geholfen hatten?

KAPITEL 11

DER HAFEN DER HOFFNUNG

Zwei Wochen durch Eis und Schnee, drei Tage Seekrankheit.
Ein Reisebüro hilft, wo eine Regierung wegsieht.
Mit Tapioka und Haferbrei in ein neues Leben.

Die Geschichte der Sugiharas wäre eine tragische, wenn es nicht auch die Geschichte derer wäre, die durch ihr beherztes Eingreifen den Schrecken der Judenverfolgung und die Bedrohung des Holocausts überlebt haben. Der ehemalige japanische Vize-Konsul Litauens sollte nach seiner eigenen dramatischen Abreise aus Kaunas und seiner Odyssee durch Europa lange Zeit nicht wissen, wie es jenen ergangen war, die sich mit den von ihm ausgestellten Papieren auf den gefährlichen Weg in ein neues Leben machten. Dies ist ihre Geschichte, und die Geschichte derer, die ihnen auf diesem Weg halfen.

Wer eines der begehrten Sugihara-Visa erhalten hatte, musste sich zunächst nach Moskau aufmachen, von dort ging es mit der Transsibirischen Eisenbahn nach Wladiwostok. Es war eine beschwerliche Fahrt in überfüllten Waggons, die rund zwei Wochen in Anspruch nahm, vor allem wegen etlicher außerplanmäßiger Zwischenstopps, die stundenlang dauern konnten. Mal musste man

Züge aus der Gegenrichtung passieren lassen, mal überprüfen, ob die Weiterfahrt sicher war. Bei solchen Stopps versammelten sich oft Schaulustige um die Waggons. Da sie allerdings fest verschlossen blieben, konnte niemand heraus, um sich die Beine zu vertreten oder für einen Moment etwas frischere Luft zu atmen.

Es waren zwei Wochen, in denen die Flüchtlinge in ständiger Angst vor der Willkür der russischen Polizei lebten, die immer wieder die Züge überprüfte. Edith Hamer, ein junges Mädchen auf der Flucht mit ihren Eltern, erinnerte sich als Erwachsene daran, wie ihr Vater während der Fahrt krank wurde. Die Polizei wollte die Familie mitten in Sibirien aus dem Zug verbannen, um den Vater in ein örtliches Krankenhaus zu bringen, während die anderen ohne sie weiterfahren würden. Ein Mitreisender reagierte schnell und gab sich fälschlicherweise als Arzt aus. Er versicherte den Beamten, dass sich der Patient bereits auf dem Weg der Besserung befände.

Die Bahnfahrt hatte Sugihara von Kaunas aus organisieren können, mit ein bisschen russischem Smalltalk und ein bisschen mehr amerikanischen Dollars, oder zumindest der Aussicht darauf. Die Überfahrt nach Japan allerdings lag nicht in russischer Hand. Ein japanischer Partner musste gefunden werden. Trotz des unerbittlich wütenden Krieges war es nicht die ungünstigste Zeit dafür. Nach einem inzwischen veralteten kaiserlichen Kalendersystem war das Jahr 1940 das Jahr 2600, und diese runde Zahl sollte gefeiert werden. Eine Weltausstellung und Olympische Spiele befanden sich in Vorbereitung, die Tourismusindustrie war im Aufwind. Die beiden Großereignisse wurden zwar abgesagt, als sich der Krieg zwischen Japan und China intensivierte. Doch die Tourismusindustrie war findig: Anstatt auf Besucher aus dem Ausland setzte man auf den patriotischen Geist einheimischer Reisender und bewarb Pilgerfahrten zu bedeutenden Shinto-Schreinen, etwa in Ise oder Kashihara. Mit Erfolg: Um der Nachfrage nachzukommen, eröffnete das Japan Tourist Bureau (heute Japan Travel Bureau) neue Dependancen in Tokio, Osaka und Nagoya, nachdem es zunächst auf ausländische Reisende spezialisiert gewesen war und im eigenen Land kaum Präsenz gezeigt hatte.

Es war allerdings keine dieser jungen Filialen, die eines Tages im Jahr 1940 den Anruf eines amerikanischen Reiseunternehmens mit einem ungewöhnlichen Anliegen erhielt, sondern ein Auslandsbüro im New Yorker Rockefeller Center. Man suchte ein japanisches Reiseunternehmen, das jüdische Flüchtlinge aus Europa zunächst von Wladiwostok nach Japan und dann von Japan in die USA und andere Drittländer befördern könnte. Dabei war die USA ausgerechnet für Juden, die aus Deutschland geflüchtet waren, keine geeignete Anlaufstelle. Der Immigration Act von 1924 beschränkte die Anzahl der Einwanderer, und die Quote an Deutschen war bereits erfüllt, wie die Behörden nicht müde wurden zu betonen.

Die Entscheidung, bei diesem Unterfangen behilflich zu sein, musste in Tokio gefällt werden. Dort tat man sich damit nicht leicht. Schließlich waren Deutschland und Japan Verbündete, und der Transport flüchtiger Juden würde mit Sicherheit auf wenig Verständnis bei den europäischen Partnern stoßen. Letztendlich entschied man aber, wie sich einst Kiichirō Higuchi in der Mandschurei entschieden hatte: Im Namen der Menschlichkeit hatte man keine andere Wahl, als zu helfen. Außerdem hieß der Verbund mit Deutschland nicht, dass man jeden Aspekt der Politik des Partners übernehmen musste. Der deutsche Antisemitismus sorgte in Japan vor allem für Verwunderung. Warum wollte das Land diesen Quell an Wohlstand und Intellekt loswerden? Während der Allianz mit Deutschland wurde in Japan Antisemitismus allenfalls selektiv praktiziert. Eine Zeit lang wurden Aufnahmen jüdischer Künstler aus den Musikgeschäften verbannt. Als man merkte, dass unter den westlichen Lieblingsmusikern der Japaner fast ausschließlich Juden waren, wurde das Verbot wieder aufgehoben.

Gratis sollte die Überfahrt derweil nicht sein. Einige der potenziellen Passagiere verfügten zwar über die nötigen finanziellen Mittel, reisten gar mit großen Teilen ihres Hausrats. Doch die meisten besaßen kaum mehr als die Kleider, die sie am Leib trugen. Hier sprang die HIAS ein. Die »Hebrew Immigrant Aid Society«, eine 1881 gegründete Hilfsorganisation für jüdische Flüchtlinge, stellte für die Fahrt und für weitere anfallende Kosten Gelder zur Verfügung, die zunächst an die JTB-Niederlassung in New York gingen, die das Geld nach Tokio überwies.

Es konnten kaum Zweifel bestehen, dass JTB für dieses Unterfangen geeignet war wie kein zweites Unternehmen. Nicht nur unterhielt es Niederlassungen in aller Welt, auch gehörte die Fahrt von Wladiwostok zur japanischen Hafenstadt Tsuruga 1940 und 1941 zu seinen Standardrouten. Die meisten Fahrten übernahm ein 2346-Tonnen-Schiff namens Amakusa-maru, das schon glorreichere Tage gesehen hatte. Es wurde 1902 auf einer deutschen Werft vom Stapel gelassen, als russisches Kreuzfahrtschiff namens Amur. Während des Russisch-Japanischen Krieges wurde die Amur von der Kaiserlich Japanischen Marine konfisziert und landete nach einigen Besitzerwechseln als Fähre zwischen Tsuruga und Wladiwostok. Bei gutem Wetter dauerte die Überfahrt zwei Nächte und drei Tage. Leider war das Wetter nur selten gut. Die Fahrt galt als rau; Seekrankheit, Erkältungen und Durchfall waren bei den Passagieren an der Tagesordnung. Der Bug des Schiffes verschwand regelmäßig unter riesigen Wellen, die das Deck mit Meerwasser fluteten. Trotzdem empfanden die Flüchtenden das Schiff mit seiner größeren Bewegungsfreiheit als eine Erleichterung, nachdem sie zwei Wochen Eisenbahn durch Sibirien hinter sich hatten.

Dabei waren die Auftakte dieser Fahrten alles andere als ermutigend: Die Passagiere wurden in dunkler Nacht aufs Schiff gelassen, wo sie recht unsanft in einen großen dunklen Raum unter Deck geschubst wurden. Von der Dunkelheit in die Dunkelheit. Geschlafen wurde auf dem nackten Boden, als Wärmequellen dienten lediglich die Körper der anderen. Der Gestank war angesichts der verbreiteten Seekrankheit unerträglich. Was der Körper nicht halten konnte, brachten die Reisenden in Eimern aufs Deck, um es den Fluten zu überantworten.

Bei allen Strapazen kann es als historische Ironie gesehen werden, dass ein von Deutschen im russischen Auftrag gebautes Schiff seinen Lebensabend damit verbrachte, von beiden Mächten verfolgte Juden in die Freiheit zu bringen. Viele von ihnen hatten auf der Flucht ihre Papiere verloren oder keine Gelegenheit gehabt, sie einzusammeln. Laut Aussagen von Mitgliedern der Schiffsbesatzung liefen sie mit leeren Blicken übers Deck, so dieses nicht geflutet war und der Seegang es zuließ, um ein Mindestmaß an körperlicher Fitness aufrechtzuerhalten. Meistens aber waren es die Kinder, die auf dem Deck spielten, nicht selten mit der japanischen Schiffsbesatzung, während die Erwachsenen darunter mit ihrer Seekrankheit beschäftigt waren.

Bei ihrer Ankunft in Tsuruga wurden die Passagiere einem Mitarbeiter des JTB überstellt, der ihnen die Hilfsgelder der HIAS in Yen überreichte. Das Reglement sah vor, dass jeder Passagier, der in Tsuruga an Land ging, über 100 Dollar oder den Gegenwert in einer anderen Währung in Bargeld verfügen musste, so er ein Ticket für die Weiterreise besaß. Sollte das nicht vorliegen, war die doppelte Summe vonnöten. Ein Problem konnte es darstellen, wenn kein Visum für das letztendliche Zielland vorlag. Für viele sah der offizielle Plan vor, dass sie ins holländische Curaçao weiterziehen würden, wo Einreisepapiere eine reine, im Zweifelsfall zu vernachlässigende Formalität waren – zumindest für die rudimentären Behörden von Curaçao. In Japan sah man das leider anders; dort bestand man auf die Einhaltung aller Vorschriften. Jan Zwartendijk hatte zwar ohne viel Federlesen die Papiere für die Karibikinsel ausgestellt, doch sein Konsulat war bereits von den Russen geschlossen worden, als Sugihara noch fieberhaft seine Transitvisa verteilte. Als einige Flüchtlinge mit ihren frisch ausgestellten Sugihara-Visa vor dem holländischen Konsulat auftauchten, standen sie bereits vor verschlossenen Türen. Bei ihrer Ankunft in Tsuruga wurden sie nach Wladiwostok zurückgeschickt.

Einer von ihnen war Benjamin Fishoff. In den 2010er-Jahren erinnerte er sich daran, inzwischen Ende 80, wie er und seine Mitreisenden in Russland als japanische Spione beschimpft und tagelang auf dem Schiff festgehalten wurden. Die Angst ging um, vom Hafen direkt ins Arbeitslager geschafft zu werden. Stattdessen versuchten Fishoff und 71 andere es einfach ein weiteres Mal: Sie traten die Reise nach Tsuruga erneut an. Etwas Schlimmeres als eine weitere Abweisung konnte ihrer kaum harren, und das war immer noch besser als Arbeitslager. Rückblickend beschrieb Fishoff seine Irrfahrt als »ein unverantwortliches Abenteuer. Als steckte man sein Haupt in den Rachen eines Löwen.«

In Japan war inzwischen die jüdische Gemeinde auf das Problem aufmerksam geworden und hatte mit der holländischen Botschaft vor Ort ausgehandelt, die Visa für Curaçao denen, die noch keine hatten, am Hafen von Tsuruga zur Verfügung zu stellen. Fishoff, damals ein Jugendlicher, war gerettet, aber allein. Er blieb zunächst in Kōbe, wurde später nach Schanghai ausgewiesen und begann 1947 sein neues Leben in den USA. Er war der Einzige aus seiner Familie, der der Judenverfolgung der Deutschen in Polen entkommen konnte. In den USA heiratete er, gründete eine Familie, zu der an seinem Lebensabend fünf Kinder, 28 Enkelkinder und 15 Urenkel gehörten.

Dass nicht noch mehr Flüchtlinge mit unvollständigen Papieren von Japan zurückgeschickt wurden, ist dem japanischen Generalkonsul in Wladiwostok, Saburo Nei, zu verdanken. Der Absolvent der Nichiro Kyōkai Gakkō und gute Bekannte von Chiune Sugihara informierte das japanische Außenministerium über das Problem und legte nahe, dass es Japans internationalem Ansehen weiteren Schaden zufügen würde, wenn die Flüchtlinge abgewiesen würden. Fortan wurden Transitvisa, die eigentlich nur für 10 bis 14 Tage gültig waren, unbürokratisch verlängert, gerne auch mehrmals. Wer sich dennoch zu lange im Land aufhielt, wurde, wie Ben Fishoff, nach Schanghai abgeschoben, das Juden ohne Visum aufnahm. Wie erst vor wenigen Jahren bekannt wurde, stellte Nei auch eigene Visa für jüdische Flüchtlinge aus. Zeitungen würdigten ihn als »Japans zweiten Sugihara«.

Für alle Anreisenden galt: Nach der Übergabe des Geldes von der Hilfsorganisation geleitete der Gesandte des Reisebüros sie zu den Bussen, die sie zum örtlichen Kanagasaki-Bahnhof brachten. Die kleine Einrichtung war mit dieser Situation oft überfordert. Nicht selten strömten 300 bis 400 Passagiere zugleich auf den schmalen Bahnsteig. Oft mussten die Massen von Ordnern gelenkt werden, die sich nach Ohrenzeugen bei ihrer Arbeit die Lungen aus dem Leib schrien. Es nützte meist nichts; Sprachbarrieren durchbricht man mit Lautstärke äußerst selten. Man bemühte sich, am Informationsschalter Anfragen auf Englisch nachzukommen, setzte aber irgendwann einfach auf große Hinweisschilder mit Abfahrtzeiten und Fahrtzielen der Züge. Bald mischten sich unter das Getümmel aus regulären Fahrgästen, Flüchtlingen und Ordnern auch noch verdeckte Ermittler, die nach Spionen Ausschau hielten. Ganz traute man den Neuankömmlingen nicht.

Von Kanagasaki ging es mit der Bahn in den meisten Fällen weiter nach Kōbe oder Yokohama, wo es geeignete Häfen gab, um die Durchreisenden zu ihren letztendlichen Bestimmungsorten zu bringen. Wenn im Hafen Tsurugas besonders große Massen eintrafen, wurden Sonderzüge für sie eingesetzt. Wie viele der jüdischen Passagiere Tsuruga genau erreichten, kann nicht mehr festgestellt werden. Am Ende des Zweiten Weltkriegs wurden 80 Prozent der Stadt durch Bombenangriffe zerstört, wobei die komplette Buchhaltung des Hafens verloren ging.

Vor der Zerstörung war Tsuruga eine kleine Stadt knapp 90 Kilometer nördlich von Kyoto mit einem ungewöhnlich stolzen internationalen Hafen am Japanischen Meer. Der Grund dafür war die Eisenbahn. Seit 1912 verkehrte die heute in Vergessenheit geratene Eurasia International Transfer Train zwischen Tokio und Moskau. Die Passagiere stiegen in Tokios geschäftigem Bahnhof Shimbashi ein, einem der ältesten und wichtigsten des Landes, und wurden mit einem Zwischenhalt zum Bahnhof Kanagasaki gebracht. Dort ging es mit dem Schiff weiter nach Wladiwostok und von dort mit der Transsibirischen Eisenbahn in die russische Hauptstadt. Da Schiff und Bahn damals so ziemlich die einzigen Arten zu reisen waren, wurde Tsuruga Japans Tor zu Europa und umgekehrt. Auch wenn die meisten Japanreisenden sich nicht lange in Tsuruga aufhielten, wirkte sich der internationale Trubel auf den Ort und seine Infrastruktur aus. Es gab ein russisches Konsulat und sogar einen Rotlichtbezirk. Dem Vernehmen nach verliefen sich einige der Flüchtlinge dorthin auf der Suche nach Unterkünften, die sie da auch fanden. Gleichwohl waren es nicht gerade die Art von Unterkünften, die sie gesucht hatten. Das merkten sie allerdings erst, als sie das Eins-plus-eins der stark geschminkten Geishas, die dort angestellt waren, und der vielen männlichen Kurzaufenthaltsgäste zusammengezählt hatten.

Obwohl die Einheimischen in Tsuruga mit den Neuankömmlingen hier und dort ein wenig überfordert waren: Die jüdischen Passagiere der Amakusa-maru hatten nach den Strapazen der Reise und ihrer überstürzten Flucht einen hervorragenden ersten Eindruck von diesem Ort. Später erinnerten sie sich an den beeindruckenden Anblick der Berge, die hinter der Stadt aufragten, als das Schiff in den Hafen einfuhr, oder wie sie aus den Fenstern traditioneller japanischer Gasthäuser auf Tatami-Matten sitzend das Schneegestöber draußen beobachteten, sie selbst endlich gewärmt von Tee und *hibachi,* hölzernen oder metallenen Heizgefäßen mit glühender Holzkohle. »Tsuruga war der Himmel für uns«, gab einer der Flüchtlinge zu Protokoll. »Die Stadt war sauber, und die Menschen waren höflich und zuvorkommend.« Einige dieser Menschen verdingten sich als freiwillige Fremdenführer. So ungewöhnlich diese Situation war, so angetan waren viele, dass endlich mal Tsuruga selbst ein gewisses Maß öffentlichen Interesses zuteilwurde, die Stadt gar direkt in Verbindung mit Weltereignissen stand. Als Tor zwischen Japan und Europa hatte der Hafen zwar eine gewisse Reputation, aber welcher Reisende bleibt schon lange im Torbogen stehen? Die meisten zieht es weiter.

Zu den wenigen außerordentlichen Sehenswürdigkeiten des Ortes gehörte der Kehi-Schrein, und eine Besichtigung schien Pflichtprogramm für alle, die nicht sofort nach Kōbe oder Yokohama weiterfuhren. Fünf Jahre später fiel er den Bombenangriffen zum Opfer; lediglich das elf Meter hohe rote Tor blieb stehen, das drittgrößte seiner Art in Japan.

Während die Bewohner Tsurugas, die direkt mit den Reisenden zu tun hatten, von ihnen als »höflich und zuvorkommend« wahrgenommen wurden, wussten große Teile der Zivilbevölkerung nicht recht, was sie von den Besuchern halten sollte. Die Juden waren nicht die ersten Ausländer, die durch das Städtchen schlenderten, sich vor dem Schrein fotografieren ließen und von den regionalen Köstlichkeiten probierten. Diese Ausländer allerdings sahen so ganz anders aus als die edel betuchten Interkontinentalreisenden, die sich den weiten Ausflug normalerweise leisten konnten. Sie waren hager, abgewetzt, schmutzig. Die wenigsten führten Taschen oder anderes Gepäck mit sich, Schuhe wurden oftmals mit Draht zusammengehalten. Dennoch gab es Insignien zumindest vergangenen Wohlstands: Einige Frauen trugen roten Kleider oder Waschbären und

Füchse um den Hals, wie den Bürgerinnen und Bürgern von Tsuruga auffiel. Beides, die Farbe wie die Tiermode, war zu dieser Zeit in Japan unüblich.

Die Zeitungen taten das Ihre, Misstrauen zu säen und Missgunst zu schüren. Schlagzeilen warnten vor einer Invasion »reicher Landstreicher« oder unterstrichen mit unseriösen Zahlen die Hilfszahlungen, die die Juden von der HIAS erhielten. Juden wurden als heimatlos und »die Nichtbürger der Welt« bezeichnet, »von vielen verstoßen und gehasst«.

Dass diese dem Bündnis mit Deutschland geschuldete Propagandarhetorik auf allzu fruchtbaren Boden in den Köpfen der Leserinnen und Leser fiel, darf derweil bezweifelt werden. Viele in Tsuruga mochten den Juden mit Vorsicht oder gar Misstrauen begegnen, allerdings nicht mit größerem Misstrauen als anderen Ausländern. Von Deutschen ließ man sich also nicht vorschreiben, was man von wem zu halten hatte; dafür waren einem bereits die Deutschen selbst zu suspekt. Eine Zeitzeugin aus Kōbe, die ein junges Mädchen war, als die Flüchtenden mit den Sugihara-Visa dort eintrafen, schilderte ihre Erfahrungen bei einem Kindergeburtstag einer deutschen Nachbarsfamilie später folgendermaßen: »Das Essen, das serviert wurde, erschreckte mich. Es war nur Salz und Pfeffer über gekochten Kartoffeln und Karotten mit trockenem Schwarzbrot. Trotzdem rührte niemand den festlichen Reis mit roten Bohnen an, den meine Mutter gemacht hatte. Marions Mutter muss ihn später weggeschmissen haben. Mein kindliches Gemüt dachte damals: Japan und Deutschland mögen Verbündete sein, aber das Essen trennt uns.« Sie wunderte sich außerdem darüber, wie verbissen die kleinen Geschwister der deutschen Familie miteinander stritten.

Misstrauen gegenüber den Reisenden zeigte sich auch in der Körperpflege. Noch heute, wo die heimische Badewanne in Japan so normal ist wie im Rest der industrialisierten Welt, sind öffentliche Badehäuser sehr beliebt und vielerorts zu finden. In den 1940er-

Jahren, in denen sie eher hygienische Notwendigkeit als kommunaler Zeitvertreib waren, waren sie noch verbreiteter. Bis ins 14. Jahrhundert fand man die heißen Bäder vor allem in Tempeln, wo sie Priestern und Kranken vorbehalten waren. Später wurden Badehäuser für alle gebaut. Nach Geschlechtern getrennt wurde erst seit der Edo-Zeit (1603–1867) als Japan sich dem Westen und damit auch in gewissen Maßen westlichen Moralvorstellungen öffnete. In den 1940er-Jahren war es einigen Bewohnern Tsuragas unangenehm, gemeinsam mit den Ausländern zu baden (ganz ausgestorben sind solche Befangenheiten nach wie vor nicht). Das hatte zur Folge, dass einige Badehäuser zu gewissen Zeiten lediglich für die Flüchtlinge öffneten. Eine sehr japanische Mischung aus Zuvorkommenheit und Ausgrenzung.

Vielen waren die Juden derweil eine Attraktion. Nachdem sich die Kunde verbreitet hatte, dass das erste Schiff nicht das letzte gewesen sein würde, eilten immer wieder Schaulustige zum Hafen, um die Fremden zu sehen und zu begrüßen. Die Schiffspassagiere winkten ihnen vom Deck aus zu. Ein Zeitzeuge, der damals ein kleiner Junge war, erinnerte sich später an den seltsamen Anblick dieser abgerissenen Gestalten, die gleichermaßen müde und überglücklich schienen: »Ich habe damals nicht verstanden, was da wirklich passierte. Aber rückblickend war das Lächeln auf den Gesichtern dieser Leute das strahlendste, das ich jemals gesehen habe.«

Rudimentäre Erklärungen zur Lage wurden den Kindern in der Grundschule gegeben. Eines Tages trat der Rektor vor die Schülerschaft und verkündete: »Die Ausländer, die mit dem Eurasia-Transferschiff nach Tsuruga kommen, sind Juden. Sie mögen ärmlich aussehen, aber einige von ihnen sind sehr wohlhabend. Manche Ausländer sehen sich heutzutage unterschiedlichen Situationen ausgesetzt und sind gezwungen zu reisen.« Danach ging der Unterricht nach Lehrplan weiter.

Manche Läden schlossen Türen und Fenster, wenn Fremde gesichtet wurden. Läden, die mit den Juden Handel betrieben, bekamen mitunter Besuch von Agenten, die wissen wollten, was genau diese Kunden gekauft hätten.

Doch nicht alle waren misstrauisch. Ein Obsthändler, der auch in Wladiwostok Geschäfte machte und dort schon den desolaten Zustand der Flüchtigen bemerkt hatte, organisierte Obstspenden. Die Passagiere des Bootes und die Einwohner des Ortes waren sich später in ihren Erinnerungen einig, dass damals insbesondere recht viele Äpfel gegessen wurden. Einer gab an, in Tsuruga zum ersten Mal in seinem Leben eine Banane probiert zu haben. Den Japanern fiel bei all dem Obstverzehr auf, dass die Fremden offenbar nichts dabei fanden, im Gehen zu essen (in Japan weiterhin wenig verbreitet, obwohl sich hier, wie in vielen anderen Bereichen, eine nicht immer zu begrüßende Verwestlichung einschleicht), und wie geschickt sie mit Messern umgingen.

Wer nicht sofort nach Kōbe oder Yokohama weiterreisen konnte, wurde in Gasthäusern untergebracht. Manche Angestellten erinnerten sich später, wie allmählich wieder die Lebensgeister der seltsamen Reisenden erwachten. In den Gaststuben und im Vergnügungsviertel hinter dem Tenma-Schrein war bis spät in die Nacht ihr ausgelassenes Lachen zwischen den Klängen von Trommeln, Flöten und Shamisen zu hören. Tagsüber ließen sich einige von Rikschas durch den Ort fahren. Nicht immer zum Gefallen der Rikschafahrer, die Fahrgäste mit geringeren Körpermaßen gewöhnt waren.

Derlei Vergnügungen konnte sich selbstverständlich nicht jeder leisten. Viele hatten nur das Geld, das sie für die Weiterreise benötigten, und die Kommunikation mit den Ladenbesitzern und Gastwirten in Tsuruga konnte sich schwierig gestalten. Es wurden leere Brieftaschen vorgezeigt, dann auf Uhren und Ringe gedeutet. In diesen Tagen wechselten in der kleinen Hafenstadt viele ausländische Uhren und Ringe ihre Besitzer. Die Erlöse wurden meist sofort im Nudellokal am Bahnhof ausgegeben.

Wollte man Wertsachen von Europa über Russland nach Japan transportieren, war man gut beraten, es nicht allzu offen zu tun. Wie kreativ man dabei mitunter vorging, zeigt das Mysterium der Kerzen von Tsuruga. Ein Einwohner der Stadt erzählte von einem ganzen Stoß mit Porzellan verkleideter europäischer Kerzen, die sein Vater in jenen Tagen auf einem Trödelmarkt in der Stadt gekauft hatte, eingewickelt in ausländische Zeitungen. Niemand außer ihm mochte sich für sie interessieren, und auch der Großvater, damals der Kopf des Haushalts, war nicht begeistert. Er rügte ihn, derartigen Tand ins Haus geschafft zu haben, und verbannte die verpackten Kerzen in eine entlegene Abstellkammer. Als der Junge nach dem Tod des Großvaters in dessen Habseligkeiten stöberte, fand er sie wieder. Er interessierte sich allerdings mehr für das Verpackungsmaterial. Beim Entfalten und Entziffern der alten Zeitungen fiel eine der Kerzen zu Boden und ging zu Bruch. Darin befand sich eine goldene Halskette.

Nachdem der Junge dem Rest der Familie den Fund gezeigt hatte, war helle Aufregung im Haus. Mit dem Hammer wurde jede Kerze zertrümmert, derer man habhaft werden konnte. In der Tat fand man noch jede Menge Juwelen, Schmuckstücke und Uhren. Wie genau diese Kostbarkeiten auf den Trödelmarkt gelangen konnten, ist nicht festzustellen. Möglicherweise wurden die Kerzen am Hafen beschlagnahmt, oder sie wurden zurückgelassen, weil der Transport zu beschwerlich war. Vielleicht rechneten ihre rechtmäßigen Besitzer damit, sie wieder abzuholen, sobald sie ihr neues Leben geregelt hatten. Es ist auch nicht auszuschließen, dass die Kerzen bereits auf dem langen Weg durch Russland, der von Schikanen und Bestechungen geprägt war, konfisziert wurden und den Weg über mehrere Transaktionen an die japanische Küste gemacht hatten. Dass sie ursprünglich Flüchtigen mit Sugihara-Visa gehörten, kann derweil als sicher gelten.

Zunächst war es den Juden erlaubt, sich frei in der Stadt zu bewegen. Es wurde kein Unterschied zwischen Flüchtlingen und Touristen gemacht. Je stärker jedoch das Kriegsbündnis von Japan und Deutschland wurde, als desto problematischer wurde diese Situation gesehen. Ab einem gewissen Zeitpunkt wurden alle am Hafen eintreffenden Flüchtlinge unverzüglich in verdunkelten Bussen zum Bahnhof gebracht. Die entbehrungsreiche zweiwöchige Fahrt mit der Transsibirischen Eisenbahn mag dafür gesorgt haben, dass die Betroffenen nicht gerade mit Begeisterung weiteren Zugfahrten entgegensahen. Die japanischen Züge allerdings begeisterten sie dann doch. Verglichen mit den schweren Eisenbahnen im Westen sähen sie aus wie Spielzeuge, war zu hören. Doch sie waren blitzsauber und fuhren äußerst pünktlich. Das Personal an Bord war so ganz anders als die russische Polizei, und die Zeit verging wie im Flug. (Dass eine Zugfahrt von einigen Stunden nach Yokohama oder Kōbe in der Tat viel kürzer ist als 14 Tage auf sibirischen Schienen, ist natürlich auch objektiv nicht von der Hand zu weisen.)

Kōbe war 1940 bereits eine recht internationale Stadt mit einem für japanische Verhältnisse hohen Ausländeranteil und einem Überseehafen, der geeignet war, die Reisenden auf den Weg in ihre Bestimmungsländer zu schicken. Die jüdische Gemeinde der Stadt zählte einige Hundert, auch das lag in Japan weit über dem Durchschnitt. Unter den 65 Millionen Einwohnern des Landes waren damals nicht mehr als 10 000 westliche Ausländer, darunter gab es höchstens 900 Juden unterschiedlicher Nationen. In Kōbe waren die jüdischen Bürgerinnen und Bürger hauptsächlich in der Yamamoto-dori angesiedelt, einer von westlicher Architektur geprägten Straße. Die Gemeinde nahm sich der Flüchtlinge an, organisierte unter anderem die Hotels, in denen sie untergebracht wurden. Diesmal musste niemand, der es nicht wollte, im Freudenhaus übernachten. Die Erwachsenen hatten wieder Gesellschaft, in der sie sich nicht nur mit Händen und Füßen oder englischen Notizen unterhalten konnten, wie es mit der japanischen Bevölkerung oft mehr schlecht als recht praktiziert wurde, und die Kinder hatten endlich wieder Spielkameraden. Mit Unterstützung jüdischer Gemeinden in den USA konnte jedem ein tägliches Taschengeld ausgezahlt werden. Das Amt für auswärtige Angelegenheiten in der Präfektur Hyōgo, deren Hauptstadt Kōbe ist, stellte tägliche Brotrationen zur Verfügung.

Gar so harmonisch blieben diese Zustände allerdings nicht lange. Je mehr Juden aus Tsuruga eintrafen, desto schwieriger wurde die Organisation der Weiterreisen und damit die Unterbringung der Nachziehenden. Weil man eben in Japan das kaiserliche Jahr 2600 beging, waren viele Auslandsjapaner zum Feiern angereist, und die Reiseunternehmen waren mit ihrer Heimführung reichlich ausgelastet. Die Hotels waren bald mit Flüchtlingen belegt. Alle, die dort nicht mehr untergekommen waren, wurden auf 21 Wohnhäuser westlichen Stils verteilt, wobei sich bis zu zwölf Personen ein Zimmer teilen mussten. Das Rote Kreuz und die örtliche Kirche halfen nach Kräften. Dennoch sorgte die hohe Anzahl offenbar verarmter Fremder, die mit zusehends hoffnungsloseren Blicken durch die Straßen zogen, für Unmut und eine brodelnde Gerüchteküche über die möglicherweise kriminellen Umtriebe der Ausländer.

Nicht alle kamen in Kōbe oder Yokohama unter. Lili Singer reiste mit einem Sugihara-Visum, aber ihr Weg verlief ein wenig anders als der ihrer Leidensgenossen. Zum einen kam sie nicht mit der Amakusa-maru in Tsuruga an, sondern mit einem anderen Schiff auf derselben Strecke, der Kahoku-maru. Und von Tsuruga fuhr sie weiter in die japanische Hauptstadt. Ihren Aufenthalt in Tokio schilderte sie dem Autor Akira Kitade für dessen Buch *Visas of Life and the Epic Journey,* aus dem auch die anderen Schilderungen von Zeitzeugen in diesem Kapitel stammen: »Wir wurden im Imperial Hotel untergebracht, das damals als eines der prachtvollsten der Welt galt.

Das war ein regelrechter Kulturschock! Wir kamen an diesen Ort, nachdem wir durch das vom Krieg verwüstete Europa geflohen waren, in einem Zug durchs eisige Sibirien, aus dem wir nichts sehen konnten außer der Armut dort. Dann der Garten des Hotels, die Ruhe, die Sauberkeit. Unser Zimmer war ebenfalls so gepflegt und wohlgeordnet, und diese Schiebetüren – das war mal etwas anderes. Ich war so überwältigt von all der Schönheit, dass ich gar nicht alles verarbeiten konnte.« Singer erzählte auch, welche Freude es war, sich wieder frei bewegen zu dürfen. Sie und ihre Familie verbrachten viel Zeit mit Spaziergängen.

So viel Gastfreundschaft war nicht überall auf der Welt zu erfahren. Edith Hamer, die bereits beinahe mit ihrem kranken Vater in Sibirien ausgesetzt worden war, erzählte, wie die Behörden in San Francisco nach ihrer erfolgreichen Abreise aus Japan drauf und dran gewesen waren, sie wieder zurückzuschicken – nicht nach Japan, sondern nach Litauen. Man befürchtete, die jüdischen Flüchtlinge würden für die USA zur Belastung werden.

Dank der von Chiune Sugihara ausgestellten Transitvisa schafften Tausende von in Litauen gestrandeten Juden die weite Reise nach Japan, doch alle konnte er nicht auf den Weg bringen. Nachdem sein Konsulat geschlossen worden war und er sich unwiderruflich auf den Weg nach Deutschland begeben hatte, bangten in den Straßen von Kaunas weiterhin viele Menschen um ihr Leben. Ihnen kamen zwei Männer zu Hilfe, die Sugihara-Visa erhalten hatten. Einer war Joseph Shimkin, der eine Fälschung des japanischen Konsulatstempels anfertigte, mit denen er Hunderte weiterer Visa ausstellte. Er schaffte schließlich den Weg nach Japan, doch seine gesamte 23-köpfige Familie, darunter seine Frau und zwei Kinder, wurde in Europa ermordet. Ohne Angehörige und ohne Perspektive blieb er zunächst in Japan und unterstützte dort andere Flüchtlinge.

Serach Wahrhaftig, der zur Delegation der Flüchtlinge in Litauen gehört hatte, die Sugihara von ihrem Anliegen überzeugen konnten, schaffte es ebenfalls, einige der in Litauen Verbliebenen nach Japan holen. Er selbst war im Oktober 1940 in Tsuruga eingetroffen. Wohl wissend, dass es noch immer zahllose Leben zu retten gab und dass man sich kaum darauf verlassen konnte, wieder an einen unorthodoxen Wohltäter unter japanischen Beamten zu geraten, wandte er sich zunächst nicht an Politiker und Bürokraten, sondern an Geschäftsleute. Er unterbreitete dem Logistikunternehmen Nippon Yusen Kaisha (NYK) den Vorschlag, Juden für ein Entgelt von 20 US-Dollar pro Kopf mit Frachtschiffen in die Länder zu fahren, die bereit wären, sie aufzunehmen. NYK schlug ein. Mit der Versicherung eines japanischen Unternehmens, dass die Flüchtenden nicht etwa in Japan bleiben würden, wandte sich Wahrhaftig an die japanische Botschaft in Moskau. Unter diesen Bedingungen zeigte sie sich bereit, fürs Erste 500 Visa auszustellen.

Ein Problem war lediglich das Geld. Die 10 000 Dollar, die im Voraus an NYK gezahlt werden mussten, hatte Wahrhaftig nicht – beziehungsweise er hatte sie noch nicht. Er hatte sich in aller Welt als Bittsteller versucht und konnte Schriftverkehr vorweisen, aus dem hervorging, dass mit dem Eintreffen der Gelder über kurz oder lang zu rechnen wäre, doch die ausgemachte Frist zum Ende des Jahres würde nicht zu schaffen sein. NYK blieb nicht nur stur; die Chefetage wurde regelrecht zornig. Eine Gefühlsregung, die Wahrhaftig beim Kontakt mit Japanern völlig neu war.

Nicht, dass ihn das verzagen ließ. Er hörte sich bei den Juden um, die in Japan auf ihre Abreise warteten. Viele konnten bereits ihre Fahrten bezahlen, so sich denn welche organisieren ließen. Erneut sprach Wahrhaftig bei NYK vor und vermittelte der Firma die Ausreisewilligen in Kōbe und anderswo als Kunden. Dank dieser Geste war das Unternehmen bereit, es noch einmal mit Wahrhaftig zu versuchen. So konnten immerhin weitere 120 Flüchtlinge aus

Russland und 88 aus Litauen nach Japan gebracht werden. Von dort ging es mit den Schiffen der NYK verlässlich gen Westen.

Shigeru Imamura arbeitete mit 19 Jahren in der Kombüse der Rakuyo-maru, einem NYK-Schiff, das San Francisco ansteuerte. Im Alter von 90 Jahren, inzwischen pensionierter Chefkoch eines Tokioter Luxushotels, erinnerte er sich, wie schockiert er beim ersten Anblick seiner neuen Gäste war: »Sie sahen so bemitleidenswert aus, dass ich beinahe nicht hinsehen konnte. Ihre Kleidung war zerrissen, in ihren Schuhen waren riesige Löcher, und sie waren so dünn wie Münzgeld. Einer nach dem anderen kam die Leiter herauf. Es war wirklich schwer, das mitanzusehen.« Dennoch war er hoch motiviert, ihnen Essen zuzubereiten, das ihnen in ihrem Zustand gut bekommen würde. »Mein Vater hatte mir gesagt: Die Juden werden zwar in vielen Ländern gehasst, aber grundlose Diskriminierung ist unrecht.« Und einen Grund konnte der Sohn hier nicht finden. Er verließ sich bei seinen Gerichten vor allem auf Tapioka, eine Stärke aus der Maniokwurzel, die heute international vor allem für die Bubbles im beliebten Bubble Tea verwendet wird und vom Körper nahezu vollständig verarbeitet werden kann. Außerdem bereitete er besonders weichen Haferbrei zu. Als Yukiko Sugihara Jahrzehnte später eine Ausstellung über das Wirken ihres Mannes in Litauen eröffnete, erwähnte sie, wie viele Dankesbriefe sie und ihr Mann von Geflüchteten erhalten hatten. Darunter war einer von einem Passagier der Rakuyo-maru, der hervorhob, dass man dank des guten Essens wieder bei vollen Kräften war, als man die USA erreichte.

Imamura selbst sollte Chiune Sugihara noch persönlich begegnen: 1964 war der Koch bei einem Bankett in Tokios legendärem Hotel Okura für die Speisen zuständig. Sugihara, damals Geschäftsmann, war einer der Gäste. Imamura wusste genau, wer der Mann war, den er als höflich und gepflegt beschrieb, und wie sich ihre Schicksale schon einmal in gewisser Weise gekreuzt hatten. Jenes Bankett fand allerdings Jahre vor dem allmählichen öffentlichen

Bekanntwerden von Sugiharas Taten statt, und die beiden sprachen einzig übers Essen. Tapioka und Haferbrei spielten dabei vermutlich eine untergeordnete Rolle.

Serach Wahrhaftig, der die Passage nach San Francisco und andere Fahrten organisiert hatte, brach selbst mit seiner Familie im Juni 1941 von Yokohama nach Vancouver auf. Er empfand die Überfahrt wie eine Urlaubsreise, fernab vom Krieg. Dennoch ließen ihn die Gedanken an die Flüchtlinge, denen er helfen konnte, und insbesondere an diejenigen, denen er nicht hatte helfen können, keine Ruhe. 1948 gehörte er zu den Unterzeichnern der israelischen Unabhängigkeitserklärung. In der Folge diente er dem israelischen Parlament unter verschiedenen Regierungen immer wieder als Religionsminister. Als solcher sprach er auch einmal mit dem holländischen Botschafter in Israel, einem Herrn Kastril. Kastril war im Zweiten Weltkrieg Gouverneur von Suriname und Curaçao gewesen. Auf die Frage, ob er damals jüdische Flüchtlinge mit den dubiosen Zwartendijk-Visa auf Curaçao hätte einreisen lassen, antwortete er sofort: Nein. Dennoch hatten diese Placebo-Dokumente, die die Voraussetzung für viele Sugihara-Visa waren und den Plan erst initiiert hatten, Leben gerettet.

Zvi Klementynovsky, ein weiteres Mitglied des fünfköpfigen Flüchtlingskomitees in Kaunas, ging ebenfalls in die Politik und war eine Zeit lang Vize-Bürgermeister von Tel Aviv. Ein anderer der fünf, Joseph Ogur, wurde Hotelier in Frankfurt am Main.

Es steht außer Frage, dass Chiune Sugiharas Plan von Verbindungen zu Politikern, Beamten und couragierten Zivilbürgern begünstigt wurde, die das Unterfangen entweder aktiv oder passiv unterstützten. Außenminister Yōsuke Matsuoka, den er aus seiner Zeit in der Mandschurei kannte und dessen Personal alle seine Gesuche abgelehnt hatte, den Juden die benötigten Visa ausstellen zu dürfen, mag zumindest weggesehen haben, als Sugihara es dennoch tat. Auch das Hinauszögern der Schließung des Konsulats in Kaunas könnte auf sein Konto gegangen sein. Vielleicht waren seine salbungsvollen Worte, trotz seiner Nazisympathien keine Antipathien gegen die Juden zu hegen, tatsächlich mehr als nur Lippenbekenntnisse. Vielleicht wollte er seinem alten Kollegen von der Eisenbahngesellschaft einen Gefallen tun. Andererseits ist es gut möglich, dass er einfach seiner ständigen Bittstellungen müde war oder sogar gar nichts von der Sache mitbekommen hat.

Ein verbürgter aktiver Helfer war Setsuzo Kotsuji. Der Orientforscher hatte seinen Doktortitel in semitischen Studien in den USA erhalten und eine hebräische Grammatikfibel auf Japanisch verfasst. 1959 ist er selbst zum Judentum konvertiert, nachdem er in seiner Jugend zunächst vom Shintoismus zum Christentum gewechselt war. Für die jüdischen Flüchtlinge, die mit Sugiharas Hilfe nach Japan kamen, organisierte er Unterkünfte in Kōbe und Transfers ins japanisch besetzte Schanghai. Mit Juden war er erstmals in Kontakt gekommen, als er im Umfeld der Südmandschurischen Eisenbahn gearbeitet hatte. Vermutlich hatte er dort auch Sugihara kennengelernt.

KAPITEL 12

HELD, VERRÄTER, HANDLUNGSREISENDER

Herr Sugihara zahlt den Preis für seinen Heldenmut.
Herr Sugihara geht (wieder einmal) nach Russland.
Herr Sugihara geht in Rente.

Im April 1947 setzten die Sugiharas nach zehn Jahren in fernen Ländern erstmals wieder Fuß auf japanischen Boden, erschöpft und ohne finanzielle Reserven. Von der Regierung hatten sie eine geringe Förderung für ihre Rücksiedlung erhalten, doch an das Geld, das Chiune in all den Jahren verdient hatte, kamen sie nicht heran. Es lag auf Schweizer Konten, über die bis auf Weiteres andere verfügten.

Vom Hafen in Fukuoka machten sie sich unverzüglich auf zur Stadt Numazu, wo Yukikos Mutter lebte. Bereits im Zug erkannten sie ihre Heimat kaum wieder. Die Bahn war voller Frauen auf der Jagd nach Lebensmitteln, in den Nachkriegsjahren kein leichtes Unterfangen. Bisweilen waren die Waggons so überfüllt, dass man durch die Türen weder hinein- noch hinauskonnte. Dann bahnten sich Ausstiegswillige ihre Wege durch die Fenster. Einige hatten für sich Liegeplätze in den Gepäcknetzen gefunden.

In Numazu fanden sie Yukikos Mutter zum Glück nicht. Die Stadt hatte durch Luftangriffe schwere Schäden erlitten, Trümmer und Asche waren noch immer nicht komplett abgetragen. Besonders ein Angriff mit Napalmbomben im Juli 1945 hatte seine grausamen Spuren hinterlassen. Fast 12000 Gebäude wurden niedergebrannt. Insgesamt 42 Prozent der Stadt wurden zerstört, die Asche der Toten sammelte man in einem örtlichen Tempel.

Die Mutter war rechtzeitig mit ihrer Schwester in einen kleinen Ort in der Nähe geflüchtet. Sie war in den Jahren der Abwesenheit ihrer Tochter stark gealtert und hatte sich große Sorgen um sie und ihre Familie gemacht, von der sie verständlicherweise nach dem Ende des Krieges nichts mehr gehört hatte. Es war ein sehr emotionales Wiedersehen.

Die Familie Sugihara beschloss, sich vorerst in Numazu niederzulassen. Es war von dort nicht weit zum Außenministerium in Tokio, und eine Schule für die Kinder gab es ebenfalls. Sie wurden von ihren Mitschülerinnen und Mitschülern zunächst als Ausländer angesehen, da sie sich untereinander oft auf Deutsch oder Rumänisch verständigten und ihre Taschen und Schuhe aus Leder anstatt aus Stoff waren. Im ersten Jahr mussten sie Nachhilfeunterricht im Lesen und Schreiben der japanischen Schrift nehmen. Mit der Zeit konnten sie den Stoff aber aufholen. Schließlich wurden sie als echte Japaner akzeptiert und fanden Freunde.

Das Außenministerium hatte Chiune Sugihara mitgeteilt, dass er seinen Dienst nicht unverzüglich wieder antreten müsse. Das Land und das politische System waren in jenen wirren Zuständen, die großer Wandel in kurzer Zeit oft mit sich bringt. Wieder einmal wurde ein neues Parlament gewählt, eine neue Verfassung verabschiedet, Frauen erhielten das Wahlrecht.

Sugihara nahm sich ein paar Monate Zeit, verkaufte das ungenutzte Haus seiner Familie in Gifu und erstand ein Grundstück im Ortsteil Kugenuma der Stadt Fujisawa südlich von Tokio. Es handelte sich um ein recht großes Stück Land, doch durfte die Familie darauf lediglich ein kleines Haus bauen. Der Rohstoffmangel nach dem Krieg hatte strenge Bauvorschriften zur Folge.

Als es an der Zeit war, seine Arbeit wieder aufzunehmen, wurde Chiune Sugihara in das Büro des Vize-Außenministers Katsuo Okazaki gebeten. Der Mann war bekannt dafür, bei den Verhandlungen um die Kapitulation Japans mitgewirkt und 1924 als Läufer bei den Olympischen Spielen in Paris einen Hitzschlag erlitten zu haben. Er eröffnete Sugihara: »Wir haben leider keinen Posten mehr für Sie und halten Sie an, Ihre Kündigung einzureichen.«

Laut offizieller Dokumentation fiel Sugiharas Stelle einer Umstrukturierung der Ministerien zum Opfer, denn offiziell wollte die Regierung sein Handeln in Kaunas nicht anerkennen, nicht einmal als Vergehen. Doch seine Vorgesetzten teilten ihm wortwörtlich mit, dass die Entlassung auf den »Vorfall in Litauen« zurückzuführen sei.

Chiune Sugihara erhielt eine geringe Rente auf Vorkriegsniveau, die für seine vielköpfige Familie kaum ausreichte. Immerhin waren die Konten in der Schweiz wieder freigegeben, auf denen die Ersparnisse seiner Dienstjahre lagen. Große Sprünge ließen sich aber langfristig auch damit nicht machen. Das Essen der Familie bestand fortan vornehmlich aus Kartoffeln und Süßkartoffeln. Reis gab es nur, wenn der Herr des Hauses es nach Gifu in die ländliche Heimat schaffte. Alles andere hing davon ab, was der Schwarzmarkt gerade hergab.

Doch von diesen Zuständen wusste nur die Familie selbst. Im Umkreis des Außenministeriums machte das Gerücht die Runde, Sugihara würde im Geld schwimmen, da er ja Tausenden von Juden das ihre abgeknüpft hätte, um sie nach Japan zu schmuggeln. Die ärmlichen Verhältnisse und die üble Nachrede führten zu Depressionen. Der einst so gesellige Familienmensch Chiune Sugihara zog sich immer mehr in sich zurück. Seine Frau hatte ebenfalls Schwierigkeiten, sich an das neue Leben als Hausfrau zu gewöhnen. Als Diplomatengattin hatte sie sich nie ganz allein um den Haushalt und die Kinder kümmern müssen. Nun musste sie sich oft von den Frauen aus der Nachbarschaft helfen lassen. Die Hausarbeit gestaltete sich in jenen Jahren besonders mühselig. Gas war knapp. Zum Kochen mussten Kohlen entzündet werden, geheizt wurde mit Feuerholz.

Immerhin bereitete Chiune jeden Morgen das Frühstück zu, wie es als unverbesserlicher Morgenmensch schon immer seine Art gewesen war. Doch eines war klar: Das Frühstück zu machen füllte ihn nicht aus, und bezahlt wurde er auch nicht dafür. Er musste wieder arbeiten. Um des Geldes und um seiner geistigen Gesundheit willen. Mit inzwischen 47 Jahren und einer unehrenhaften Entlassung aus dem Staatsdienst schien die Suche nach einer neuen, seinen Fähigkeiten angemessenen Anstellung jedoch nahezu aussichtslos. Er zog es ernsthaft in Erwägung, der Arbeit nachzugehen, die ihm in seiner Kindheit und Jugend erspart geblieben war: der Ernte auf den Reisfeldern. Es bedurfte Yukikos ganzer Überzeugungskraft, ihn von dieser aufreibenden Plackerei abzuhalten. Schließlich fand er eine Anstellung als Vertreter. Er ging von Tür zu Tür, um Glühbirnen zu verkaufen. Er sollte dieser Arbeit nicht lange nachgehen. Doch wenn er sie machte, dann machte er sie gewissenhaft und ohne eine einzige Klage oder andere Spur von Selbstmitleid. Seinem Gemüt schien sie immerhin besser zu bekommen als das untätige Herumsitzen im Haus.

In der Tat war der berufliche Abstieg Sugiharas bei Weitem nicht das tragischste Schicksal, das die Familie in dieser Zeit heimsuchen sollte. Eines Tages kam der jüngste Sohn Haruki blass und ungewöhnlich erschöpft von der Schule nach Hause und klagte über Kopfschmerzen. Seine Mutter steckte ihn ins Bett, wo er sofort einschlief. Als Yukiko noch einmal nach ihm sah, bemerkte sie, dass seine Nase blutete. Sie rief sofort nach dem Hausarzt, doch der konnte die Blutung weder stoppen noch ihre Ursache feststellen. Bald war die ganze Familie um Harukis Bett versammelt. Niemand wusste, wie dem Kind mit dem inzwischen blutverschmierten Gesicht zu helfen war. Sein Bruder Hiroki las aus Vaters Bibel vor, was er nie zuvor getan hatte. Das half ebenso wenig wie die weiteren

Anstrengungen des Arztes. Bei Anbruch des nächsten Morgens war Haruki gestorben. Sein Vater ging allein in seinen Garten, starrte hilflos ins Leere.

Nach einer aufgrund der finanziellen Situation äußerst bescheidenen Bestattung fiel Yukiko Sugihara in eine depressive Phase. Ein Jahr später nahm ihr ein Nierenleiden auch ihre geliebte Schwester Setsuko. Die Unterstützung ihres Mannes und die allmählich einsetzende Erkenntnis, dass sie noch zwei lebende Kinder hatte, die ihre Mutter brauchten, halfen ihr schließlich aus der Dunkelheit heraus.

Auch Chiune Sugihara sah ein Licht am Ende seines Tunnels. Er fand eine Anstellung, bei der er mit seinen Sprachkenntnissen glänzen konnte und die besser bezahlt war als der Beruf des Glühbirnenvertreters: Er wurde Übersetzer beim Post Exchange der in Tokio stationierten US-Armee. Dabei handelte es sich keineswegs um ein Postamt, sondern um ein Ladengeschäft, in dem militärisches Personal und autorisierte Zivilisten importierte Waren erwerben konnten. Ein wenig Überzeugungsarbeit musste er daheim leisten, denn seine Frau fand es ehrenrührig, für die Besatzer des eigenen Landes zu arbeiten. Doch die Vorteile lagen auf der Hand. Die bessere Bezahlung gehörte sicherlich dazu, doch es mag nicht mal der wichtigste Vorzug dieser neuen Stelle gewesen sein. Wenn es nichts zu kaufen gab, was wollte man dann mit dem Geld anfangen? Durch den Laden kam Sugihara allerdings auch an Lebensmittel, die für US-Streitkräfte gedacht waren, und so wurde die Ernährung seiner Familie um ein Vielfaches abwechslungsreicher. Sogar ein zu jener Zeit in nur wenigen Privathaushalten zu findendes Luxusgut nannten die Sugiharas dank des neuen Arbeitgebers bald ihr Eigen: Chiune brachte ein Telefon nach Hause.

Als sich die Sugiharas nach einigen Jahren der Entbehrungen und Schicksalsschläge in ihrem neuen Leben eingerichtet hatten, wurde Yukiko wieder schwanger. 1949 kam Nobuki zur Welt. Der Name bedeutet »langes Leben«. Seine Mutter hatte ihn nach eigener

Aussage gewählt, weil sie in dem Jungen eine Reinkarnation von Haruki vermutete. Selbstverständlich klingt er nach dessen Tod auch wie ein Stoßgebet. Der Tod von Haruki hatte außerdem zur Folge, dass Yukiko übervorsichtig mit Nobuki war, ihn keine Sekunde aus den Augen ließ. Als er in der ersten Klasse war, brachte sie ihn nicht nur jeden Tag zur Schule, sondern blieb auch vor Ort, bis der Unterricht vorüber war. Verständlich, dass der Junge zunächst übermäßig abhängig von ihr war. Mit der Zeit aber legten sich Yukikos Angstzustände, und Nobuki konnte doch noch Unabhängigkeit entwickeln und Freundschaften mit Gleichaltrigen schließen.

Kurz nach der Geburt des vierten Sohnes schloss der Post Exchange, und Chiune Sugihara war wieder auf der Suche nach Arbeit. Diesmal allerdings nicht lange. Durch seine Tätigkeit für das US-Militär hatte er Kontakte zu einer Textilhandelsfirma, die ein Kaufhaus auf Tokios edler Einkaufsstraße Ginza unterhielt. Der Firmenpräsident Anatole Ponve suchte jemanden, der Englisch, Japanisch und Russisch sprach. Die Stelle war wie geschaffen für Chiune.

Dennoch schien er sich dort nicht wohlzufühlen. Ein Arbeitskollege erinnerte sich später, dass er in sich gekehrt und ein wenig abgehoben gewirkt habe. Wie jemand, der sich für etwas Besseres hielt, aber das Gesicht verloren hatte. Doch wahrscheinlich hing seine Zurückhaltung mit bangen Fragen zusammen, die er sich nach wie vor unaufhörlich stellte, ohne sie jemals auszusprechen. Vielleicht in jenen Tagen intensiver denn je. Nachdem er bereits eine ganze Weile bei Ponve in Lohn und Brot gestanden hatte, ließ er beim Abendessen mit der Familie eine nur scheinbar beiläufige Bemerkung fallen. Es war offensichtlich etwas, was ihn seit einiger Zeit beschäftigte: »Ich glaube, mein Vorgesetzter ist ein Jude.«

Mehr sagte er zu diesem Thema nicht. Allerdings war es Yukiko klar, dass dieser Umstand Erinnerungen an die Ereignisse in Kaunas wach werden ließ. Erinnerungen und bange Fragen, was aus den Flüchtlingen geworden sein mochte. Gleichwohl blieben diese Fragen unausgesprochen. Er sprach zu Hause nie über diesen Teil seines Lebens und Innenlebens, und außerhalb des Hauses schon gar nicht.

Finanziell ging es der Familie nun deutlich besser. Die Eltern lockte nach wie vor das Ausland, sie mochten sich nur nicht so recht für eine Umsiedlung entscheiden. Chiune fand, dass sein Land ihm Unrecht getan hatte. Yukiko machte sich daran, ihr Haus im europäischen Stil einzurichten. Bisweilen saßen die beiden gemeinsam am Strand von Kugenuma unweit ihres Hauses und fantasierten darüber, einen eigenen utopischen Staat auf einer der nahe gelegenen unbewohnten Inseln zu gründen, in dem Chiune der gütige König und Yukiko die Königin wäre. Bei diesen Tagträumen hatten sie den Strand ganz für sich allein, denn die entsprechende Badekultur hatte Japan noch nicht erreicht. Um den Kindern aber weitere Entwurzelungen und kulturelle Verwirrungen zu ersparen, entschlossen sie sich weder für die Gründung eines Inselstaates noch für eine realistischere Auswanderung in ein bereits existierendes Land, sondern blieben, wo sie waren.

Die Bildung seiner Söhne war Chiune Sugihara sehr wichtig. Insbesondere in Hiroki setzte er große Hoffnungen. Trotz allem, was ihm selbst widerfahren war, sah er für seinen Sohn eine Karriere beim Außenministerium vor. Die Mutter stand dem eher kritisch gegenüber. Als Hiroki sich auf die Aufnahmeprüfung für die Oberschule in Shōnan vorbereitete, einer Küstenregion in der Präfektur Kanagawa, die südlich an Tokio grenzt, versprach der Vater ihm im Erfolgsfall eine eigene Musiktruhe. Als Hiroki die Prüfung bestanden hatte, stürmte Chiune unverzüglich aus dem Haus und kam mit einem großen Karton zurück, der den versprochenen Inhalt enthielt. Nach der Oberschule schlug Hiroki trotz Musiktruhe keine Karriere beim Außenministerium ein, sondern ging – zur Freude seiner Mutter – zum Studieren in die USA. Chiune Sugihara ertrug es gelassener, als sein Vater damals die Abweichungen seines Sohnes von der Zukunftsplanung genommen hatte.

Chiune Sugihara hatte inzwischen so viele Beziehungen in so viele verschiedene Branchen geknüpft, dass er keine Schwierigkeiten hatte, neue Arbeit zu finden. Dennoch blieb seine Karriere ein rechtes Wechselspiel. Nach zwei Jahren bei Ponve trat er der sowjetischen Abteilung des halbstaatlichen japanischen Fernsehsenders NHK bei, außerdem unterrichtete er Russisch und übersetzte für akademische Veröffentlichungen Literatur aus dem Russischen, Englischen, Französischen und Deutschen ins Japanische.

1960 heuerte ihn schließlich das Handelsunternehmen Kawakami an und schickte ihn nach Moskau, wo er die russische Dependance leiten sollte. Als Yukiko ihn fragte, ob sie ihn begleiten sollte, verneinte er. Er erläuterte: »Es ist nicht leicht, in die Sowjetunion einzureisen, und man kann sich dort kaum frei bewegen. Es würde dir dort sehr langweilig werden und zu kalt für dich sein.« Laut Sugihara-Forscher Hillel Levine wurde das Verhältnis der Eheleute wegen dieses Arrangements stark in Mitleidenschaft gezogen. In Yukiko Sugiharas Memoiren allerdings finden sich nichts als warme Worte ob der Fürsorglichkeit ihres Mannes, der derart um ihr Wohlbefinden besorgt war.

Seine Arbeit bestand offiziell darin, russisches Rohöl für japanische Fischerboote einzukaufen. In der Beurteilung seiner Eignung für diese Aufgabe gehen die Meinungen ehemaliger Kollegen auseinander. Überhaupt schien er tatsächlich eher als kultureller Mittler zu arbeiten. Er weihte die japanischen Kollegen in die russischen Gepflogenheiten ein und umgarnte russische Geschäftspartner und Beamte. Bei diesen Aufgaben war er wieder ganz der Alte.

In Moskau logierte er im zentralen Luxushotel Ukraina und fuhr selbst mit dem Auto zur Arbeit. Wegen seines besonnenen Fahrstils, der nicht recht auf die Straßen Moskaus passen wollte, tat er das meist zu einem Chor von Autofahrern dicht hinter ihm, die ausriefen: »Schneller! Schneller!« Im Hotel war er genauso vorsichtig wie auf den Straßen: Er vermutete, dass es im Etablissement von KGB-Spionen wimmelte, die ihn beschatteten, wenn er das Gebäude verließ, und außerdem seine Telegramme lasen und sein Telefon abhörten. Im Büro allerdings konnte er durchatmen – zum ersten Mal bei einer Auslandsanstellung. Die Arbeit war, was sie war. Vielleicht ein bisschen unspektakulär, aber dafür musste er niemanden ausspionieren, weder das eigene Leben riskieren noch das Leben anderer aufs Spiel setzen, keine Militärgeheimnisse in Geheimcodes an irgendwelche Ministerien telegrafieren.

Seine Russischkenntnisse waren nicht eingerostet. Oft korrigierte er sogar die Schreiben muttersprachlicher Schreibkräfte. Für die Einweihung eines russischen Öltankers, der auf einer japanischen Werft vom Stapel gelassen wurde, übersetzte er zeremonielle Shinto-Gebete ins Russische, die selbst den meisten Japanern schwer verständlich sind.

KGB-Schergen hin oder her, er war endlich seinem geliebten Ersatzmütterchen Russland näher denn je. Er genoss die Kultur und die Gesellschaft seiner Kollegen und Geschäftspartner. Er sang mit ihnen russische Volkslieder und besuchte Konzerte – etwas, was er in Japan nie getan hatte. Zudem bewegte sich der Alltag, abgesehen vom Autoverkehr, hier ein paar Nummern langsamer als in seiner Heimat, und Herr Sugihara wurde schließlich nicht jünger. Wurde ihm die große Stadt zu viel, machte er Spaziergänge in den Birkenwäldern der Vororte, die ihm im Winter wie unwirkliche, weiße, geräuschlose Märchenlandschaften vorkamen. Nach Jahren des Dienstes in eher kalten Gegenden – ganz zu schweigen von der Kriegsgefangenschaft in Sibirien – konnte ihm die Kälte nichts mehr anhaben. Seiner Frau sagte er über seine Waldspaziergänge: »Wenn ich dort durch den Schnee gehe, ist mein Geist vollkommen klar.«

Yukiko suchte ihren Frieden in den Gedichten, die sie schrieb, und in der Kunst des Blumenarrangements, die sie lehrte. Sie vermutete, wahrscheinlich nicht zu Unrecht, dass ihrem Mann das Leben in Russland besser gefiel. Schließlich brach er den Rekord für die längste Festanstellung eines japanischen Geschäftsmanns in der Sowjetunion. Über 15 Jahre blieb er, obwohl Kawakami bereits 1964 vom Textilunternehmen Chori übernommen wurde und er fortan in industriellen Nähmaschinen anstatt in Rohöl machte. Der Familie schrieb er regelmäßig Briefe, in denen er vor allem die Söhne ermahnte, ordentlich zu lernen, damit sie anständige Berufe bei Toshiba oder All Nippon Airways ergreifen könnten. Wie sein eigener Vater es damals aus Korea getan hatte. Er besuchte sie ein- oder zweimal im Jahr; meistens ohne Vorwarnung und immer dann, wenn es ihm das Arbeitsaufkommen gerade erlaubte. Bei diesen Besuchen kritisierte er oft japanische Gepflogenheiten. Das Gehen im Gänsemarsch, das bei größeren Gruppen auf der Straße und in der Natur üblich war, sei ein Zeichen der mangelnden Spontanität seiner Landsleute. Die Teetassen seien zu klein und obendrein nicht mal bis zum Rand gefüllt. In Russland waren sie größer und wurden beim Einschenken zum Überlaufen gebracht. Ihm waren auch die japanischen Touristen in Moskau ein Dorn im Auge. Sie sahen auf die Einheimischen herab und sprachen laut über sie in der Annahme, sie verstünden eh kein Japanisch. Japan war wirtschaftlich im Aufschwung, und seine Bürgerinnen und Bürger bewegten sich mit einem neuen Selbstbewusstsein in der Welt, das leicht in Arroganz umschlagen konnte.

Dass es Chiune Sugihara in seiner neuen Heimat so gut gefiel, lag womöglich auch daran, dass er unter alten Bekannten war. Als Hiroki ihn einmal in Moskau besuchte, zeigte er sich bei einem Restaurantbesuch mit Kollegen des Vaters überrascht darüber, wie vertraut der Umgang zwischen allen war und dass Chiune von den anderen als *sensei* angesprochen wurde, eine Anrede für gelehrte Autoritätspersonen, etwa Lehrer oder Ärzte. Das hatten sie schon vor Jahrzehnten getan, denn diese Männer hatten unter Sugihara-sensei einst in Harbin Russisch gelernt. Sogar der japanische Botschafter vor Ort war einer seiner ehemaligen Schüler. Andere holte er selbst ins Boot: Ehemaligentreffen nutzte er regelmäßig zur Rekrutierung.

1976, inzwischen leicht herzkrank, war es für Chiune Sugihara Zeit, in den Ruhestand zu gehen und nach Japan zurückzukehren. Yukiko und er verkauften ihr Haus, das für sie beide allein zu groß geworden war, und legten sich ein kleineres in Kamakura zu, durch das nun wieder öfter mal das Klavierstück *Das Gebet einer Jungfrau* tönte.

Auch ein anderer Teil seiner Vergangenheit hatte ihn da längst wieder eingeholt.

KAPITEL 13

EIN GERECHTER UNTER DEN VÖLKERN

Herr Sugihara erfährt, dass nicht alles vergebens war.
Eine lange Suche wegen eines falschen Namens.
Eine späte Ehrung.

Auch wenn er nie darüber sprach: Das Schicksal der jüdischen Flüchtlinge hatte Sugihara nie losgelassen. In den 1960er-Jahren hinterließ er seine Adresse in der israelischen Botschaft in Tokio. Im August 1968, bei einem seiner Besuche in Japan, kam endlich ein Anruf: Er werde in der Botschaft erwartet. Er machte sich unverzüglich auf den Weg. Dort erwartete ihn der Attaché Nishri, der ähnlich freudig erregt schien wie er selbst. Er hielt ihm ein rissiges, vergilbtes Dokument unter die Nase: »Kennen Sie das noch?«

Es war das von Sugihara ausgestellte Transitvisum, mit dem der Beamte einst der Judenverfolgung in Europa entfliehen konnte. Sugihara wusste nun, wen er vor sich hatte: Joshua Nishri, einen der fünf Männer, mit denen er im Konsulat in Kaunas vor 28 Jahren den Plan geschmiedet hatte, der ihnen den Weg in die Freiheit ebnete. Die beiden fielen sich weinend in die Arme.

Nishri versicherte ihm, dass seine Aktion ein großer Erfolg gewesen war. Tausende hätten es nach Japan und dann in andere Länder geschafft. Viele von ihnen bewahrten ihre Sugihara-Visa als schicksalshafte Andenken und Familienerbstücke auf, und etliche hätten über die Jahre immer wieder versucht, mit ihrem Retter in

Kontakt zu treten – leider vergebens. Hier war allerdings keine finstere Verschwörung japanischer Bürokraten am Werk, die Sugihara toter schweigen wollten, als er es tatsächlich war. Es war lediglich eine Mischung aus großem Pech, den Besonderheiten der japanischen Schriftsprache und bürokratischem Phlegma. Ein wenig war sogar Sugiharas außerordentliche Hilfsbereitschaft schuld. Schließlich hatte er sich den Flüchtlingen damals als Sempo vorgestellt, einem Spitznamen, der eine andere Lesart der Schriftzeichen seines Namens darstellte und den er als für Ausländer leichter auszusprechen erachtete. Als sich nun diejenigen, die sich nach ihrer aufreibenden, aber letztendlich erfolgreichen Flucht bei ihm bedanken wollten, bei japanischen Botschaften erkundigten, wandten sich die japanischen Botschaftsbeamten wiederum an das Archiv im Tokioter Regierungsbezirk Kasumigaseki, in dem Akten über alle diplomatischen Mitarbeiter gesammelt wurden. Dort waren drei Sugiharas gelistet, keiner von denen hieß Sempo, Akte zu, Bescheid negativ. Selbstverständlich wäre es kaum schwierig gewesen, eins und eins zusammenzuzählen, ein wenig zwischen den Zeichen zu lesen und schließlich festzustellen, dass nur einer der gelisteten Sugiharas Vize-Konsul in Kaunas war und der Vorname verdächtig nach Chiune aussah. Die böse Absicht, die Sache unter dem Teppich zu belassen, unter den sie längst gekehrt worden war, wird trotzdem nicht dahintergesteckt haben. Sie war so tief unter dem Teppich, dass schlichtweg niemand mehr daran dachte. Schon gar nicht die Beamten, die fast 30 Jahre später über das Archiv wachten.

1969 folgte die erste Einladung nach Israel. Dort wurde Chiune Sugihara von Serach Wahrhaftig in Empfang genommen, dem Religionsminister des Landes, der ein weiteres Mitglied der fünf Vertreter der jüdischen Flüchtlinge war, mit denen er seinerzeit in Kaunas verhandelt hatte. Wahrhaftig war inzwischen 25-facher Großvater und nannte Sugihara einen »Gesandten Gottes«. Gemeinsam besuchten die beiden in Jerusalem Yad Vashem, die »Gedenkstätte der Märtyrer und Helden des Staates Israel im Holocaust«. In der »Halle der Erinnerung« brannte ein ewiges Feuer zum Gedenken an die Opfer der Judenverfolgung, unter einer Steinplatte lag die Asche von einigen begraben. In den Boden waren die Namen der 22 größten Konzentrationslager eingraviert. In der »Allee der Gerechten unter den Völkern« waren Bäume Nichtjuden gewidmet, die ihr eigenes Leben riskiert hatten, um jüdische Leben zu retten. Der Titel »Gerechter unter den Völkern« wurde Sugihara jedoch zunächst nicht zugesprochen. Im Sinne der Statuten, die das israelische Parlament 1953 für die Vergabe aufgestellt hatte, wurde seine sicherlich lobenswerte Leistung nicht als ausreichend lebensgefährdend für ihn selbst eingestuft.

Während dieser Reise wurde er gefragt, ob seine Gastgeber irgendetwas für ihn tun könnten, um ihre Dankbarkeit auszudrücken. Ihm fiel sein jüngster Sohn Nobuki ein, der Schwierigkeiten hatte, im japanischen Schulsystem und in der japanischen Gesellschaft zu bestehen. Prompt erhielt dieser ein volles Stipendium der Hebräischen Universität Jerusalem. Dort mochte er sich zwar auch nicht so recht eingliedern, doch fand er in Israel die Berufung, die er schließlich zu seinem Beruf machte: In der ultraorthodoxen Stadt Bnei Berak ging er bei einem Diamantenhändler in die Lehre. In dieser Branche machte er Karriere. Zunächst beim Israel Diamond Exchange in Ramat Gan, der zweitgrößten Diamantenbörse der Welt, später lebte und arbeitete er in Salzburg und Antwerpen und unterhielt eine Fabrik in Bangkok. Er spricht noch heute fließend Hebräisch und versteht Jiddisch. Inzwischen in seinen Siebzigern, reist Nobuki Sugihara dieser Tage um die Welt, um Vorträge über seinen Vater zu halten, wobei es ihm auch darum geht, gewisse Darstellungen geradezurücken, die er für Mythen hält; dazu im Anschluss mehr.

In der Folge kam es zu weiteren Wiedervereinigungen zwischen Sugihara und den Menschen, die dank seiner Visa ein neues Leben beginnen konnten. Sie wollten ihn bei diesen Treffen ob seines Heldenmuts preisen, er wollte lieber Geschichten über ihre Kinder und Enkelkinder hören. Unter diesen Besuchern war auch Joseph Shimkin, der einst durch Fälschung des Konsulatsstempels nach Sugiharas Abreise weiteren Juden die Flucht ermöglichte und später in Japan bei der Flüchtlingshilfe mitwirkte. Er war schließlich für 14 Jahre nach Schanghai gegangen, wo er mit Chemieprodukten gehandelt hatte, bis die chinesischen Kommunisten ihm alles nahmen im Austausch für die Erlaubnis, nach Hongkong auszuwandern. Später kehrte er über Israel nach Japan zurück. Seit 1956 hatte er nach Sugihara gesucht. Als sie sich endlich wiedertrafen, entwickelte sich zwischen den beiden eine tiefe Freundschaft, die bis zu Sugiharas Tod andauerte.

Nachrichten von den Ehrungen, die ihm in Israel zuteilwurden, erreichten Japan nicht, und Sugihara selbst hüllte sich dort wie in Moskau weiterhin in Schweigen. 1985, ein Jahr vor seinem Tod, entschied man sich in Jerusalem, unter anderem auf Geheiß von Serach Wahrhaftig, doch noch dazu, ihn zum Gerechten unter den Völkern zu erklären und als solchen in Yad Vashem zu verewigen. Chiune Sugihara war der erste Asiate, dem diese Ehre zuteilwurde. Inzwischen stehen auch einige Chinesen, Vietnamesen und Indonesier auf der Liste. Der einzige Japaner ist Sugihara geblieben. 1997 wurde Jan Zwartendijks Verdienst ebenfalls anerkannt.

Am 18. Januar wurde die Auszeichnung bei einer Zeremonie in der israelischen Botschaft in Tokio von Yukiko und Hiroki stellvertretend entgegengenommen. Der Geehrte selbst konnte nicht teilnehmen; Chiune Sugihara war inzwischen schwer krank und verbrachte nach mehreren Herzinfarkten seit 1984 die meiste Zeit im Bett. Zwei Wochen zuvor war er immerhin noch fähig gewesen, auf seine Frau gestützt an einem Empfang des israelischen Außenministers Jitzchak Schamir in Tokio teilzunehmen. Er freute sich, Joshua Nishri und andere Mitglieder der israelischen Delegation wiederzusehen, aber das Gedränge der Reporter machte ihm zu schaffen.

Diese Ehrung, die erste von rund 20 internationalen Auszeichnungen (die meisten posthum verliehen), ließ sich medial nicht verschweigen; sie machte Schlagzeilen in Europa und den USA, und das Thema wurde von allen Zeitungen, Fernseh- und Rundfunksendern in Japan aufgegriffen, auch wenn der ganz große Medienrummel dort erst nach seinem Tod einsetzen sollte. Der Tenor war, dass Sugihara richtig gehandelt hatte und sein eigenes Land das viel früher hätte anerkennen und würdigen müssen. Ein paar Schreihälse gab es freilich auch, die fanden, dass Ungehorsam Ungehorsam blieb und bestraft gehöre; insbesondere Ungehorsam gegenüber dem glorreichen Vaterland. Sugihara selbst sagte zu seinem Handeln: »Ich habe nur getan, was jeder anständige Mensch getan hätte. Ob es richtig oder falsch war, wird die Geschichte zeigen.« Den Rummel um seine Person und seine Ehrung tat er ab: »Es ist nicht so wichtig, wie die alle tun.«

Im November 1985 wurden auf einem Hügel in Jerusalem zehn Bäume zu Ehren Chiune Sugiharas gepflanzt im Beisein seines Sohnes Nobuki. Zunächst waren Kirschbäume angedacht, doch da der Name Sugihara wörtlich Zedernhain bedeutet, hatte man sich kurzfristig für Zedern umentschieden. Aus Zedernholz wurde außerdem der erste jüdische Tempel errichtet. Auf der Plakette unter den Bäumen steht sein Name: Sempo Sugihara. Über der Zeremonie, die reichlich Zulauf erhielt, flatterten die japanische und die israelische Flagge. Nobuki und Serach Wahrhaftig würdigten Chiune Sugihara in Abwesenheit. Rund 70 Rezipienten seiner Transitvisa waren ebenfalls gekommen. Nobuki Sugihara berichtete später, wie tief berührt er von der Erfahrung war. Er erzählte von der Begegnung mit einer Überlebenden, die ihm mitteilte, wie viel Mut sein Vater ihr gemacht hatte, als sie zunächst als einzige Frau in der Schlange vor dem Konsulat stand und er ihr versicherte, sie würde am nächsten Tag ein Visum bekommen; sie könne bis dahin ruhig nach Hause gehen. »Er war ein echter Gentleman. Ich habe das Visum noch heute.«

Nur an eines konnte sich Nobuki bei den Feierlichkeiten als Japaner schwer gewöhnen: »Ich dachte, das Händeschütteln würde niemals aufhören.«

In seinen letzten Jahren ertrug Chiune Sugihara seine körperlichen Leiden stoisch und ohne Klage, aber auch ansonsten ohne viele Worte. Am Morgen des 29. Juli 1986 zeigte er sich ungewöhnlich gesprächig. Am Frühstückstisch vertraute er seiner Frau an: »Yukiko, du hast alle meine Erwartungen übertroffen. Du warst einfach die beste Frau, die ich mir wünschen konnte. Mit dir verheiratet gewesen zu sein war wunderbar.«

Danach begab er sich mühselig zurück in sein Zimmer im oberen Stockwerk des Hauses. Yukiko bereitete seine Lieblingssüßspeise zu, eine Suppe süßer Bohnen mit Reiskuchen. Als sie das nächste Mal nach ihrem Mann sah, schlief er ungewöhnlich fest. Yukiko eilte zu ihrem Nachbarn, einem Arzt, der ihn sofort in ein Krankenhaus bringen ließ. Chiune erwachte auch dort zunächst nicht. Yukiko blieb an seinem Bett, bis die Ärzte sie nachdrücklich baten, sich selbst ein wenig Schlaf zu gönnen. Der Zustand ihres Mannes sei nicht kritisch. Ihre Schwiegertochter Michi, Hirokis Ehefrau, übernahm ihre Wacht am Krankenbett. Einmal erwachte Chiune und fragte: »Wo ist Yukiko?«

Michi versicherte ihm, dass seine Frau bald zurück sein würde, und er schlief wieder ein. Er wachte nicht mehr auf.

KAPITEL 14

DER SCHINDLER JAPANS ODER DER ALLERLETZTE SAMURAI?

Herr Sugihara erfährt weitere, sehr späte Ehrungen.
Ein kleines Wort und eine große Frage.
Ein Sohn dementiert, eine Witwe klagt, ein Streit um die korrekte Legendenbildung entflammt.

War Chiune Sugihara der japanische Schindler? Dass er seit Bekanntwerden seiner Taten immer wieder mit diesem wenig originellen Titel bedacht wird, ist so unglücklich wie verständlich. Auch ohne Vorkenntnis hat man bei einer derart griffigen Verschlagwortung sofort eine ungefähre Vorstellung von der historischen Rolle, die ihm zukommt. Gleichwohl ist eine solche Bezugnahme auf eine andere historische Persönlichkeit auch immer eine Reduzierung. Der japanische Schindler ist eben nicht das Original. Mit einer derartigen Größe verglichen zu werden ist einerseits sicherlich eine Ehre, klingt andererseits jedoch nach einem Trostpreis. Eine Hitparade der Holocaust-Helden wäre unschicklich, und darüber hinaus hat Chiune Sugihara es verdient, nicht nur im Schatten eines anderen geehrt zu werden.

So wenig Ehre Sugihara zu Lebzeiten zuteilwurde, so heftig wird sie posthum über ihn ausgeschüttet. 1992, sechs Jahre nach seinem Tod, wurde in seinem alten Wohn- und lange angenommenen Geburtsort Yaotsu ein Denkmal für ihn errichtet. Das Kunstwerk stellt eine Bambusorgel in einem Lotosblütenteich dar. Die Lotosblüte ist im Japanischen ein Symbol für die Reinheit. Die Ringe auf dem Wasser des Teichs sollen die große Wirkung vermeintlich kleiner Ereignisse darstellen. Das Ganze steht auf einer grünen Erhebung, die »Hügel der Menschlichkeit« getauft wurde. 1994 reiste eine Delegation von Sugihara-Überlebenden nach Yaotsu, um das Denkmal einzuweihen. An der Zeremonie nahmen auch hochrangige Vertreter der japanischen Regierung teil – also aus Kreisen, in denen man sich zuvor in Sugihara-Fragen eher bedeckt gehalten hatte.

Wichtiger für die ebenfalls anwesende Yukiko Sugihara war bei dieser Gelegenheit wohl die Wiedervereinigung mit Solly Ganor, der als Elfjähriger ihren Mann und seine Familie in Kaunas eingeladen hatte, im Haus seiner Familie das Chanukka-Fest zu begehen. Die Ganors waren zwar von Sugihara mit Transitvisa ausgestattet worden, konnten sie aber nicht nutzen, weil die russischen Besatzer ihre litauischen Pässe nicht anerkannten und Solly schwer krank geworden war. Er und sein Vater wurden schließlich von der SS in das KZ Stutthof bei Danzig und von dort aus nach Landsberg-Kaufering verschleppt, einem Außenlager des KZ Dachau. Am 3. Mai wurde er während eines Todesmarschs von US-Soldaten befreit. Als der stark geschwächte Solly in das Gesicht seines Retters schaute, meinte er zunächst, wieder Chiune Sugihara vor sich zu haben. Doch es war der junge US-Sergeant Clarence Matsumura. Sein gesamtes Bataillon bestand aus Amerikanern japanischer Abstammung. Später arbeitete Ganor als Übersetzer für den US-Militärgeheimdienst und gründete schließlich eine Familie in Israel. Er erzählte oft von seiner Kindheit in Vorträgen und Memoiren. Er starb im August 2020 im Alter von 94 Jahren.

Denkmäler und Gedenktafeln gibt es auch in Litauen, Israel, in der japanischen Stadt Nagoya sowie auf dem Gelände der Waseda-Universität in Tokio. Im US-Bundesstaat Massachusetts, genauer in der Stadt Chestnut Hill, hat einer der Überlebenden aus Kaunas, Samuil Manski, Sugihara ein Denkmal errichtet: den Sugihara Memorial Garden auf dem Grundstück der Synagoge Temple Emeth.

Dort wird außerdem einmal im Jahr mit einem Festakt Sugihara und der Stadt Tsuruga gedankt, die für die Juden aus Litauen auf ihrer langen Reise die erste Anlaufstation in Japan war. Des Weiteren wurde der Asteroid mit der Nummer 25893, am 19. November 2000 entdeckt vom kanadischen Astronomen und milieubekannten Asteroidenjäger William Kwong Yu Yeung, auf den Namen Sugihara getauft. Ferner wurde Chiune Sugihara 2019 mit einem Google-Doodle geehrt, in Litauen ziert er seit 2004 eine Briefmarke. Ein Spielfilm sowie mehrere Dokumentationen über sein Leben wurden ebenfalls gedreht, und es gibt ein lang laufendes Ein-Personen-Theaterstück. Sein Grab kann auf dem Friedhof in Kamakura besucht werden. Ohne Kenntnisse der japanischen Schrift ist es allerdings schwierig zu finden – wie einst Chiune Sugihara selbst, als die Empfänger seiner Visa nach ihm suchten, aber keinen Sempo fanden.

Seit Sugihara in seinem Heimatland posthum als Held anerkannt und nicht mehr als Verräter verschwiegen wird, macht auch die Instrumentalisierung rechter Kreise vor seinem Namen nicht halt. Der konservative Premierminister Shinzo Abe (im Amt von 2006 bis 2007 und von 2012 bis 2020) bezeichnete ihn als japanischen Helden, und ultranationale Kriegsapologeten führen ihn liebend gern als Beispiel dafür an, welche Art von Wohltäter die Japaner vor allem in Kriegszeiten für die Menschheit gewesen seien.

Im 21. Jahrhundert wurden Zweifel an gewissen Details der angenommenen Sugihara-Geschichte und ihrer Mystifizierung in Israel und Japan geäußert, ohne seine Taten und ihre Bedeutung im Ganzen infrage zu stellen. Besonders über die genaue Anzahl der Geretteten und die Anzahl der ausgestellten Dokumente wird gestritten. Fest steht, dass die erste Zahl deutlich höher liegt als letztere. Das liegt daran, dass in vielen Fällen Familienvisa ausgestellt wurden. Mit einem Dokument konnten also mehrere Menschen reisen. Außerdem stellte Sugihara am Ende seiner Tage in Kaunas unter Zeitdruck und in Ermangelung des korrekten Materials informelle Visa aus in der Hoffnung, die überprüfenden Beamten mögen nicht so genau hinschauen. Diese Hoffnung erfüllte sich zwar in vielen Fällen, in offiziellen Dokumenten werden die Inhaber dieser Schriftstücke jedoch als »ohne Visum« geführt.

Einige Quellen sprechen von etwas über 2000 Geretteten, manche von 4500, meistens hört man von ungefähr 6000; laut Sugiharas Witwe waren es um die 10 000. Der Historiker Hillel Levine, sonst nicht immer ganz eins mit Frau Sugihara, geht ebenfalls davon aus, dass potenziell 10 000 Juden bemächtigt waren, mit Sugihara-Visa zu reisen, dass jedoch nicht alle es aus Litauen herausgeschafft haben, bevor die Deutschen kamen. Chiune Sugihara selbst gab am 5. Februar 1941 in einem Schreiben an den japanischen Außenminister Yōsuke Matsuoka zu, in Kaunas 2139 Transitvisa für polnische Antragsteller ausgestellt zu haben. Bei einem Großteil davon handelte es sich laut Sugihara allerdings nicht um Juden. Vermutlich wollte er den Umfang seiner Gesetzesüberschreitung herunterspielen; denn er war zu Beginn seiner Dienstzeit in Litauen durchaus befugt und angehalten, polnische Flüchtlinge in Maßen nach Japan reisen zu lassen. Ein weiteres Dokument spricht von 3448 zusätzlichen Visa. Nimmt man die 1092 dazu, über die Sugihara an anderer Stelle Buch geführt hatte, scheinen die 6000 Juden, die er laut des Simon Wiesenthal Centers und anderer Quellen gerettet haben soll, als konservative Schätzung legitim. In Anbetracht dessen, dass es sich bei einem Großteil der Papiere um Familienvisa handelte und informelle Schreiben sicherlich an keiner Stelle mitgezählt wurden, ist die Zahl von 10 000, die von Sugihara mit Dokumenten ausgestattet wurden, alles andere als unwahrscheinlich. Dass sich nicht alle Flüchtigen in Sicherheit bringen konnten, wird dennoch traurige Wahrheit sein. Fest steht, dass heute ungefähr 250 000 Nachkommen der aus Litauen Geflüchteten leben.

Eine große Frage, eigentlich nur ein kleines Wort, bereitet Sugihara-Forschern vor allem im Westen schlaflose Nächte: Warum? Warum hat er, ein japanischer Beamter, ausgerechnet jüdischen Flüchtlingen geholfen? Im Gegensatz zu anderen Ländern gab es in Japan zwar keine systematische Judenverfolgung, dennoch kursierten antisemitische Schriften, und das mächtige Militär kolportierte das Bild vom Judentum als Brutstätte des Kommunismus. Die meisten Japaner hatten wahrscheinlich gar keine Meinung zu Juden. Diejenigen, die der Propaganda ihres Landes hörig waren, hatten vermutlich keine allzu gute. Aber dass ein Japaner ein positives Bild der jüdischen Kultur und des jüdischen Volkes haben konnte, ganz ohne strategisches Kalkül wie die Militärs in Harbin, denen Juden als Informanten, Ideengeber und Kanonenfutter genehm waren? Das schien unvorstellbar.

Kannte Sugihara auch nur einen einzigen Juden, bevor er die Stelle in Litauen antrat? Oft wird das bezweifelt. Wer allerdings seine Wege in und um Harbin verfolgt, wird zu dem Schluss kommen müssen, dass es angesichts seines Naturells äußerst unwahrscheinlich gewesen wäre, hätte er in seiner Zeit dort keinerlei Kontakte zur jüdischen Gemeinde unterhalten. Er mag sich dort aufgrund seiner Sprachkenntnisse und seiner Ehefrau vor allem in weißrussischen Zirkeln aufgehalten haben, doch religiöse oder kulturelle Berührungsängste waren ihm fremd. Gerade seine sorglose Konvertierung zum christlichen Glauben ist ein Zeichen dafür. Sein Freund und Kollege in Diplomatie und Spionage, Tadakazu Kasai, meinte ebenfalls, dass Sugihara während ihrer gemeinsamen Zeit in der Mandschurei mit Juden verkehrte.

Vielleicht kann man Chiune Sugihara einfach glauben, wenn er sagt: »Ich habe nach meinem Sinn für Menschlichkeit und Gerechtigkeit gehandelt. Aus meiner Liebe für die Menschheit.«

Wenn so viel Licht um eine Gestalt ist, lässt sich ihr wahres Antlitz allenfalls schemenhaft erkennen. Nobuki Sugihara, der letzte überlebende Sohn von Chiune und Yukiko, hat sich heute eine Doppelrolle zugeschrieben, die auf den ersten Blick beinahe schizophren anmutet: Er möchte einerseits Sorge tragen, dass die Taten seines Vaters weltweit noch bekannter werden und niemals in Vergessenheit geraten. Andererseits ist ihm die Entmystifizierung Chiune Sugiharas eine ganz besondere Herzensangelegenheit. Gewisse Aspekte der Ereignisse in Kaunas bestreitet er. Dazu gehört zum Beispiel das Schreiben der finalen Visa im Zug und dass sein Vater diese aus den Zugfenstern geworfen und sich anschließend entschuldigt habe, dass er nicht noch weitere hatte ausstellen können. »Das ist nie passiert«, gab Nobuki unter anderem der Online-Zeitung *The Times of Israel* zu Protokoll. »Vielleicht, aber auch nur vielleicht, hat er [vor seiner Abreise] drei oder vier Visa im Hotel geschrieben.« Laut anderen Quellen waren es deutlich mehr.

Nobuki Sugihara widerspricht auch allen christlichen Deutungen der Motivationen seines Vaters. *»Womöglich muss ich mich meiner Regierung widersetzen. Aber ich kann mich nicht Gott widersetzen.«* Diese viel zitierte Aussage Sugiharas nach seiner Entscheidung, den Juden vor dem Konsulatstor zu helfen, sei ihm mit Sicherheit nicht über die Lippen gekommen. Sein Vater sei kein religiöser Mensch gewesen, behauptet Nobuki, was plausibel ist. Seine Konvertierung zum Christentum in Harbin war vermutlich seinen Heiratsabsichten geschuldet. Sein Grabstein trägt keinerlei christliche Insignien, was bei entsprechendem Glauben ansonsten auch in Japan durchaus üblich wäre. Als Motivation für das Handeln seines Vaters sieht der jüngste Sohn nur einen Grund: »Er hatte einfach Mitleid mit diesen Menschen, das ist alles. Ideologie hatte damit nichts zu tun. Er fühlte sich stets für alle Menschen in seinem Leben verantwortlich.« Die Verklärung der Ereignisse und der Person findet Nobuki Sugihara verständlich; gleichzeitig glaubt er nicht, dass sie im Sinne seines Vaters wäre: »Ihm hätte das nicht gefallen. Er war immer dafür, die Dinge so zu schildern, wie sie waren, ohne Melodrama.«

Man kommt nicht umhin anzumerken, dass Nobuki Sugihara erst 1949 geboren wurde, also fast zehn Jahre nach den Ereignissen, über die er Auskunft erteilt. Er mag somit zwar als Charakterzeuge seines Vaters dienen, aber kaum als Zeitzeuge. Gut möglich auch, dass der Diplomat in Litauen und der Vater, den Nobuki kannte, nicht in jedem charakterlichen Detail derselbe Mensch waren. Denkbar, dass Chiune Sugihara sich erst in späteren Jahren des Melodramatischen entledigt hat. Nobukis Aussagen widersprechen jedenfalls den Erinnerungen seiner Mutter, die ihre Zeit mit ihrem Ehemann in dem Buch *Visas for Life* festhielt, ins Englische übersetzt von Nobukis älterem Bruder Hiroki.

Yukiko Sugihara setzte sich in den letzten Jahren ihres Lebens ebenfalls vehement dafür ein, ihren verstorbenen Mann der Welt im richtigen Licht zu präsentieren, auch wenn sich dieses Licht offenbar von dem Licht unterschied, in dem Nobuki den Mann sah. Als der amerikanische Historiker Hillel Levine 1996 sein Buch *In Search of Sugihara* veröffentlichte, in dem er Sugiharas Leben nachzeichnete mit einem besonderen Augenmerk auf die mögliche Motivation hinter seinem Handeln, rechnete er nicht mit der starken Abwehrreaktion der Witwe beziehungsweise mit der starken Abwehrreaktion, die die japanische Ausgabe von 1998 in ihr auslösen würde. Ihre Schwiegertochter Michi Sugihara teilte mit, dass die Mutter die Lektüre so bekümmert und verärgert hatte, dass sie erkrankte und zwei Monate lang das Bett nicht verließ. Dabei ist Levines Buch bei aller investigativer Neugier vor allem eine Verbeugung vor Sugihara; er schildert ihn als eine interessante, moralisch integre Persönlichkeit und stellt die immense Wichtigkeit seines Handelns nicht infrage. Als die damals 88-Jährige wieder bei Kräften war, verklagte sie den Autor, dem sie nach dessen Aussagen selbst zweimal begegnet war (davon einmal als Gesprächspartnerin für sein Buch), auf eine Schadenersatzzahlung von zehn Millionen Yen und forderte vom Verlag einen Verkaufsstopp der japanischen Ausgabe.

Zu den angeblich Hunderten von Übertreibungen und Ungenauigkeiten, die Yukiko Sugihara und anderen Familienmitgliedern sowie einigen Unterstützern außerhalb der Familie nicht genehm waren, gehörte die Darstellung ihres verstorbenen Mannes als Alkoholiker. Zumindest unterstellte sie diese Darstellung. Der Autor beharrte indes zu Recht darauf, dass er Sugihara allenfalls als einen Gesellschaftstrinker und Genießer beschreibe, und nicht als einen Suchtmenschen. Noch mehr ging Frau Sugihara vermutlich das starke Augenmerk auf Klaudia Semionova Apollonova Sugihara gegen den Strich, jene erste Ehefrau, die im Buch der Witwe gar nicht auftaucht und die laut ihren Gesprächen mit Hillel noch bis kurz vor dem Tod ihres ehemaligen Ehemanns mit ihm in liebevollem postalischem Kontakt stand. Auch die Schilderung von Bordellbesuchen in jungen Jahren werden Yukiko Sugihara nicht gefallen haben.

Des Weiteren wurde von der Witwe bestritten, dass ihr Mann als Spion gearbeitet habe. Dieser Punkt ist besonders verblüffend, denn sie selbst beschreibt seine Spionagetätigkeit in ihren eigenen Memoiren viel genauer, als Levine es in seinem Buch tut. Vermutlich ging es ihr um die feine Unterscheidung, ob Chiune ein Spion war, dessen diplomatische Posten lediglich als Tarnung dienten, wie der Angeklagte es ihrer Meinung nach anzudeuten schien, oder ein redlicher Diplomat, der bloß nebenbei ein bisschen spionierte.

Nobuki Sugihara stellte sich in den meisten Punkten auf die Seite von Hillel Levine, den er seit Jahrzehnten kannte und als einen ehrlichen Menschen und gewissenhaften Historiker schätzte. Er mutmaßte, dass seine Mutter, die nicht mehr bei bestem Gedächtnis war, von anderen beeinflusst und ausgenutzt wurde.

Viele der strittigen Punkte scheinen bei genauerer Betrachtung eher kulturell bedingte Unterschiede in Auffassung und Interpretation zu sein als eine Frage von faktisch Richtigem oder Falschem. Aus Umkreisen der Familie war außerdem zu hören, dass einige verstimmt waren, weil sie keine Ausgabe der englischen Originalfassung des Buches erhalten hatten, sondern zwei Jahre auf die japanische Übersetzung warten mussten. Also eine Mischung aus gekränktem Stolz, kulturellen Missverständnissen und unglücklicher Kommunikation: Hillel Levine spricht kein Japanisch, und Frau Sugihara sprach kein Englisch. Levine ist Historiker, Religionswissenschaftler und Soziologe, aber kein Japanologe. Lesern, die ein wenig tiefer in der japanischen Materie stecken, werden bei der Lektüre von *In Search of Sugihara* tatsächlich schnell kleinere Fehler und Ungenauigkeiten finden, etwa bei Ortsangaben oder Übersetzungen von japanischen Begriffen. Auch verortet er gewisse Ereignisse an anderen Orten und in anderen Zusammenhängen, als Yukiko Sugihara das in ihren Memoiren tut. Die handfesten Fehler allerdings sind marginal, und die wenigen Widersprüche lassen die Ereignisse keineswegs in einem völlig anderen Licht erscheinen. Es ist sogar möglich, dass Frau Sugihara sich in Gesprächen mit ihm etwas anders erinnert hatte als Jahre zuvor, als sie ihr eigenes Buch schrieb. Dass diese Gespräche überhaupt stattgefunden hatten, bestritt sie im Prozess. Außerdem wurden die Interviews mit Klaudia Semionova Apollonova Sugihara haltlos als fingiert dargestellt.

Wo Levines Buch kurz vor Schluss tatsächlich ein wenig aus dem Ruder läuft, ist ein langer offener Brief an den längst verstorbenen Chiune Sugihara, in dem der Autor in einem etwas theatralischen »Das wird man ja wohl noch hypothetisch fragen dürfen«-Ton doch zumindest potenzielle Zweifel an der Redlichkeit, der Methodik und sogar am Ausmaß der Taten des japanischen Vize-Konsuls erkennen lässt. Oft scheinen diese Zweifel seinen eigenen Recherchen zu widersprechen und nur Unmut darüber auszudrücken, dass es nicht *noch mehr* Beweise, *noch mehr* Dokumentation dieser Ereignisse gibt. Es klingt der Zorn des Investigativjournalisten durch, der einen Skandal wittert, aber partout keinen finden mag, so tief er auch gräbt. So reibt er sich an minimalen Unstimmigkeiten und Unsicherheiten, deren Überinterpretationen viel fantastischer ausfallen als die naheliegenden Lösungen. Wie konnte Sugihara die Passage nach Japan durch die UdSSR gewährleisten, wenn er doch so sehr mit dem Ausfüllen und Abstempeln der Visa beschäftigt war? (Die Antwort: Er gewährleistete sie nicht; er handelte lediglich Beförderungspreise für die Transsibirische Eisenbahn aus, während die Überfahrt nach Japan von jüdischen Hilfsorganisationen in die Wege geleitet wurde.) Wie konnte er sicher sein, dass den Juden mit seinen Visa die Flucht durchs Feindesland überhaupt gelingen könnte und sie in Japan nicht abgewiesen würden? (Er war sich eben nicht sicher, und diese Unsicherheit hat ihn jahrzehntelang umgetrieben.) Wieso gibt es nicht mehr Augenzeugenberichte zu den langen Schlangen vor dem Konsulat? (Gegenfrage: Sollte das Ganze denn wirklich nur eine Verschwörung der Sugiharas mit dem Ziel gewesen sein, Chiune im Rentenalter ein bisschen positive Presse einzubringen? Die andere Bewohnerin des Hauses in der Vaižgantas-Straße, Jadvyga Ulvydaite, bestätigte die langen Warteschlangen genauso wie der holländischen Konsul Jan Zwartendijk, und es sind Fotos von Setsuko Kikuchi erhalten geblieben, die zumindest Teile der Schlangen zeigen.) Wieso stellte Sugihara bereits Transitvisa aus, bevor seine Anfrage vom Außenministerium beantwortet wurde? (Weil das offiziell zu seinem Beruf gehörte und nicht alle Fälle eine ausdrückliche Genehmigung von höherer Seite benötigten.) Warum hatte Serach Wahrhaftig, vielleicht der Bekannteste unter den durch Sugihara-Visa Geretteten, nur bruchstückhafte Erinnerungen an die vorangegangenen Verhandlungen mit Sugihara, an denen er angeblich beteiligt gewesen war, als er Jahrzehnte später dazu befragt wurde? (Vermutlich eben weil Jahrzehnte vergangen waren und diese Gespräche in Sprachen abgehalten werden mussten, die Wahrhaftig damals nur gebrochen sprach. Weder die Gespräche selbst noch die Rolle Sugiharas hat er je infrage gestellt. Und ein Mann seines Standes hätte sich mit Sicherheit nicht von irgendeinem abgehalfterten japanischen Ex-Diplomaten für die Auspolsterung seiner Heldengeschichte instrumentalisieren lassen.

Tatsächlich laudierte Wahrhaftig Sugihara bei mehreren Anlässen und setzte sich dafür ein, dass ihm der zuvor verweigerte Titel »Gerechter unter den Völkern« doch noch verliehen wurde.)

Da der Prozess gegen ihn erst vier Jahre nach Erscheinen der japanischen Übersetzung angestrengt wurde, glaubt Levine, dass andere Gründe als das Ansehen Sugiharas hinter der Kampagne steckten: der Kampf um Filmrechte. Das Unterhaltungskino scheint mit seinen Konventionen ein gutes Stichwort zu sein. Wenn man den Wirbel um das Buch genauer betrachtet, kristallisiert sich tatsächlich so etwas wie ein Schurke heraus, der im Hintergrund die Fäden zieht und die unschuldige Yukiko Sugihara auf seine Seite gezogen hat. Er heißt Katsumasa Watanabe und betreibt einen Kleinstverlag, der Publikationen zu allein zwei Themen veröffentlicht: die wunderbare Welt der Eisenbahnen und Chiune Sugiharas Heldentaten. Er ist der Vorsitzende der von ihm selbst gegründeten Sugihara Study Group und sieht sich als Verwalter des Familienarchivs (das tatsächliche Familienmitglied, Nobuki Sugihara, sieht das anders). Nachdem er in den 1990er-Jahren eine TV-Dokumentation über Chiune Sugihara gesehen hatte, kontaktierte er dessen Witwe, veröffentlichte ihre Memoirenbände sowie mehrere Biografien ihres Mannes. Er maßt sich gerne ein Monopol auf das Erzählen der Geschichte Sugiharas an und hat klare Vorstellungen davon, wie sie erzählt werden muss: als eine Heldengeschichte mit einem Protagonisten, der nicht weit von einer Heiligenfigur entfernt ist. Damit ist sein Sugihara viel näher am klassischen Hollywood als die differenziertere Version von Hillel Levine. Und doch wirft der japanische Autor dem amerikanischen vor, er habe aus Chiune Sugihara einen tolldreisten Draufgänger gemacht, wie man ihn aus dem US-Kino kennt.

Als sich das Gericht mit den Vorwürfen gegen das amerikanische Buch befasste, waren in der Tat zwei Sugihara-Filme in Planung; ein amerikanischer und ein japanischer. Beide Autoren waren in ihren jeweiligen Heimatländern an den Entwicklungen der Projekte beteiligt. (Ein Film, *Persona Non Grata,* kam 2015 in die japanischen Kinos. Er war nicht sonderlich erfolgreich und kam ohne die Beteiligung von Levine oder Watanabe aus, sondern nahm das neuere Buch *Sugihara Chiune – the Duty and Humanity of an Intelligence Officer* von Masaaki Shiraishi als Referenz, das vor allem Sugiharas beruflichen Werdegang sehr genau nachzeichnet. Weitere Projekte befinden sich in Entwicklung.)

Watanabe behauptete, knapp 1000 Fehler in Levines Buch gefunden zu haben, 300 davon brachte er vor Gericht. Levine nannte diese Vorwürfe absurd, ebenso wie den Vorwurf, Rufmord an seinem Protagonisten betrieben zu haben: »Vor einem amerikanischen Gericht hätte man über diesen Fall nur gelacht«, teilt er der englischen Tageszeitung *The Guardian* mit. »Als Gelehrter war es meine Absicht, die Wahrheit über Sugihara zu erzählen und ihn in eine Reihe mit Gandhi und anderen großen Helden zu stellen.«

Vor dem japanischen Gericht wurde über den Fall nicht gelacht. Der Verlag wurde wegen Verleumdung zu einer relativ geringen Geldstrafe verurteilt, das Buch aber durfte auf dem Markt bleiben. Grund für das Urteil war nicht Levines Arbeit, sondern ein begleitender Text eines anderen, japanischen Autors.

Zu den großen Streitfragen in der Causa Sugihara gehört, ob er wirklich gegen den Willen seiner Regierung gehandelt hatte. Schließlich waren einflussreiche Kreise in Japan durchaus interessiert an jüdischem Wissen und jüdischem Vermögen, und gewisse Politiker betonten immer wieder, dass der Kriegspakt mit Deutschland nicht bedeutete, dass man jeden Aspekt der deutschen Politik und nationalsozialistischen Ideologie übernehmen müsse. Denkbar, dass man zwar zur Wahrung des Protokolls Sugiharas Gesuche abgelehnt, ihm aber stillschweigend Einverständnis signalisiert hatte.

Das klassische japanische Spannungsfeld von *tatemae* und *honne* – der öffentlichen Tat oder Äußerung und dem, was man eigentlich meint. Wasser auf diese Gerüchtemühlen sind polnische Geheimdienstdokumente, laut denen Sugihara vor den Ereignissen, die mit der Belagerung seines Konsulats losgetreten wurden, sogar ausdrücklich die Weisung hatte, Transitvisa für polnische Flüchtlinge auszustellen. Zuerst war von 600 Visa die Rede, in später revidierten Fassungen stieg die Zahl erstaunlicherweise rasant an, was diese Dokumente nicht glaubhafter macht.

Es entspricht den Tatsachen, dass Sugihara anfangs angehalten war, polnischen Flüchtlingen auf die besagte Art behilflich zu sein. Diese Weisung war allerdings zu dem Zeitpunkt, an dem er begann, den Juden in Kaunas die Visa auszustellen, längst widerrufen worden. Selbst zuvor war dieser Ansatz auf wenig Interesse bei den polnischen Flüchtlingen gestoßen (offenbar wollten sie gar nicht nach Japan). Hätte Sugihara tatsächlich noch unter der Annahme gearbeitet, Hunderte oder gar Tausende von Visa ausstellen zu dürfen (oder gar zu sollen), hätte er nicht erst beim Außenministerium anfragen müssen.

Die Antworttelegramme des Außenministeriums lassen keinen Zweifel daran, dass Sugihara gegen die Anordnung der japanischen Regierung handelte. Auch ist es absurd, davon auszugehen, dass er in einer Verlängerung des Fugu-Plans quasi offiziell jüdischen Intellekt und jüdisches Vermögen nach Japan importieren wollte. Trotzdem wird in einem von ihm in späten Jahren auf Beharren anderer recht widerwillig verfassten autobiografischen Fragment angedeutet, dass er das langfristige nationale Interesse Japans im Sinn hatte, denn die Juden übten bekanntlich großen Einfluss in der Welt aus. Da scheint dann allerdings eher wieder der Beamte zu sprechen, der noch Jahrzehnte später sein Vergehen gegenüber seinen Vorgesetzten zu rechtfertigen versucht, als der kosmopolitische Humanist, der Sugihara laut Aussagen aller, die ihm nahestanden, tatsächlich war. Im selben Text lässt er kein gutes Haar an den Nazis und den opportunistischen japanischen Offizieren, die mit ihnen kollaborierten.

Dass das Außenministerium kein Interesse an diesen jüdischen Flüchtlingen und ihrer Rettung hatte, liegt auf der Hand. Zum einen lag es in der Natur der Transitvisa, dass die Reisenden lediglich kurz in Japan haltmachen würden. Zum anderen waren diese Flüchtlinge in der Mehrheit bettelarm und brauchten selbst finanzielle Unterstützung, um die Reise überhaupt antreten zu können. Zudem hätte man jenes beschwerliche Unterfangen sicherlich straffer organisiert und die ganze Angelegenheit nach Kriegsende nicht unter den Teppich gekehrt, wäre wirklich die Bereitschaft vorhanden gewesen, die Flüchtlinge mit offenen Armen zu empfangen. Der japanischen Regierung hätte es in den Tokioter Kriegsverbrecherprozessen sicherlich nicht unvorteilhaft zu Gesicht gestanden, hätte sie sich glaubhaft mit der vorsätzlichen Rettung Tausender Juden brüsten können.

Sollte Sugihara dennoch im Regierungsauftrag gehandelt haben, nur um diesen Gedanken einmal spielerisch aufzugreifen und weiterzuspinnen, dann wäre auch fraglich, ob er wirklich wegen dieses Nichtvergehens aus dem diplomatischen Amt entlassen wurde. Offiziell war es schließlich eine Umstrukturierung, der seine Arbeitsstelle zum Opfer fiel. Diese Umstrukturierung habe es tatsächlich gegeben, merken Revisionisten und Relativisten der Sugihara-Geschichte an, und mehr in seine Kündigung hineinzuinterpretieren hieße, sie zu überinterpretieren. Der bei Teilen der Familie in Ungnade gefallene Autor Hillel Levine meint ebenfalls, dass hier lediglich Bürokratie und keinerlei Verschwörung am Werk gewesen sei. Schließlich war Sugihara nach seinem vorgeblichen Vergehen noch befördert worden. Hätte man jenes Vergehen wirklich im Stil der Zeit ahnden wollen, hätte man ihn exekutiert anstatt nur gefeuert.

Das sind Mutmaßungen, denen man andere Mutmaßungen entgegenhalten kann: Eine Exekution und der vorangehende Prozess hätten viel zu viel Licht auf einen Vorgang geworfen, den man im Dunkeln belassen wollte. Während die Beförderung eines ungehorsamen Diplomaten in der Tat ungewöhnlich ist, so ist die abrupte Kündigung eines just beförderten Diplomaten mindestens ebenso ungewöhnlich. Wahrscheinlicher als eine stille Duldung seiner Taten ist, dass es eine Weile gedauert hatte, bis man Sugihara auf die Schliche gekommen war. 1946 begannen die Tokioter Prozesse gegen japanische Kriegsverbrecher. Da konnte die japanische Regierung, die gerade im Mittelpunkt des Weltinteresses stand, schlecht jemanden offiziell bestrafen, dessen einziges Verbrechen es war, Kriegsflüchtlingen geholfen zu haben.

In dieser Sache stellt sich Nobuki Sugihara, dem ansonsten selbst an der Entmystifizierung seines Vaters gelegen ist und der im Prozess gegen Hillel Levine für diesen ausgesagt hatte, auf die Seite derer, die an der ursprünglich verbreiteten Version der Ereignisse festhalten. Der Grund für die Entlassung wurde seinem Vater zwar nur unter der Hand, aber dennoch eindeutig mitgeteilt, sagt der Sohn, und dieser Grund seien eben der Ungehorsam in Kaunas und dessen Folgen gewesen.

Chiune Sugihara war bei Weitem nicht der einzige Held des Holocausts. Doch die anderen Retter jüdischer Leben scheinen greifbarer in ihrer Motivation. Die Taten Oskar Schindlers werden, sicherlich zu despektierlich und kurz gedacht, oft auf seine wirtschaftlichen Interessen reduziert; schließlich brauchte er Juden als Arbeitskräfte. Der schwedische Diplomat Raoul Wallenberg, der für verfolgte ungarische Juden schwedische Schutzpässe ausstellte und andere Hilfsmaßnahmen mitorganisierte, handelte im offiziellen Auftrag seiner Regierung. Aber Sugihara? Er hatte keine jüdischen Mitarbeiter, keine offiziellen Beziehungen zu jüdischen Kreisen, und seine Regierung konnte den Schicksalen der Verfolgten kaum gleichgültiger gegenübergestanden sein. Sollte es wirklich möglich gewesen sein, dass er aus reiner Menschenliebe handelte?

Mit welcher Vehemenz diese eigentlich unmögliche Frage in gewissen Kreisen immer wieder gestellt wird, hängt sicherlich auch mit Klischeevorstellungen vom undurchschaubaren Orientalen zusammen. Sie lassen sich halt nicht in die Karten schauen, diese Japaner. Weil sie ihre Gefühle für gewöhnlich weniger offen zeigen als, sagen wir mal, die Bewohner der mediterranen Länder, wird gemutmaßt, dass hinter der Fassade unentwegt Pläne geschmiedet würden. Pläne, deren Komplexität wir Abendländischen vielleicht nie verstehen werden.

Wenn man schon bei Klischeevorstellung von Japanern ist, warum sollte man dann nicht noch einmal auf Inazô Nitobe zurückkommen und auf seine Wunschvorstellung vom Ehrenkodex der Samurai, die er in seinem Buch *Bushidō: Die Seele Japans* der Welt nahebrachte und die auch in Japan in aller Munde war, als Sugihara jung war. Anders als oft kolportiert, so legt der Autor nahe, sei die Treue des Samurais nicht die Treue gegenüber seinem Herrn, sondern die Treue gegenüber seinen Prinzipien. Verhält sich ein Herrscher unehrenhaft, so gebührt es die Ehre eines Samurai, sich ihm zu widersetzen. Sugihara erfüllt die Anforderungen, die Nitobe an einen Samurai stellt, recht genau. Wir erinnern uns: »Rechtschaffenheit ist die Kraft, sich für eine Verhaltensweise je nach Anlass zu entscheiden.« Das könnte sich als Motto durch Sugiharas gesamtes Leben ziehen, von seinem ungewöhnlichen Bildungsweg über seine zwischenmenschlichen Beziehungen bis zu seinem Handeln in Kaunas und seiner späteren Karriere als Geschäftsmann.

Weiter sagt Nitobe: »Wenn die Pflichterfüllung zu einer Last wird, hilft der gerechte Grund, dass wir uns nicht vor der Verantwortung drücken.« Die Pflichterfüllung ist hier natürlich nicht der Gehorsam gegenüber dem Staat, sondern der Gehorsam gegenüber dem Prinzip der Rechtschaffenheit, der Sugihara bewogen hat, Tausende Visa auszustellen, obwohl das in mehr als einer Hinsicht eine enorme Last für ihn darstellte. Der für die alte Kriegerkaste unabdingliche Wagemut ging Sugihara ebenfalls nicht ab, denn schon der den Bushidō beeinflussende Konfuzius wusste: »Das Richtige wahrzunehmen und es nicht zu tun, ist ein Mangel an Mut.«

Der Vize-Konsul von Litauen nahm das Richtige wahr und handelte entsprechend – stoisch gegen alle Widerstände. Dass er dabei aus Mitmenschlichkeit handelte und ein »Gefühl für Leid« hatte – weitere Säulen des Samurai-Geistes–, versteht sich von selbst. Auch die Höflichkeit, die in ihrer höchsten Ausprägung der Liebe nahekomme, zieht sich wie ein roter Faden durch Sugiharas Handeln. Nicht einmal die Loyalität gegenüber seinem Herrscher im Sinne des Bushidō konnte man ihm absprechen: »Wenn der Untertan anders als der Herr dachte, bedeutete dies, dass der Weg der Loyalität ihn zu jedem Mittel greifen ließ, um seinen Herrn von seinen Fehlern zu überzeugen.« Sugihara ersuchte beharrlich um Erlaubnis für sein Handeln, erklärte dessen Richtigkeit immer wieder. Da sein Herrscher uneinsichtig blieb, hatte er keine Wahl, als ihn vor vollendete Tatsachen zu stellen. Selbst für Sugiharas oft zitierten jovialen Umgang findet sich eine Beschreibung in den Fußnoten von *Bushidō: Die Seele Japans:* »Ein wirklich tapferer Mann ist immer heiter; er kann durch nichts überrascht werden, und nichts bringt ihn aus seiner Gelassenheit. In hitziger Schlacht bleibt er kühl, inmitten von Katastrophen behält er seinen Gleichmut. Erdbeben können ihn nicht erschüttern, und über Stürme lacht er.«

»Ein Samurai war vor allem ein Mann der Tat«, wusste Nitobe. Vielleicht war Chiune Sugihara nicht der Schindler Japans, sondern der allerletzte Samurai. Oder auch nicht der letzte. Vielleicht schlummern noch viele heimliche Samurais in Japan. Und im Rest der Welt.

Nicht, dass keine Pläne oder Hintergedanken bei seinen Taten eine Rolle gespielt hätten. Chiune Sugihara hatte in seinem Leben zweifelsohne so manchen Plan geschmiedet, seinen größten in jenen letzten Wochen in Kaunas. Dabei hatte er auch einen Hintergedanken, und zwar: Menschenleben zu retten. Und dafür hatte er nur eine Motivation: sein Gewissen. Er liebte die Menschen, und ihre Misshandlung war ihm schon immer zuwider gewesen. Das war in den japanischen Kolonien so, in denen er seine Karriere begann, und das war im Litauen des Zweiten Weltkriegs nicht anders, wo er seine Karriere und sogar sein Leben aufs Spiel setzte. Es war ein konsequenter, nachvollziehbarer Schritt. Wer Sugiharas Weg verfolgte, konnte kaum überrascht sein.

ANMERKUNGEN & DANKSAGUNGEN

Ohne die Freundschaft und Mentorenschaft von Yumiko Aoyagi würde mir im Leben und beim Schreiben schon ganz allgemein einiges fehlen. In diesem Fall bin ich ihr allerdings nicht nur im Allgemeinen, sondern auch im Besonderen zu großem Dank verpflichtet, denn ohne sie wäre ich auf das Thema Chiune Sugihara möglicherweise gar nicht erst gekommen.

Ohne meine beherzte Agentin Aenne Glienke hätte ich mit Sicherheit nicht den Weg zum Europa Verlag gefunden, und das wäre sehr schade gewesen, denn eine passendere Heimat für mein Buch könnte ich mir gar nicht wünschen. Hier möchte ich insbesondere Christian Strasser für sein Vertrauen und seinen Enthusiasmus sowie Franz Leipold für sein umsichtiges Lektorat danken.

Meine Frau Junko Katayama half mir beim Finden und Verstehen japanischer Quellen und erklärte mir (meist geduldig), wo ich bei meinen eigenen Übersetzungen und Interpretationen japanischer Begriffe und Redensarten etwas oder völlig falsch lag. Sollte sich dennoch die eine oder andere Ungenauigkeit eingeschlichen haben, liegt die Schuld allein bei mir.

Folgende Bücher waren mir Quelle und Inspiration:

Ganor, Solly: *Light One Candle: A Survivor's Tale from Lithuania to Jerusalem.* Kodansha America, New York 2003

Gold, Alison Leslie: *A Special Fate: Chiune Sugihara: Hero Of The Holocaust.* Scholastic, New York 2000

Kitade, Akira: *Visas of Life: How the Sugihara Survivors Reached Japan.* Chobunsha, Tokio 2014

Levine, Hillel: *In Search of Sugihara: The Elusive Japanese Diplomat Who Risked his Life to Rescue 10,000 Jews From the Holocaust.* Free Press, New York 1996

Manski, Samuil: *With God's Help.* Charles F. Manski, Madison 1990

Masaaki Shiraishi: *Sugihara Chiune – the Duty and Humanity of an Intelligence Officer.* Japan Publishing Industry Foundation for Culture (JPIC), Tokio 2021

Mochizuki, Ken/Lee, Dom: *Passage to Freedom: The Sugihara Story.* Lee & Low Books, New York 1997

Streltsov, Dmitry V. Streltsov/Shimotomai, Nobuo (Hrsg.): *A History of Russo-Japanese Relations: Over Two Centuries of Cooperation and Competition.* Brill, Boston 2019

Sugihara, Seishirō: *Chiune Sugihara and Japan's Foreign Ministry, Between Incompetence and Culpability.* University Press of America, Lanham 2001

Sugihara, Yukiko: *Visas for Life.* Edu-Comm Plus, San Francisco 1995

Tokayer, Marvin/Swartz, Mary: *The Fugu Plan: The Untold Story of the Japanese and the Jews During World War II.* Gefen Publishing House, Jerusalem 2004

Darüber hinaus halfen mir folgende Websites, die Übersicht zu behalten und an Informationen zu gelangen, die über mein Bücherwissen hinausgingen:

Church for Vancouver (insbesondere: https://churchforvancouver.ca/honouring-a-japanese-diplomat-who-saved-thousands-of-jewish-lives/)

JewishGen (vor allem: https://kehilalinks.jewishgen.org/harbin/)

East Asian History (http://www.eastasianhistory.org/)

JDC Archives (https://archives.jdc.org/)

NPO Chiune Sugihara, Visas for Life (http://www.chiune-sugihara.jp/en/)

United States Holocaust Memorial Museum (https://www.ushmm.org/)

Unseen Japan (insbesondere: https://unseenjapan.com/sugihara-chiune-jewish-refugees-japanese-schindler/)

The Times of Israel (https://www.timesofisrael.com/)

PBS (insbesondere http://www.pbs.org/wgbh/sugihara/)

Außerdem bereicherten mich und dieses Buch die Lektüren verschiedener Artikel in folgenden Print- und Online-Publikationen: *The Guardian, The Japan Times, The Jerusalem Post, Jüdische Rundschau, The Mainichi, Mishpacha, The New York Times, NZ Herald, Time.*

Folgende Videodokumentationen waren mir hilfreich:

Chiune Sugihara Remembered by Jewish Survivors (HiramekiTV)

Mr. Benjamin Fishoff, Unedited Interview (als ›BenjamenFishoff-Int2007‹ auf YouTube)

Der Verständlichkeit halber folgt die Schreibung japanischer Namen in diesem Buch der deutschen Konvention, bei der der Taufname vor dem Familiennamen steht (nicht umgekehrt, wie in Japan üblich).

Beim Erzählen einer Lebensgeschichte wie der Chiune Sugiharas, bei der man sich mehr auf Zeugenberichte als auf amtliche Dokumentation stützen kann, bleibt es nicht aus, dass Quellen einander widersprechen. In Zweifelsfällen habe ich mich für die Variante entschieden, die mir im Gesamtzusammenhang am plausibelsten erschien. Sollte sich in dieser Hinsicht kein klarer Favorit herauskristallisiert haben, habe ich auch schon mal die Version genommen, die der Dramaturgie meines Textes am besten zu Gesicht stand. Ich lege hierbei Wert auf die Feststellung, dass es sich bei diesen Zweifelsfällen ausschließlich um Aspekte der Geschichte handelte, die man guten Gewissens als Nebensächlichkeiten bezeichnen kann und die der Glaubwürdigkeiten des Ganzen keinen Abbruch tun.

Tokio, im September 2022